E STAATEN
TEXAS
del Norte
N. Orleans
GOLF VON MEXIKO
NUEVO LEON
TAMAULIPAS
SAN LUIS POTOSI
Monterey
Saltillo
Matamoros
Bagdad
Victoria
Tampico
Matehuala
San Luis Potosi
Rio Panuco
Dolores
Jalpan
Guanajuato
Queretaro
HIDALGO
Ixmiquilpan
Juan del Rio
Pachuca
Tulancingo
Morelia
Guadalupe
Texcoco
Toluca
Tlaxcala
Rio Frio
PUEBLA
Jalapa
VERA CRUZ
S. Juan d'Ulloa
Cordoba
Orizaba
Tehuacan
San Sebastian
Tacotalpan
MEX
Tacambaro
Rio Mescala
GUERRERO
Ayutla
Acapulco
OAXACA
Oaxaca
Tehuantepec
TABASCO
Jalapa
CHIAPAS
S. Cristobal
CAMPECHE
Campeche
Progreso
Merida
YUCATAN
Valladolid
QUINTANA ROO
BR. HONDURAS
GUATEMALA
Guatemala
HONDURA
SALVADOR

Brigitte Hamann

Mit Kaiser Max in Mexiko

Brigitte Hamann

Mit Kaiser Max in Mexiko

Aus dem Tagebuch des Fürsten
Carl Khevenhüller
1864–1867

Amalthea

Schutzumschlag: Wolf Bachmann unter Verwendung
eines alten Stiches
Vorsatz: Verlagsarchiv
Nachsatz: Karthographie Huber und Oberländer, München
Lektorat: Helga Ermacora
Satz: Fotosatz Schröter, München
Druck und Binden: Wiener Verlag, Himberg bei Wien
Printed in Austria 1983
ISBN 3-85002-169-6

Inhalt

Vorwort

Während der Arbeit an der Biographie des Kronprinzen Rudolf suchte ich vor nun schon etwa zehn Jahren den Nachlaß des Grafen Rudolf Khevenhüller-Metsch, der als österreichischer Gesandter in Belgrad während der Balkankrisen 1885/87 eine gewisse Rolle spielte und auch engen Kontakt zum Kronprinzen hatte. Im sehr reichhaltigen Archiv der Familie Khevenhüller, das sich als Depot im Haus-, Hof- und Staatsarchiv in Wien befindet, fand ich leider kaum Schriften und nur rein private Tagebücher des Grafen Rudolf, dafür aber einige Bände eines Tagebuchs seines ältesten Bruders Johann Carl und in diesem Tagebuch die Erinnerungen »Drei Jahre in Mexico«. Seit dieser Zeit war es mein Plan, dieses historische Dokument einmal herauszugeben, weil es das Mexiko-Abenteuer des Erzherzogs Ferdinand Maximilian aus erfrischend nüchterner Sicht eines Augenzeugen schildert.
Beim derzeitigen Chef des Hauses Khevenhüller, Fürst Max, fand mein Plan volle Unterstützung, wofür ich herzlich danke. Selbstverständlich ist nämlich eine solche Unterstützung nicht: die Herausgabe eines Tagebuches bringt stets besondere Probleme mit sich, die sich aus der Tatsache ergeben, daß in einem Tagebuch persönliche und für die Geschichte bedeutsame Fakten oft so verquickt sind, daß sie nicht voneinander zu lösen sind. Das heißt vor allem, daß bei solchem Anlaß auch rein persönliche Dinge in Verbindung mit den historisch wichtigen Fakten in die Öffentlichkeit gelangen, die sonst nie bekannt geworden wären. Es bedarf deshalb einer besonderen Großzügigkeit der Familie, diese

persönlichen (und familiengeschichtlichen) Dinge als geschichtliche Fakten zu akzeptieren.
Hatte ich anfangs lediglich eine Edition mit kurzen Erläuterungen geplant, so wurde die Arbeit doch im Laufe der Zeit größer. Die Tagebuchaufzeichnungen mußten mehr und mehr ergänzt werden durch jene Ereignisse in Mexiko, die sich nicht an Khevenhüllers Aufenthaltsort abgespielt hatten, durch eine größere Berücksichtigung des Schicksals von Kaiser Max und durch eine Einordnung des Mexiko-Unternehmens in die allgemeine Geschichte.
So ist nun dieses Buch mehr als eine Tagebuch-Edition, aber andererseits keineswegs eine Biographie Maximilians. Eine solche wissenschaftliche Biographie wäre dringend nötig, heutzutage aber nur in Zusammenarbeit mit italienischen und mexikanischen Historikern und Fachleuten verschiedener Disziplinen (wie Kunst-, Rechts-, Militär-, Wirtschaftshistorikern und anderen) möglich. Daß es hier noch sehr, sehr viel zu forschen gibt, sei ausdrücklich betont, ebenso aber, daß das Quellenmaterial in überreichem Maß vorhanden ist.
Für manche Hilfe muß ich hier meinen Dank sagen: zunächst Frau Dr. Elisabeth Springer vom Haus-, Hof- und Staatsarchiv in Wien, dann Herrn Univ.-Prof. Dr. Günter Kahle (Direktor der Iberischen und Lateinamerikanischen Abteilung des Historischen Institutes der Universität Köln) für manche Auskunft über mexikanische Geschichte, Herrn Prof. Dr. Erich Woldan (Österreichische Geographische Gesellschaft, Wien) für Hilfe bei der oft komplizierten Erfassung geographischer Daten, schließlich Herrn Dr. Johann Lubienski für wertvolle Hilfe bei den Korrekturen und meiner Tochter Sibylle für Hilfe bei der Erstellung des Registers.

Wien, im September 1983 Brigitte Hamann

Teil I

Geschichtliche Einführung
von Brigitte Hamann

1. Kapitel

Das mexikanische Kaiserreich – eine Episode der Weltgeschichte

Auch wenn das zweite mexikanische Kaiserreich unter Maximilian (1864 bis 1867) über eine erstaunlich große Publizität, vor allem in Europa, verfügt, so stellt es doch im Rahmen der mexikanischen Geschichte nur eine kleine Episode dar: einen Teil der französischen Intervention und des damit verbundenen Krieges (Guerra de Intervención). Und da dieser fremde Prinz von einem fremden Kaiser, nämlich Napoleon III., auf den mexikanischen Thron berufen wurde (und eben nicht, wie Maximilian fälschlich meinte, von der Mehrheit des Volkes gewollt war), akzeptiert die mexikanische Geschichtsschreibung ihn bis heute nicht als Kaiser. Offiziell gibt es in der mexikanischen Geschichte nur ein einziges mexikanisches Kaiserreich, nämlich das Agustíns I. Iturbide (1822/23).[1]

Mexiko hatte seit Jahrhunderten Grund, über fremde Eroberer zu klagen. Der reiche Aztekenstaat wurde ab 1519 von den Spaniern unter Cortés erobert. Spanien machte aus dem alten mächtigen Reich das Vizekönigtum »Neuspanien«. Die Indianer wurden entmachtet und Untertanen der spanischen Krone. Dreihundert Jahre lang wurde das an Bodenschätzen (besonders Silber) reiche Land ausgebeutet. Dieser Reichtum wurde nach Spanien gebracht, das damit seine europäischen Kriege finanzierte.

Das soziale Gefüge Mexikos war starr und feudal bis ins

neunzehnte Jahrhundert. Spanischer Adel, Beamtentum und Klerus standen an der Spitze der Hierarchie, gefolgt von dem »weißen« Bürgertum der Akademiker und reichen Kaufleute. Diese »Gesellschaft« bestand auch im 19. Jahrhundert fast nur aus Spaniern (die etwa ein Prozent der Bevölkerung ausmachten) und den in Mexiko geborenen Nachkommen der Spanier, den Kreolen, die es auf etwa 15 Prozent der Bevölkerung brachten. Etwa vierfünftel der mexikanischen Bevölkerung (Mestizen und Mulatten verschiedenster Abstufung, sowie Indianer und Neger) standen weitgehend außerhalb der Gesellschaft und nahmen eine soziale Randstellung ein.

Mit den Spaniern kam die katholische Kirche nach Mexiko – als stärkste Stütze der Zentralgewalt, mit der Inquisition, mit dem Monopol in Bildung und Erziehung. Darüber hinaus aber wurde die Kirche im Lauf der Zeit der größte Grundeigentümer in Mexiko und der wichtigste Bankier. Diese Entwicklung schuf nicht nur unter den Armen, besonders den Indianern, Haß gegen die Kirche, sondern trieb auch die niedere Geistlichkeit an die Seite der Entrechteten gegen die hohen und reichen Würdenträger der Kirche, die gemeinsam mit den anderen Spaniern und den Kreolen eine resolute Herrschaft führten.

Es war ein Dorfpfarrer, Miguel Hidalgo, der am 16. September 1810 (dies ist seither der Nationalfeiertag Mexikos) die Indianer zum offenen Kampf gegen die spanische Herrschaft anführte: »Meine Kinder, der Tag des neuen Heils ist gekommen. – Wollt ihr die Mühe auf euch nehmen, das Land wieder in Besitz zu nehmen, das die verhaßten Spanier euren Vorfahren vor 300 Jahren gestohlen haben?« Rasch sammelte sich um Hidalgo ein Heer von etwa 80 000 Menschen, meist Indianern, mit dem er auf die Hauptstadt Mexiko marschierte. Hier sahen nicht nur die Spanier, sondern auch die Kreolen ihre Vormachtstellung bedroht. Gemeinsam besiegten sie das Indianerheer, nahmen Hidalgo gefangen und richteten ihn 1811 hin. Auch weitere Aufstände gegen die Herrschaft der Spanier und Kreolen – so der unter Führung des Dorfgeistlichen José María Morelos – wurden bis 1815 blutig niedergeschlagen. Die Unabhängigkeit erreichte Mexiko erst durch eine konservative Revolte 1820/21: Unter dem Druck einer militärischen Erhebung im Mutterland sah sich Ferdinand VII. 1820 gezwungen, die liberale Verfassung von 1812 wieder anzuerkennen, die sich auch auf die Kolonien erstreckte: Sie verkündete die Gleichheit der Rassen und schaffte manche Feudallasten ab. Das bedeutete eine Bedrohung der privilegierten Schichten in »Neuspanien«, vor allem des Adels, der Kirche, des Militärs, deren führende Kreise sich aus Spaniern und Kreolen zusammensetzten. Um die Einführung dieser Verfassung in Mexiko zu verhindern, wurde 1821 die Unabhängigkeit Mexikos proklamiert. Der Befehlshaber der spanischen Südarmee in Mexiko, General Agustín de Iturbide, besetzte mit Billigung der Kirche das Land fast kampflos und vertrieb die Spanier.

Zur Sicherung der neuen Unabhängigkeit sollte, zunächst im Einvernehmen mit Spanien, eine mexikanische Monarchie errichtet werden. Da sich weder Ferdinand VII., noch ein spanischer Prinz bereit erklärten, diese Krone anzunehmen, versuchte man es bei anderen Fürstenhäusern. So reiste 1821 schon eine mexikanische Deputation nach Wien, um Erzherzog Karl, dem Bruder Kaiser Franz I. und berühmten Sieger von Aspern, die mexikanische Krone anzubieten. Freilich vergeblich.

Da alle Versuche, für den Thron ein Mitglied einer europäischen Fürstenfamilie zu gewinnen, fehlschlugen, ließ sich General Iturbide 1822 selbst als Agustín I. zum Kaiser von Mexiko ausrufen. Die monarchische Regierungsform fand bei Mexikos Nachbarn so große Zustimmung, daß sich die

zentralamerikanischen Provinzen (also die heutigen Staaten Guatemala, El Salvador, Honduras, Nicaragua und Costa Rica) dem mexikanischen Kaiserreich anschlossen.
In diesem zehnmonatigen Kaiserreich hatte Mexiko seine größte Ausdehnung und war nach Rußland, Brasilien und China der viertgrößte Staat der Erde und das bevölkerungsreichste Land Amerikas. (An die Tradition dieses Kaiserreiches knüpfte Maximilian später an, am sinnfälligsten mit dem Entschluß, den Enkel Iturbides als seinen eigenen Nachfolger zu adoptieren. Daß sich auch jetzt zentralamerikanische Staaten, vor allem Guatemala, Maximilians Kaiserreich anschließen würden, war eine zeitweise berechtigte, aber schließlich nicht erfüllte Hoffnung des »zweiten« Kaiserreiches.)
Ein Aufstand republikanischer Generäle machte nach zehn Monaten Iturbides Kaisertum ein gewaltsames Ende. Die zentralamerikanischen Provinzen trennten sich wieder von Mexiko, das 1823 Republik wurde.
Chaos und Anarchie herrschten. Keine Schicht war stark genug, sich gegen die anderen durchzusetzen. Zwischen 1821 und 1861 gab es nicht weniger als 58 Regierungen und verschiedene spanische Interventionen, die scheiterten. Erst 1839 anerkannte Spanien die Unabhängigkeit Mexikos.
Aber nun versuchten andere Staaten, die Wehrlosigkeit Mexikos auszunützen und sich an den Schätzen des Landes zu bereichern. Frankreich zum Beispiel benützte 1839 die Forderungen eines französischen Bäckers als lächerlichen Vorwand für einen Krieg gegen Mexiko (den sogenannten »Kuchenkrieg«).
Die Hauptgefahr für Mexiko freilich kam vom »Koloß des Nordens«, den Vereinigten Staaten, die sich weiter gegen Süden ausbreiten wollten. 1845 annektierten sie das zu Mexiko gehörende, aber abgefallene Texas und nahmen Mexiko in einem eindeutigen Eroberungskrieg (1846–1848)

fast die Hälfte seines gesamten Territoriums ab: neben Texas auch New Mexico, Arizona, das heutige US-Kalifornien und Utah sowie Teile von Wyoming, Colorado und Kansas. 1853 kauften die USA von dem stets finanzschwachen Mexiko große Landstriche im heutigen Arizona und New Mexiko um den Preis von zehn Millionen Dollar.
Die berühmte Monroe-Doktrin (»Amerika den Amerikanern«) hatte für die junge Republik Mexiko nichts Beruhigendes an sich. Denn wie Mexiko in diesen bitteren Jahren schmerzlich erfahren mußte, war diese 1823 von Präsident Monroe formulierte Botschaft nicht nur eine Drohung der USA gegen jegliche europäische Intervention in Nord- und Südamerika, sondern gleichzeitig und hauptsächlich ein Hegemonieanspruch der USA in ganz Amerika. Es gab damals viele Amerikaner, die in Mexiko eine natürliche Beute der USA sahen.
In diesen kriegerischen Zeiten, diesem Wirrwarr an Regierungen, dem wirtschaftlichen und sozialen Chaos, vertieften sich die innenpolitischen Gegensätze zwischen den Konservativen als Vertretern des Großgrundbesitzes, des Adels und der Kirche einerseits und den Liberalen, den »Konstitutionellen« als Vertretern der fortschrittlichen, aus dem Ausland kommenden Ideen, andererseits. Jegliche Reform, die von den »Konstitutionellen« gefordert wurde, empfanden die Konservativen als Angriff auf ihren Besitz.
Der energischste Reformer, der Indianer Benito Juárez, Präsident des Obersten Gerichtshofes, gewann mit dem Sieg der Liberalen 1855 an Macht und Einfluß. Er war maßgeblich für die Verfassung verantwortlich, die 1857 nach nordamerikanischem Muster eingeführt wurde. Diese Verfassung garantierte das Recht auf freie Meinungsäußerung und die bürgerlichen Rechte für jeden Einwohner, auch für die bis dahin rechtlosen Mestizen und Indianer. Freilich hatte die so fort-

schrittliche Verfassung einen großen Nachteil: sie wurde wegen der ungünstigen innenpolitischen Verhältnisse kaum angewendet, und es kam nicht zu dem in geheimer Wahl zu wählenden Abgeordnetenhaus und Senat.
1858 wurde Benito Juárez gemäß der neuen Verfassung Präsident der Republik Mexiko. Die Konservativen proklamierten den damals 28jährigen General Miguel Miramón zum Gegenpräsidenten, wurden allerdings zwei Jahre später von den Liberalen militärisch besiegt. Jetzt erst, 1861, konnte Juárez in die Hauptstadt einziehen. Seine Gegner behaupteten sich noch als Guerilleros in einigen gebirgigen Distrikten der Provinzen Mexiko und Querétaro unter ihren Anführern Márquez, Mejía und anderen. Miramón floh bis auf weiteres ins französische Exil.
Juárez ging nun daran, die bisher privilegierten Schichten – Adel, Klerus und Militär – durch neue Reformgesetze zu entmachten. Nicht nur die Armee, sondern sogar die Geistlichkeit wurden der ordentlichen Gerichtsbarkeit unterstellt, der landwirtschaftliche und städtische Grundbesitz der Kirche enteignet und zum Nationaleigentum erklärt, die überaus hohen Gebühren für kirchliche Tätigkeiten wie Taufen, Eheschließungen, drastisch gesenkt, schließlich die Trennung von Staat und Kirche verfügt. Mit diesen Gesetzen setzte sich das bürgerlich-liberale Mexiko für kurze Zeit durch.
Doch die Kämpfe mit den Konservativen wurden immer erbitterter, und die Kirche griff zu ihrem letzten und grausamsten Mittel gegen die Reformgesetze und die Verfassung: Sie verweigerte mit ausdrücklicher Zustimmung des Vatikans allen jenen die Absolution, die die Verfassung anerkannten.
Das Land war völlig verarmt, die Staatskassen nach den jahrzehntelangen Kriegswirren erschöpft. In äußerster Not

war Mexiko sogar gezwungen, seine Haupteinnahme, nämlich die Zölle, an ausländische Gläubiger zu verpfänden. (Inländische Gläubiger gingen längst leer aus). Vor allem die Gegenregierung Miramón hatte in den letzten Jahren hohe ausländische Anleihen aufgenommen, die nun die Regierung Juárez zurückzahlen sollte. England zum Beispiel wollte auch jene 660 000 Pesos von Juárez zurückhaben, die General Márquez auf Befehl Miramóns gewaltsam aus der Kasse des englischen Konsulates in Mexiko geraubt hatte.[2] Daß es über diese Art von Schulden Diskussionen gab, war verständlich. Als es sogar unmöglich wurde, die Zinsen für die ausländischen Anleihen zu bezahlen, drohte der Staatsbankrott, und Juárez sah sich gezwungen, die Zinsenzahlung ins Ausland für zwei Jahre auszusetzen. Die Tatsache, daß sich – in dieser Zeit des Hochkapitalismus – eine Regierung weigerte, ihren finanziellen Verpflichtungen nachzukommen, war so unerhört, daß die hauptsächlich davon betroffenen Staaten – Frankreich, Spanien und England – sich zu einer militärischen Intervention entschlossen und ihre Truppen nach Veracruz schickten. Die USA waren im Sezessionskrieg mit eigenen Sorgen beschäftigt und griffen nicht, wie in der »Monroe-Doktrin« angedroht, in Mexiko ein.

Bald kam es zu Zwistigkeiten zwischen den drei in Mexiko intervenierenden Staaten. England und Spanien zogen sich schon nach wenigen Monaten zurück und schlossen mit Juárez eigene finanzielle Vereinbarungen.

Frankreich dagegen war zu keinem Kompromiß bereit und kämpfte allein weiter. Denn für Napoleon III. waren die mexikanischen Schulden nur ein Vorwand gewesen, um seine politischen Ziele zu verfolgen. Der englische Gesandte Sir Charles Wyke zum Beispiel hielt die französischen Forderungen für ein skandalöses Wuchergeschäft, das jeglicher diplomatischen Vertretung unwürdig sei.[3] Denn Frankreich forderte unter anderem die volle Erfüllung des Vertrages, den Miramón mit dem Bankhaus Jecker geschlossen hatte: die Einlösung der Anleihen im Nominalwert von 15 Millionen Pesos, für die tatsächlich nur eine Summe von 750 000 Pesos an Mexiko ausgezahlt worden war. (An diesem Beispiel zeigt sich die Verquickung von privaten und politischen Interessen besonders deutlich: der einflußreiche Halbbruder Napoleons III., der Herzog von Morny, besaß eine beträchtliche Anzahl dieser Jecker-Bons und war an einer Einlösung selbstverständlich höchst interessiert. Der Bankier Jecker war außerdem gar kein Franzose, sondern Schweizer und mußte erst 1862 in einem Schnellverfahren zum Franzosen gemacht werden, damit Frankreich seinen Anspruch aufrecht erhalten konnte, im Interesse von französischen Staatsbürgern an Mexiko Forderungen zu stellen.)

Es war offensichtlich, daß es bei diesem französischen Engagement in Mexiko um mehr ging als um französisches Kapital. Es ging um einen politischen Traum Napoleons III. und seiner aus Spanien stammenden Gattin Eugénie: eine Schutzherrschaft auszuüben über die romanische Rasse, nicht nur in Europa (mit Napoleons Einsatz für die italienische Einigungsbewegung), sondern auch in Übersee, gegen den angloamerikanischen Machtanspruch.

Napoleon III. war der einzige europäische Herrscher seiner Zeit, der Amerika aus eigener Anschauung kannte: Er war nach dem Scheitern des Straßburger Putsches von König Louis Philippe 1837 nach Amerika deportiert worden und hatte dort die mehr als selbstbewußte Politik der USA gegenüber den anderen amerikanischen Staaten erlebt. Auch später, während seiner Internierung auf der Festung Ham, hatte sich Napoleon mit Amerika beschäftigt: er arbeitete damals an einem Plan, einen Kanal durch die Landenge von Nicaragua zu bauen, um Mittelamerikas Bedeutung gegenüber den

USA zu heben, »machtvoll genug, um ein starkes Nationalgefühl zu erzeugen und jeden weiteren Übergriff aus nördlicher Richtung zu hindern, indem man Mexico den Rücken stärkt«.[4]

Napoleons tiefe Abneigung gegen die USA war bekannt. Herzog Ernst II. von Coburg zum Beispiel schilderte sie schon 1855 »als die eines Schuljungen, der im Zorn über einen ihm gespielten schlechten Streich nicht eher glücklich sein würde, als bis er ihn heimgezahlt hätte«.[5]

Zur Sympathie Napoleons III. für Mittelamerika kam der Eifer Eugénies für die mexikanische Sache. Einige konservative Exilmexikaner waren zur Zeit des Juárez-Konfliktes in Eugénies engster Umgebung und erfreuten sich ihrer besonderen Wertschätzung. Diese vornehmen Mexikaner waren es, die der Kaiserin den Plan schmackhaft machten, in Mexiko eine Monarchie einzuführen und damit das heruntergekommene, aber an Bodenschätzen reiche Land zu befrieden.

Eugénie betonte später wiederholt, daß sie es war, die bei ihren ausführlichen Gesprächen mit dem mexikanischen Emigranten José Hidalgo in Biarritz im Herbst 1861 die Idee eines von Frankreich abhängigen mexikanischen Reiches hatte. Es sollte das Zentrum eines zu bildenden lateinamerikanischen Großreiches als Gegengewicht gegen die USA sein. Daß es in Wirklichkeit nur um finanzielle Interessen Frankreichs ging, bestritt Eugénie: »Ich versichere Ihnen, daß in den Uranfängen der Unternehmung die finanziellen Spekulationen, die Eintreibung von Schuldforderungen des guten Jeckers, die Bergwerke von Sonora und Sinaloa gar keine Rolle spielten. Erst viel später trachteten die Agioteure und Spitzbuben, von der Gelegenheit Nutzen zu ziehen«.[6]

Wie es auch immer gewesen sein mag: jedenfalls ließen Männer wie Hidalgo die begeisterte Kaiserin im Glauben, die

Schöpferin eines neuen, spanisch-amerikanischen Reiches zu sein und damit ruhmvoll in die Geschichte einzugehen.

Eugénies Landeskenntnisse von Mexiko waren allerdings mehr als mager. Sie stammten vor allem aus Büchern, die die Geschichte der Eroberung unter Cortés phantasievoll schilderten. Für Eugénie, die geborene Spanierin, waren dies durchaus patriotisch-erhebende Geschichten. Vom modernen Mexiko wußte sie nur das, was ihre adeligen mexikanischen Freunde ihr erzählten, um die Fürsprache der Kaiserin zu erlangen. (Allerdings waren auch diese Mexikaner nicht auf dem letzten Stand der Dinge, weil sie meist viele Jahre nicht mehr in Mexiko gewesen und längst ein höfisches Leben in Frankreich gewöhnt waren.)

Noch 1865, als sich der Mißerfolg des Kaiserreiches schon abzeichnete, fragte Eugénie voll Naivität, warum denn Hernán Cortés mit einem kleinen Häuflein kühner Männer das mexikanische Reich unterwerfen konnte und warum es Maximilian nicht ebenso machen könne? Daß sich die Kriegstechnik und der Informationsstand inzwischen geändert hatten, daß Maximilian nicht mit der Unterstützung der Indianer rechnen konnte (die um 1500 zudem eine politisch viel wichtigere Position hatten) und vieles andere mehr mußte man der staunenden Kaiserin erst erklären, bevor sie die Unzulässigkeit dieses Vergleiches einsah.[7]

Und wieder ein Jahr später, als die militärische, finanzielle und politische Lage des Kaiserreiches sich als aussichtslos enthüllte und die verzweifelte Charlotte nach Europa reiste, um das französische Kaiserpaar um die einst versprochene Hilfe anzuflehen und das Unheil noch in letzter Minute abzuwehren, erkannte sie, wie blind und unüberlegt Napoleon und Eugénie in das mexikanische Abenteuer gegangen waren. Charlotte schrieb damals aus Paris an Maximilian über ihre Erfahrung mit dem französischen Kaiserpaar: »Was mir auffiel, war, daß ich mehr von China weiß, als diese da von Mexiko wissen, wo sie eine der größten Unternehmungen wagten, in die sich die französische Fahne jemals eingelassen«.[8]

Aber 1861 sah die Lage in Mexiko rosiger aus. Zu dieser Zeit gab es auch in Ekuador Bestrebungen der Klerikalen und Konservativen, ein »Königreich der Anden« unter französischer Protektion zu gründen. Und auch im südlich an Mexiko angrenzenden Guatemala arbeiteten die Konservativen, die an der Macht waren, für ein gemeinsames Vorgehen mit Mexiko gegen die Vereinigten Staaten. Frankreich unterstützte die Konservativen Guatemalas und hoffte, mit der Zeit einer frankreichfreundlichen Allianz zwischen Guatemala, Honduras, Salvador und Nicaragua den Weg zu bahnen. Napoleon III. dachte sogar an eine spätere Annexion zumindest von Guatemala durch das Kaisertum Mexiko, nach dem Muster des Iturbide-Reiches. Dieses Reich sollte die »Gloire« Napoleons III. stärken wie vorher die französischen Unternehmungen in Algerien, Marokko, Ägypten, Zentralafrika, Madagaskar, Indochina, Persien, China und auf den Pazifischen Inseln. Der Ausbruch des amerikanischen Bürgerkrieges und der drohende Abfall der Südstaaten schließlich schienen die Garanten für das Gelingen der mexikanischen Kaiserträume zu sein.

Die Krone sollte dem Habsburger Ferdinand Maximilian angeboten werden. Für diese Wahl gab es eine Reihe von Gründen. Zunächst selbstverständlich die historische Rolle des Hauses Habsburg als des vornehmsten Herrschergeschlechtes Europas, dann aber auch die Person des Erzherzogs. Eugénie fand, daß die Wahl »durch die Anpassungsfähigkeit, den hohen Geist und die liebenswürdigen Eigenschaften gerechtfertigt [schienen], die er [Max] einige Jahre früher bei der schwierigen Regierung des lombardo-venetia-

Der Leu hat Hunger,
oder:
Omnia in majorem L. N. gloriam.

Da in Europa für die nächste Zeit die Lorbeer-Aerndte keine günstigen Resultate verspricht, so schickt der Kaiser Napoleon sein sieggewohntes Heer nach Mexico auf die Weide.

nischen Königreiches gezeigt hatte. Andererseits war er mit der Prinzessin Charlotte von Belgien verheiratet; der große Einfluß, den sein Schwiegervater, der König Leopold, am Londoner Hofe besaß, konnte ihm wertvoll sein«. (Leopold war über seinen Neffen Albert von Sachsen-Coburg ein enger Verwandter der englischen Königsfamilie und überdies ein Vertrauter der Königin Victoria). »Endlich will ich nicht verbergen«, erklärte Eugénie später, »daß die Erhebung eines österreichischen Erzherzogs auf den Thron von Mexiko ... einmal als Argument dienen sollte, um von Franz Joseph die Abtretung Venetiens an Italien zu erlangen.«[9] Napoleon war der große Schirmherr der italienischen Einigungsbewegung und hatte zu dieser Zeit noch den Ehrgeiz, die österreichische Provinz Venetien nicht durch einen Krieg, sondern durch Verhandlungen an den neu zu schaffenden italienischen Staat zu übergeben – ein Plan, der freilich angesichts des Ehrgefühls Kaiser Franz Josephs von vorneherein illusorisch war.

Für die konservativen Mexikaner kam hinzu, daß Max einem betont katholischen Haus entstammte und man daher erwarten konnte, daß er eine klerikale Politik machen und die Kirche in ihre alten Rechte, vor allem auch die Vermögensrechte, wieder einsetzen würde.

Die französischen Interventionstruppen nahmen im Mai 1863 nach zweimonatiger Belagerung Puebla ein und zogen Anfang Juni in der Hauptstadt Mexiko ein. Juárez mußte in den Norden des Landes fliehen, gab aber trotz oft verzweifelter militärischer Lage nicht auf.

Der französische Gesandte Saligny berief nun 35 Mexikaner, alle aus der Hauptstadt und Konservative, in eine Regierungsjunta. Diese Junta stellte eine aus 215 Abgeordneten bestehende Notabelnversammlung zusammen, die ihrerseits am 10. Juli 1863 beschloß, die Republik in Mexiko abzuschaffen, die Monarchie einzuführen und die Krone Erzherzog Ferdinand Maximilian anzubieten. Für den Fall, daß der Habsburger nicht akzeptierten sollte, wurde es Napoleon III. anheimgestellt, einen anderen katholischen Prinzen zu nominieren. Solche Notabelnversammlungen hatte es schon mehrmals in Mexiko gegeben, Regierungen waren auf diese Art ein- und abgesetzt worden. Legal war dieses Verfahren jedoch keineswegs, denn eine Änderung der Verfassung stand gesetzlich nur einem gewählten Nationalkongreß zu. Der Ausschuß des republikanischen Nationalkongresses protestierte gegen die Proklamierung der Monarchie und rief alle Mexikaner zum Kampf »gegen die fremde Invasion und gegen die Landesverräter« auf. Von einem einmütigen Bekenntnis der Mexikaner für die Monarchie konnte also nicht die Rede sein.

Maximilians Thron war kein Thron des Friedens, sondern des

Bürgerkrieges, in den sich fremde Mächte mit starken Eigeninteressen in seinem Namen einmischten. Das scheint dieser ehrgeizige Prinz nicht erkannt zu haben – im Gegensatz zu den meisten Politikern und Journalisten seiner Zeit, selbstverständlich auch der Karikaturisten:

Thronologisches.

Der mexicanische Thron soll in Paris, und zwar genau nach dem Muster des römischen Stuhls gebaut sein.

Andererseits führt der tragische Ausgang des Unternehmens leicht zu einer allzu negativen Kritik an der Idee des mexikanischen Kaiserreiches. Daß alle jene, die diese Idee ausführten – Napoleon III., die mexikanischen Konservativen, Maximilian selbst – eine wirkliche Chance sahen und auch durchaus positive Beweggründe hatten, kann nicht geleugnet werden. Die Sehnsucht nach innerer Ruhe war in Mexiko groß, und Monarchien galten in dieser Zeit als Garanten der Ordnung. Maximilians Schwiegervater, König Leopold, der dem mexikanischen Plan wohlwollend gegenüberstand und ihn förderte, war ja selbst 1831 in Belgien nach der Revolution und der Unabhängigkeitserklärung von einer europäischen Konferenz als neuer König der Belgier und als Hüter der Ordnung eingesetzt worden. Auch Mitglieder anderer Fürstenhäuser wurden als Monarchen in Krisengebieten eingesetzt, um Stabilität zu bringen: der Wittelsbacher Otto und später der dänische Prinz Georg als Könige von Griechenland, Alexander von Bulgarien und später Ferdinand von Sachsen-Coburg als Fürsten von Bulgarien, Karl von Hohenzollern-Sigmaringen als Fürst von Rumänien.

Die Befürworter des mexikanischen Projektes führten auch immer wieder Brasilien an, das ein Kaiserreich und der einzige konsolidierte und ruhige südamerikanische Staat war. Die enge Zusammenarbeit mit dem Kaiserreich Brasilien sollte naturgemäß eine Stütze für das Kaisertum Mexiko sein, wie Maximilian später immer wieder betonte – war Kaiser Pedro II. ja auch ein Vetter Maximilians (ein Sohn der Erzherzogin Leopoldine, die eine Tochter von Kaiser Franz I. war).

Es gab also 1863 verschiedene Gründe, dem mexikanischen Kaiserreich eine reale Chance zu geben, zumal der amerikanische Bürgerkrieg gerade in dieser Zeit ungünstig für die Nordstaaten verlief. Viele Beobachter sagten damals eine Loslösung der Südstaaten von den USA voraus und damit eine entscheidende Schwächung dieses für Mexiko gefährlichen Nachbarn.

Im August 1863 reiste eine Abordnung der Notabelnversammlung unter der Leitung General Almontes nach Europa, um mit dem künftigen Kaiser von Mexiko zu verhandeln. Die Mexikaner wurden bei ihrer Durchreise durch Wien herablassend behandelt: Am Wiener Hof empfing man sie nicht, die Zeitungen spotteten über das eigenartige Ansinnen dieser Exoten, einem Habsburger solch abenteuerliche Pläne zuzumuten.

Daß diese Delegierten wirklich das mexikanische Volk repräsentierten, wie sie behaupteten, glaubten die Wiener nicht. Die humoristische Zeitschrift »Der g'rade Michel« zum Beispiel erwies sich als durchaus hellsichtig und wohl informiert: »Das Volk von Mexiko bietet die Krone nicht an, und das Volk von Mexiko ist überhaupt nicht in der Lage, jetzt einen Willen zu haben. Mit Gewalt, ohne einen Schein von Recht, sind die Franzosen in Mexiko eingedrungen, ohne einen Schein von Recht berufen sie die klerikale Partei zur Herrschaft, und diese Partei ist es nun, die die Verfassung des Landes umändert und einen Kaiserthron schafft. Napoleon ist es, der die Krone von Mexiko verschenkt, und die mexikanische Notabeln-Versammlung ist nur mit ein Werkzeug des jetzt in Mexiko allmächtigen Napoleonischen Willens. Es ist eine Leidenschaft der Napoleons, gerne Kronen zu verschenken... Aber was kann eine Krone aus den Händen Napoleons auch noch Verlockendes haben. Wie kann es reizen, in ein Land einzuziehen, das einem französischen General gehorcht, einen Thron zu besteigen, der sich auf französische Bajonette stützt, mit einer Partei zu regieren, welche die im Lande verhaßteste ist?! Wie kann ein Prinz, selbst vom besten Willen beseelt, unter solchen Vorbedingungen sich die Liebe der Unterthanen erringen!« [10]

Erzherzog Ferdinand Maximilian allerdings glaubte nicht den Skeptikern, sondern denen, denen er glauben wollte und die ihm die reinsten Wunderdinge von Mexiko erzählten. Er fühlte sich auserwählt, einem unterentwickelten Volk die

Mexikanische Handelsleute in Wien.

Nach einem Gemälde aus der französischen Schule.

Der Führer. Ich besorge, daß wir unsere Waare nicht anbringen werden. Wer hätte das geglaubt? In Wien fanden sich ja immer Abnehmer für Pariser Artikel.

Segnungen der konstitutionellen Monarchie und allgemeine Wohlfahrt zu bescheren. Napoleon III. war der Zusage des Habsburgers so sicher, daß er bereits am 5. November 1863 in seiner Thronrede von der bevorstehenden Thronbesteigung des Erzherzogs in Mexiko sprach.
Die Volksbefragungen nach den erfolgreichen Kämpfen der Franzosen im Herbst 1863 brachten ein angeblich überwältigendes Votum der mexikanischen Bevölkerung für die Monarchie. Sechs von acht Millionen Einwohnern sollen sich nach Angaben der Notabeln für die Monarchie ausgesprochen haben.[11] Die Hauptbedingung des Habsburgers, vom Volk Mexikos auf den Thron berufen zu werden, schien damit erfüllt. Diese Plebiszite waren unter der Drohung französischer Bajonette zusammengekommen. Von einer allgemeinen mexikanischen Volksabstimmung konnte schon deshalb keine Rede sein, weil Frankreich ja nur einen kleinen Teil Mexikos unter Kontrolle hatte und immer noch der Großteil des Landes republikanisch war.
Doch Max und Charlotte ließen sich nur zu bereitwillig von den mysteriösen Zahlen der angeblichen Volksabstimmung blenden. Im März 1864 fuhren sie nach Paris und wurden dort bereits mit kaiserlichen Ehren empfangen. Herzog Ernst II. von Coburg, ein Vetter Charlottes, erlebte hier die Begeisterung vor allem der beiden Damen Eugénie und Charlotte aus nächster Nähe: Eugénie »unterhielt mich volle drei Stunden fast ausschließlich über die mexikanische Angelegenheit. Sie behauptete, daß es dem Erzherzog nicht fehlen könne, sich bald zu einem der mächtigsten Herrscher der Welt emporzuheben, und daß die konservativen und kirchlichen Parteien drüben jedes Opfer zu bringen bereit seien. Die Hoffnungen der Kaiserin Eugénie wurden denn auch von niemand lebhafter geteilt als von meiner unglücklichen Cousine Charlotte«.

Die Haltung Napoleons wie die Maximilians sah Herzog Ernst längst nicht so begeistert. Napoleon gestand sogar seine Zweifel ein: »Nach einem Diner, bei welchem die Vertrauensseligkeit Charlottes besonders lebhaft zutage getreten war, nahm er mich recht absichtlich beiseite und schien sich gleichsam entschuldigen zu wollen: ›Une très mauvaise affaire!‹ (›Eine sehr ungute Sache‹), wiederholte er mehrmals, ›moi, à sa place, je n'aurais jamais accepté‹ (›Ich an seiner Stelle hätte niemals angenommen‹).«[12]
Napoleon sagte dem künftigen Kaiserpaar verbindlich zu, seine 38 000 Mann starken Truppen nicht auf einmal aus Mexiko abzuziehen, sondern nur allmählich, und ohne das neue Regime zu gefährden. Außerdem versprach er dem Kaiserreich eine französische Anleihe in der Höhe von zweihundert Millionen Francs, die den wirtschaftlichen Aufschwung des Landes garantieren sollte. Napoleon zu Maximilian: »Mein Fürst, Sie werden Mexiko gänzlich pazifiziert vorfinden, die Anleihe wird lediglich für die Eisenbahnen und materielle Unternehmungen dienen«.[13] (In Wirklichkeit wurde die Anleihe innerhalb kürzester Frist für den französischen Schuldendienst und die militärischen Unternehmungen des Marschalls Bazaine aufgebraucht, denn von einer »Pazifizierung« des Landes konnte gar keine Rede sein).
Außerdem begann das anfängliche Einvernehmen zwischen den Franzosen und der klerikalen Partei Mexikos zu schwinden. Erzbischof Labastida, einflußreiches Mitglied der Regentschaft, bestand strikt auf der Rückgabe der von Juárez enteigneten Kirchengüter, die die Franzosen verweigerten. Schon vor Maximilians Thronbesteigung wurde also seine vermeintliche politische Hauptstütze in Mexiko, die katholische Kirche und die Klerikalen, ein höchst unsicherer Faktor. Die Bereitwilligkeit, mit der sich der junge Habsburger von Napoleon III. ins Feuer schicken ließ, erregte viel Kopfschüt-

Die mexikanischen Kroninsignien

teln. Der amerikanische Gesandte in Wien, John Lothrop Motley, schrieb im März 1864 an eine Freundin in Amerika: »Was sagen Sie zu unserem jungen Freund Maximilian, Montezuma dem ersten? Ich war nie ein großer Bewunderer der viel bewunderten Weisheit Louis Napoleons, aber jetzt sehe ich mich doch genötigt, sie anzuerkennen. Denn die Art, wie er diesen armen jungen Mann hinters Licht geführt hat, ist doch ein höchst geschicktes Taschenspielerkunststück. Wenn es ihm nun gelingt, den Erzherzog in das Land hinein- und seine Truppen herauszubringen, und die Kosten der Unternehmung bezahlt zu bekommen, so hat er wirklich ein Kunststück vollbracht. Die Priester-Partei, welche erst die Franzosen herbeigerufen hat, klagt diese jetzt wütend an als Räuber, die ärger gehaust hätten, wie Juarez und dessen Anhänger. Der arme Maximilian wird daher bei seiner Ankunft den Fuß gleich in ein Hornissennest setzen. Solch ein Schwarm von schwarzen, giftigen Insekten ist seit den guten alten Tagen der Inquisition nicht wieder erblickt wor-

den. Nach der guten Regel »irritare crabrones« [»Reize die Hornissen«] läßt sich Max erst den Segen des Papstes erteilen, – ehe er sich auf den Weg macht. Aber wenn die Priester gegen ihn sind, und die Liberalen für die Republik, wer will ihn denn eigentlich zum Kaiser haben?
Einstweilen hat er schmucke Livreen in Brüssel anfertigen lassen, um die Herzen der Mexikaner zu bezaubern. Er soll sich auch schon vor dem Spiegel eine Kaiserkrone von Pappe aufprobieren, um zu sehen, wie gut sie ihn kleidet. Dies ist mir authentisch beglaubigt worden. Leider wird aber auch versichert, daß er keinen Heller mehr zu bekommen hat. Louis Napoleon quetscht ihm alles ab, was er noch in Aussicht haben mag.«[14]

2. Kapitel

Maximilian und Charlotte

»Mit der Ambition ist's wie mit dem Luftballon; bis auf eine gewisse Höhe zu steigen ist interessant und schön. Man gewinnt einen klaren, weiten Überblick; strebt man höher hinan, so schwindelt der Kopf, die Fernsicht wird umnebelt und verworren, die Luft wird zu fein, zuletzt stürzt man aber gar leicht und bricht sich das Genick«.[1]

Der junge Erzherzog Ferdinand Maximilian liebte es, solche Aphorismen und Denksprüche zu Papier zu bringen. Er machte sich Gedanken über Gott und die Welt. Er wußte Regeln und Lösungen für alle möglichen Lebensprobleme. In großer Eitelkeit fühlte er sich als Schriftsteller. Er war ein Mensch voller Phantasie, voller Träume, ein Liebhaber der Künste und der Literatur, einer, der teilhatte an den intellektuellen Strömungen seiner Zeit. In all diesen rühmlichen Eigenschaften unterschied er, der Zweitgeborene, sich von dem Bevorzugten, um zwei Jahre älteren, längst nicht so glanzvollen und längst nicht so beliebten Bruder, Kaiser Franz Joseph. Vor allem besaß Max Ehrgeiz – »Ambition« –, sah aber als Zweitgeborener keine Möglichkeit, diesen Ehrgeiz in Österreich zu befriedigen. Alle seine Probleme, vor allem sein übersteigerter Ehrgeiz, entstanden aus dieser Situation, eben nicht der erste Sohn seiner Eltern zu sein und eben nicht ausersehen zu sein, den Habsburger-Thron zu erben.

Sein Tatendrang fand keine ausreichende Betätigung und

machte ihn untauglich für ein beschauliches, genußreiches Leben als Erzherzog: »Es gibt Leute, welche das Leben, welches meine jüngeren Brüder führen, philosophisch finden; mir wäre eine solche Existenz der Tod bei lebendigem Leibe und was noch ärger ist, ich finde sie lächerlich. Es gibt nichts erbärmlicheres als ein apanagierter Prinz, der eine sogenannte sorgenlose Existenz führt«.[2]

Ferdinand Maximilian fand viel leichter Kontakt zu anderen Menschen als sein sehr verschlossener, sehr »majestätischer« Bruder Franz Joseph. Er war auch wegen seiner wissenschaftlichen und künstlerischen Ambitionen, wegen seiner Liebäugelei mit dem bürgerlichen Liberalismus der weit beliebtere der beiden Brüder – und er tat alles, um Popularität zu gewinnen und eben beliebter zu sein als der kaiserliche Bruder. Er gab sogar in seinem Tagebuch offen zu, daß er an dieser seiner Popularität ganz zielbewußt arbeitete: »Es ist das Klimpern, das zum Handwerk gehört. Wer ganz schweigt, ist bald vergessen!«[3] (Diese Popularität zeigte sich sogar noch, als Max bereits in Mexiko war. Nach der verlorenen Schlacht bei Königgrätz mußte Kaiser Franz Joseph auf seiner Fahrt von der Burg nach Schönbrunn an einer eisig schweigenden, feindlichen Menge vorüber, und aus der Stille heraus erscholl plötzlich der Ruf: »Vivat Maximilian«.[4] Diese Stimme traf bei Franz Joseph wieder die alte Wunde der Angst vor dem ihm intellektuell überlegenen Zweitgeborenen und machte eine Verständigung mit dem inzwischen unglücklichen Kaiser von Mexiko noch unmöglicher.) Es ist schwer zu entscheiden, welcher von diesen beiden ungleichen Brüdern die größeren Probleme mit dem anderen hatte.

Um den Schwierigkeiten mit dem Bruder zu entgehen und auf angenehme Weise zu lernen, ging der junge Erzherzog auf Reisen – vornehmlich zu Schiff. Denn er liebte das Meer und bevorzugte die Marine von Kindheit an. Er reiste nach Grie-

chenland, in die Türkei, nach Portugal, wo er die große Liebe seines Lebens traf: Prinzessin Maria Amalia aus dem Hause Braganza. Das junge Mädchen starb ein Jahr später auf Madeira an einem Lungenleiden und ließ einen tief trauernden Ferdinand Maximilian zurück. Bis in seine Todesstunde in Querétaro trug er ihren Ring. Noch in seinen Abschiedsbriefen erwähnte er sie (s. S. 70).
Das Land, das den stärksten Eindruck auf den Erzherzog machte, war Spanien. Er lebte sich ganz in die Geschichte der spanischen Habsburger ein und zeigte seinen romantischen Drang nach Glanz und Größe ganz unverhohlen, als er an den Gräbern der Könige Ferdinand und Isabella in Granada stand: »Stolz, lüstern und doch wehmütig griff ich nach dem goldenen Reif und dem einst so mächtigen Schwerte. Ein schöner, glänzender Traum wäre es für den Neffen der spanischen Habsburger, letzteres zu schwingen, um ersteren zu erringen«.[5]
Begeistert von der Größe der spanischen Überseemacht und getrieben von seiner »Reisemonomanie« unternahm er 1860 die erste Amerika-Reise eines Erzherzogs: nach Brasilien. Die Überquerung des Äquators war für ihn ein persönlicher Triumph: »Solche unschuldigen Triumphe fügen sich besser in mein Trachten und Streben als was mir die Heimat Prunkhaftes bieten kann; ich war der erste meines Stammes, der bis in die Tropen wanderte, und zwar mit dem Gefühle, daß ich noch nicht am Ziele sei«.[6] Als die brasilianische Küste auftauchte, träumte der junge Habsburger wieder einmal den Traum, der Nachfolger seiner großen Ahnen zu sein: »Ein Märchen scheint es mir, daß ich der erste Blutserbe Ferdinand und Isabellas bin, dem es von Kindheit an eine Lebensaufgabe war einen Continent zu betreten, der für die Geschichte der Menschheit eine so riesenhafte Bedeutung erlangt hat«.[7]

Seine Reiseerlebnisse schrieb er nieder und ließ sie in mehreren Bänden drucken. (Diese Schriften fanden immerhin sogar in der Nachwelt noch einiges Interesse. So benützte sie zum Beispiel Karl May als Quelle für seine Arbeiten.[8])
1854 wurde der damals 22jährige Erzherzog zum Oberkommandanten der Marine ernannt. Er erwies sich bei der Reorganisation dieser bisher vernachlässigten Waffengattung als durchaus tüchtig, wenn er auch von systematischer Arbeit wenig hielt, was manche seiner Zeitgenossen beklagten: »Fregatten, schwellende Segel, hurrarufende Matrosen, Salutschüsse, dann Fahrten ins ferne, ferne Blaue hinein, in all die anderen Weltteile, in die Tropenländer, überall mit Pracht und Musik einziehend – das war sein eigentlicher Begriff von der Mission einer Marine«.[9] Unter seiner Ägide unternahm die Fregatte »Novara« 1857/59 ihre berühmte Weltumseglung, die einen erheblichen wissenschaftlichen Ertrag hatte.
Auf einer offiziellen Paris-Reise lernte Ferdinand Maximilian 1856 Napoleon III. und Eugénie kennen, auf die er einen sehr günstigen Eindruck machte. Napoleon III. befand sich zu diesem Zeitpunkt – gegen Ende des Krimkrieges, wo er als Verteidiger der Freiheit Europas gegen das Zarenreich aufgetreten war – am Zenith seiner Macht und seines politischen Ansehens: Auf dem Pariser Kongreß 1856 war er der große Schiedsrichter zwischen den streitenden Parteien. Das altehrwürdige Haus Habsburg sah in ihm zwar immer noch einen Emporkömmling, mußte aber doch seine Tüchtigkeit anerkennen.
Je mehr Zurückhaltung sein kaiserlicher Bruder gegenüber Napoleon III. übte, desto deutlicher demonstrierte Ferdinand Max seine Verehrung für den »Modernen«, den »zeitgemäßen« Herrscher Frankreichs, der durch eine Volksabstimmung und nicht durch Geburtsrecht auf den Thron gelangt war. Bei einem Besuch in Potsdam auf der Rückreise von

Paris nach Wien schwärmte Max seiner Tante, Königin Elisabeth von Preußen, von Napoleon III. vor und gestand ihr: »Liebe Tante, das ist keine Bewunderung, die ich für diesen Mann habe, das ist ein Kult!« Die Königin erschrak über dieses Geständnis: »mir ist ganz unheimlich dabei geworden, wer weiß, wozu dieser Mensch meinen Neffen noch verleitet, der ein solcher Phantast ist«.[10]
Bei einem Besuch in Brüssel 1856 lernte Max die damals 16jährige Prinzessin Charlotte von Belgien kennen, die einzige Tochter des ersten Belgierkönigs Leopold I. und durch ihre Mutter Enkelin des französischen Bürgerkönigs Louis Philippe. Charlotte war für höfische Verhältnisse gebildet und belesen, eher ein Verstandes- als ein Gefühlsmensch. Sie zeigte schon früh Ehrgeiz und Tatkraft, Eigenschaften, die man damals als Familieneigenschaften der Coburger ansah. An Willensstärke übertraf sie ihren Bräutigam Max bei weitem, was sich nur zu bald zeigen sollte.
Leopold I. von Belgien wünschte sich für seinen Schwiegersohn eine würdige, möglichst selbständige Stellung, und Kaiser Franz Joseph ernannte seinen Bruder daraufhin zum Gouverneur des lombardo-venetianischen Königreiches, gab ihm aber kaum mehr als repräsentative Aufgaben. Das junge Paar bezog 1857 seine Residenz in Mailand.
Die italienische Einigungsbewegung zeigte dem gutwilligen jungen Gouverneurspaar seine Macht. Alle persönliche Sympathie konnte nicht über die Oppositionsstimmung gegen die habsburgische Herrschaft hinwegtäuschen. Max geriet hier in Italien in scharfen politischen Gegensatz zur Wiener Zentralregierung und damit zu seinem Bruder Kaiser Franz Joseph. Verbittert schrieb er seiner Mutter Erzherzogin Sophie 1858 aus Mailand: »Wären nicht die religiösen Pflichten, ich wäre schon längst ferne von diesem Lande der Qual, wo man die Demütigung doppelt fühlt, eine that- und gedankenlose

Regierung, die der Verstand vergebens zu vertheidigen sucht, repräsentieren zu müssen. Mit einem Gefühl tiefer Scham bin ich neulich nach Mailand hineingefahren, doppelt gedrückt und gedemüthigt durch die freundliche wohlwollende Art, mit der man uns beide persönlich, so zu sagen als respectable Privatpersonen, empfangen hat. Diese desavouierende Privatfreundlichkeit zeigt mir am besten die Lage der Dinge, zeigt meine Ohnmacht, zeigt aber auch, wie unverantwortlich die Regierung mit dem guten Willen der Masse umgeht.«[11]

Die Lombardei war für Österreich nicht zu halten. 1859 ging diese einstmals reichste Provinz in der Schlacht von Solferino verloren. (Napoleon III. war der Schirmherr der italienischen Einigungsbewegung und in diesem Krieg Österreichs Hauptfeind. General Bazaine, Maximilians späterer Antipode in Mexiko, war in Magenta und Solferino einer von Napoleons Generälen gegen die österreichische Armee.) Maximilian an seinen Schwiegervater Leopold: »Es ist so traurig, unsere schöne und ehemals kräftige Monarchie durch Ungeschicklichkeit, Mißverständnisse und rätselhaftes Vorgehen immer mehr und mehr sinken zu sehen«.[12]

Maximilian hatte nun keine Aufgabe mehr. Er zog sich auf sein neu gebautes Schloß Miramare bei Triest zurück, ging auf Reisen, sammelte Kunstwerke, beschäftigte sich mit naturwissenschaftlichen Fragen – und wurde immer erbitterter gegen seinen kaiserlichen Bruder: »und immer mehr drängt es mich hinaus, nach endlicher Loslösung dieser Quahlen und fortwährenden Demüthigungen, die ich im Pflichtgefühl stumm ertrage, aber darnach doppelt von ihnen leide«.[13]

In diese Situation der Unzufriedenheit, der Verbitterung, der Aussichtslosigkeit, in Österreich eine selbständige Aufgabe zu bekommen, kam im Oktober 1861 das vorerst noch vage Angebot Napoleons III. an Max, die Krone Mexikos anzunehmen – ein Angebot, das Maximilian und Charlotte mit Begeisterung aufgriffen und gegen das auch Kaiser Franz Joseph keine Einwände hatte, wenn er den Plan auch nicht gerade aktiv unterstützen wollte.

Maximilian fühlte sich als Retter der Habsburger-Ehre: »Unser Haus ist durch das Andrängen der jetzigen Zeitumstände in seinem ehemaligen Glanze verdunkelt; während die Coburgs Thron um Thron erringen und ihre zunehmende Macht über den Erdball ausbreiten, hat unsere Familie gerade in den allerletzten Zeiten zwei Souveränitäten verloren. [Österreich-Este in Modena 1860 und Toskana 1859]. Daß diese Scharte auszuwetzen Pflicht des Hauses ist, sieht niemand mehr ein als ich, auch kann mir der Eindruck nicht entgehen, den die Realisierung des gemachten Vorschlages auf die Welt und vor allem auf das ermattete Österreich machen würde.«[14]

Napoleon III. machte den jungen Erzherzog glauben, der Retter des bedrängten Mexiko zu werden, schrieb er ihm doch: »Niemals wird in meinen Augen ein Werk in seinen Resultaten großartiger sein, denn es handelt sich darum, einen Kontinent der Anarchie und dem Elend zu entreißen, ganz Amerika das Beispiel einer guten Regierung zu geben, endlich die Fahne der Monarchie angesichts gefährlicher Utopien und blutiger Wirren emporzuheben, gestützt auf eine weise gehandhabte Freiheit und aufrichtige Liebe zum Fortschritt«.[15]

Dies war genau die Sprache, die Max gerne hörte, die seinem Sendungsbewußtsein entgegenkam. Ein Zeitgenosse beobachtete eben dieses Sendungsbewußtsein sehr deutlich und schrieb über seine Gespräche mit Max: »Frappierend an den Gesprächen war bloß sein gewisser emphatischer Ton, ein Schwung jugendlichen Enthusiasmus', wie schön die Welt sei, was es da alles noch zu tun gäbe und welcher Genuß es sei, die Menschen zu leiten und zu veredeln. Dabei keine Spur von politischer Ambition oder Herrschsucht, nicht jener souveräne Akzent von ›Gottes Gnaden‹ [was auf Kaiser Franz Joseph gemünzt war], vielmehr ein gelegentliches Andeuten, daß man über solche Schwächen hinaus sei und die Welt längst schon mit jenen Augen ansehe, die den ›Contrat social‹ gelesen und Jean Jacques verstehen. Besonders auffallend ergab sich der stets stereotype Ausruf, so oft von irgendeinem nahen oder entfernten Volke die Rede war: ›Welch herrliches Volk! Aus dem ließe sich auch noch was machen!‹«[16]

Die Mexikaner waren außerdem geschickt genug, um im jungen Max den Nachfahren der großen spanischen Habsburgerkönige anzusprechen. »Die Regentschaft macht Appell an mich als den Nachkommen ihrer ehemaligen legitimen Souverains«,[17] schrieb Max stolz in sein Tagebuch.

Warnende Stimmen gab es neben zustimmenden von Anfang an. Der österreichische Botschafter in Paris, Fürst Richard Metternich: »Wie viel Kanonenschüsse wird es wohl brauchen, um in Mexiko einen Kaiser einzusetzen und wie viele, um ihn dort zu erhalten«.[18] Obersthofmeister Graf Crenneville fand das mexikanische Projekt sogar »schmachvoll« für ein »Glied des ältesten und edelsten Herrscherhauses«. Er kritisierte Max, »der sich durch die Gnade eines verächtlichen Erbfeindes [Napoleon III., der ja 1859 Hauptgegner Österreichs gewesen war] auf einen gebrechlichen Thron setzen läßt und wahrscheinlich in Bälde wie König Otto [von Griechenland, der 1862 nach fast dreißigjähriger Regierung vertrieben worden war] trotz garantierenden Mächten zwischen zwei Stühlen sitzen wird.« Crenneville, der ein eingeschworener Parteigänger Franz Josephs war, wenn es um Streitigkeiten der Brüder ging, fügte über Max hinzu: »... ich hoffe, nach Österreich kommt er nimmer zurück«.[19] Max nahm diese warnenden Stimmen nicht zu Kenntnis und lebte sich derartig in seinen mexikanischen Traum ein, daß er sogar den Spott der habsburgischen Verwandten erntete. Erzherzogin Maria Theresia zum Beispiel schrieb an ihren Vater Erzherzog Albrecht: »Max war wieder klassisch; nach dem Speisen ging er mit einem genialischen Gesichte im Zimmer umher und betrachtete die Familienporträte; es wäre ja unter seiner Würde gewesen mit den anderen Erzherzogen zu reden, da sie nicht zum Mexikanischen Kaiserthrone berufen sind. Als der Kaiser fortging, machte er ein so tiefes Compliment, ganz wie die Acteurs, wenn sie herausgerufen werden; und mit einem so demüthigen Gesichte, daß ich mir alle Mühe geben mußte, nicht zu lachen.[20]

Als ihm 1863 die englische Regierung vorschlug, die Krone Griechenlands anzunehmen, lehnte Max sofort ab. Zu sehr hatte er sich innerlich bereits für das mexikanische Projekt entschieden. Außerdem kannte er von seinen Reisen her Griechenland recht gut und war von den dortigen Zuständen alles andere als begeistert. Wichtig für die sofortige Ablehnung des Planes war aber Maximilians verletzter Stolz als Habsburger: Er war nicht der erste Prinz gewesen, den man wegen der griechischen Krone befragt hatte. Max schrieb in sein Tagebuch: »es sind hundert Gründe, die dagegen sprechen. Von den Engländern finde ich es aber geradezu unglaublich, daß sie es wagen, sich an uns zu wenden, nachdem schon so viele minorum gentium [gemeint etwa: zweitklassige Fürsten] rund abgeschlagen haben«.[21]

Im selben Jahr gab es, ausgelöst durch den polnischen Aufstand gegen Rußland auch Pläne, das Königreich Polen wiederherzustellen und Max zum König von Polen zu machen. Max schrieb in sein Tagebuch: »Die Leute lassen einen nicht mehr in Ruhe, und machen einen geradezu lächerlich. Figaro qui, Figaro la; jeden Tag eine neue Krone«. Allerdings gefiel

ihm das polnische Projekt sehr gut, kam es doch seinen romantischen Träumen entgegen, der Retter eines armen Volkes zu sein: »Übrigens die Krone von Polen, wäre sie möglich, wäre sie jetzt eine der schönsten der Welt«.[22] (Noch in seinen letzten Lebenstagen in Querétaro, als er die Hoffnung auf eine mögliche Flucht noch nicht aufgegeben hatte und Zukunftspläne schmiedete, erschien ihm wieder die polnische Krone als schöner Traum. Er hoffte allen Ernstes, den König von Preußen zur Wiederherstellung Polens bewegen zu können und dann – als aus Mexiko vertriebener Kaiser – den polnischen Thron zu besteigen.)[23]
Um seine vielen Skeptiker zu beruhigen und vor allem den Mahnungen seiner Mutter und seines kaiserlichen Bruders zu folgen, verlangte Maximilian anfangs einige Voraussetzungen für die Annahme der mexikanischen Kaiserkrone: Die Garantie der drei Großmächte England, Frankreich und Spanien, vor allem aber ein Votum des mexikanischen Volkes für die Monarchie. Denn er wollte ja nicht als Eroberer in ein neues Reich einziehen, sondern als konstitutioneller »Volkskaiser«.
Kaiser Franz Joseph schrieb einen Monat vor der Ankunft der mexikanischen Delegation in Miramare besorgt an seine Mutter, Erzherzogin Sophie: »Was die mexikanische Angelegenheit betrifft, so rede ich Max beständig zu, an den von ihm von Anfang her gestellten Bedingungen festzuhalten und sich nicht dazu hinreißen zu lassen, allein im Schlepptau Frankreichs vorzugehen. Ich hoffe, er wird besonnen bleiben.«[24]
Doch Max war alles andere als besonnen und fühlte sich schon ganz als Kaiser. Es gab schon Absprachen über die Höhe seiner Zivilliste (1,5 Millionen Pesos, was etwa drei Millionen Gulden entsprach, nach einer eher mageren Erzherzogsapanage von 100 000 Gulden jährlich).[25] Er hatte

auch bereits die mexikanische Verfassung – in französischer Sprache – konzipiert, nach dem Muster der französischen und belgischen Constitution: »Die wohlklingenden Phrasen und die autonomen Freiheiten nehmen wir aus der belgischen, das energische Gerippe aus der Imperialen Constitution. Das ganze wird sich hoffentlich gut und logisch gestalten und eine glückliche Mittelstraße bilden«, schrieb er am 23. August 1863 in sein Tagebuch.[26] Schließlich bestellte er den Triestiner Maler Cesare dell'Acqua eigens aus Brüssel nach Miramare, damit er den historischen Moment malen sollte, in dem die mexikanische Delegation von ihrem zukünftigen Kaiserpaar empfangen wurde.[27]

Bei diesem Empfang am 3. Oktober 1863 in Miramare erwähnte Max plötzlich die bisher doch für so unumgänglich notwendig erachteten Garantien nicht mehr (wohlwissend, daß nur die Zusage Frankreichs, nicht aber die Englands und Spaniens zu bekommen waren). Franz Joseph warnte ihn schon am nächsten Tag telegraphisch: »Ich muß Dir auf das bestimmteste diese ursprünglich ausgesprochene Bedingung in Erinnerung bringen. Du kannst Dich doch nicht in die alleinige Abhängigkeit von Frankreich begeben«.[28] Aber Max hatte inzwischen seine Bedingungen reduziert, weil ihm so sehr an dieser Krone gelegen war.

Das mittelamerikanische Projekt nahm immer pompösere Formen an und löste sich immer mehr vom Boden der Wirklichkeit. Denn nun schlug Max eine Heirat seines jüngsten Bruders Ludwig Viktor mit der Erbin des brasilianischen Thrones, der ältesten Tochter Kaiser Pedros II., vor. Zwei Habsburger als Monarchen in Mittel- und Südamerika konnten sich gegenseitig brüderlichen Rückhalt geben, den monarchischen Gedanken stärken und nach und nach die vielen kleineren Republiken in ihre Länder eingliedern, die zwischen Mexiko und Brasilien lagen, dachte er sich. Selbstverständ-

lich sollten die Brüder ihre Interessensphären abgrenzen.
Diese Pläne waren keineswegs kurzfristige Träume des phantasiebegabten Habsburgers. Er kam auch in Mexiko immer wieder darauf zu sprechen, »denn unsere wahre Bestimmung besteht darin, das Kaiserreich als Zentralmacht des neuen Kontinents zu sehen, während man die Beherrschung des Nordens den Vereinigten Staaten, jene des Südens dem brasilianischen Kaiserreich überläßt.«[29] Da würde eine brasilianische Heirat Ludwig Viktors ja wirklich gut passen, wenn dieser auch überhaupt keine Neigung zeigte, die ihm unbekannte Prinzessin zu ehelichen und sich in ein Übersee-Abenteuer einzulassen.
Max hatte für diese nüchterne Haltung seines damals 21jährigen Bruders kein Verständnis und schrieb sehr energisch an den österreichischen Außenminister Graf Rechberg, der Kaiser müsse bei dem widerstrebenden jungen Erzherzog ein Machtwort sprechen: Ludwig Viktor »kann sich von seiner Existenz jenseits des Ozeans keine rechte Vorstellung machen«, klagte Max, »fürchtet, daß er dort an Heimweh leiden wird usw. Indessen habe ich doch so viel erreicht, daß er mir sagte, er würde sich einem förmlichen Befehl Eurer Majestät, wenn auch, wie er sich ausdrückte, ›als Märtyrer‹, fügen. Gerade bei Ludwigs Naturell dürfte ein solcher Befehl am ehesten am Platze sein; daß er sich aus eigenem Willen von dem für ihn schädlichen Wiener Terrain losreiße, läßt sich nicht erwarten«.[30]
Doch Kaiser Franz Joseph dachte nicht daran, seinem jüngsten Bruder diesen Befehl zu geben. Spöttisch schrieb er seiner Mutter, Erzherzogin Sophie, über diesen brasilianischen Plan: Ludwig Viktor »glaubt, daß Max (Ludwig nennt ihn nur noch Montezuma) ihn zum Erbprinzen von Mexico anwerben will, zu welcher überseeischen Anstellung er aber durchaus keinen Beruf fühlt«.[31]

Maximilians Überlegungen gingen also bereits im Jahre 1863 so weit, über die Thronfolge in Mexiko nachzudenken, da er ja keine Kinder hatte. Die Träume verstiegen sich bis zu einem geeinigten Reich Mexikos und Brasiliens ausgerechnet unter dem alles andere als arbeitseifrigen Ludwig Viktor (im Familienjargon »Luziwuzi« genannt): er würde nicht nur durch eine Heirat mit der brasilianischen Erbin Kaiser von Brasilien, sondern auch Nachfolger seines kinderlosen Bruders Max in Mexiko sein. Wahrlich glänzende Träume, die wenig Beziehung zur rauhen Wirklichkeit hatten.

Erzherzogin Sophie, den amerikanischen Plänen gegenüber ohnehin schon skeptisch, schrieb voller Erleichterung am 20. Oktober 1863 in ihr Tagebuch, daß Ludwig Viktor keine Lust verspürte, nach Brasilien zu heiraten und dieser phantastische Plan, gleich zwei lateinamerikanische Throne durch habsburgische Brüder zu besetzen, scheiterte.[32]

Immer deutlicher machte sich in dieser Zeit Charlotte zum Sprachrohr ihres Gatten. Immer energischer kämpfte nun sie um den mexikanischen Kaiserthron und kämpfte auch noch dann, wenn Maximilians Kraft erlahmte, was mit zunehmender Konkretisierung der Pläne immer öfter geschah.

Als Erzherzogin Sophie zum Beispiel voller Sorge, ja Verzweiflung ihren Sohn Max von dem Abenteuer abzuhalten versuchte, war es Charlotte, die ihr in einem sehr langen und sehr energischen Brief antwortete und die Bedenken zerstreute. Sehr selbstbewußt schrieb sie, Sophie solle doch Max nicht den Kummer machen, anderer Meinung zu sein, »obwohl das allerdings seine Entscheidung nicht ändern könne, wenn er bestimmt sei, eine solche zu treffen«.[33]

Erzherzogin Sophie beendete ihr Tagebuch am Silvesterabend 1863 mit dem Gebet, »daß Gott die Gnade habe, Max daran zu hindern, nach Mexiko zu gehen. Amen«.[34]

Inzwischen erörterte man in den Salons schon das Für und

Wider des mexikanischen Kaiserreiches, und bald griffen die österreichischen Zeitungen das Thema voll auf, war es doch exotisch und aufregend genug. Daß Max wirklich nach Mexiko gehen könnte, hielten selbst die Karikaturisten im Oktober 1863, als die mexikanische Delegation in Miramare auftauchte und für Aufsehen sorgte, nicht für möglich. Von den Mexikanern machten sich die Wiener schon gar recht seltsame Vorstellungen:

Was Wien nach Mexiko gebracht hätte!

Vor allem für Auswanderungswillige rückte Mexiko nun verstärkt ins Blickfeld. Viele Reisebeschreibungen und Broschüren über Mexiko wurden nun gekauft und in den Zeitungen abgedruckt. Manche schilderten das Land wie ein wahres Paradies auf Erden, das freilich einer starken ordnenden Hand aus Europa bedürfe. Der Geograph Karl B. Heller zum Beispiel schwärmte, »daß es wenige Erdstriche unter der Sonne gibt, die so bevorzugt sind. Ein wolkenloser Himmel überdeckt Gebirge und Seen, welche die schönsten und erhabendsten Europa's in den Hintergrund drängen; fruchtbare Ebenen, die alle Produkte unserer Länder erzeugen, sind der Tummelplatz großer Herden europäischer Hausthiere; nicht die Kälte des langen, traurigen Winters des Nordens, nicht die Hitze des heißen Erdgürtels fühlt man in der frischen, wie in wenigen Gegenden so gesunden und belebenden Luft des mexicanischen Hochlandes ... Des Morgens in Palmen-, Orangen- oder Bananenhainen wandelnd, kann man des Abends in Oliven- und Obstgärten unserer Art die heimischen Früchte pflücken. Es gibt kein Produkt des Pflanzenreiches, welches Mexico nicht in irgend einer seiner Höhen produciren könnte, und reichlich lohnt sich überall die Arbeit des verständigen Pflanzers.« Man könne »in Wäldern immergrüner Eichen wandeln, wo das herrlichste Klima, ein ewiger Frühling herrscht und die duftende Orchidee sich reizend zur kleinen Palme niederneigt«. Nicht zuletzt wurde auf die Bodenschätze hingewiesen: »Unerschöpfliche Lager von Gold, Silber, Eisen, Kupfer, Blei und andere mineralische Produkte liegen, nur theilweise erschlossen, über das ganze Land ausgebreitet. Es fehlt nur an rührigen Händen, diese Schätze auszubeuten. Große Strecken Landes liegen unbebaut, undurchdringliche Wälder decken meilenweit das jungfräuliche Land und die Reichthümer der Erde warten noch überall ihrer Erschließer«.[35]

Und wieder nahmen Karikaturisten dieses dankbare Thema auf ihre Weise auf:

Wenn es um Mexiko ging, geriet Erzherzog Ferdinand Max in reine Schwärmerei, was viel Befremden erregte. Er sprach von seinem künftigen Kaiserreich »in einem Tone wie jemand, der freudig bewegt erzählt, er sei eben auf der Reise ins Paradies begriffen, wo man ihn so herzlich lieben werde als er alle aufrichtig lieben wolle. Wenn man ihn so hörte, so konnte man nicht recht sagen, der Mann scheine in Illusionen befangen, sondern man mußte sich gestehen, es mit einem Poeten zu tun zu haben«, bemerkte ein Beobachter, der Max einen Monat vor der Abreise nach Mexiko erlebte.[36]

Ganz anders dagegen war der Eindruck, den Herzog Ernst II. von Coburg, ein Vetter Charlottes, um dieselbe Zeit von Max hatte, der damals mit kaiserlichen Ehren in Paris von Napoleon III. empfangen wurde. Maximilians Äußerungen hätten laut Ernst von Coburg »in grellem Widerspruch zu der freudigen Empfindung seiner Gemahlin gestanden. Was ihn zu treiben schien, war weniger die Erwartung des Gelingens, als vielmehr die starre Konsequenz des einmal ausgesprochenen Entschlusses«.[37]

Diese beiden Äußerungen zweier Augenzeugen in derselben Zeit stellen durchaus keine Widersprüche dar. Denn Maximilian schwankte sehr in seinen Meinungen (ganz im Gegenteil zu der mit einer festen, ja starren Meinung ausgestatteten Charlotte). Seine Begeisterung für das mexikanische Kaiserreich schlug häufig in eine depressive Haltung um, in der das Heimweh nach Österreich, vor allen nach Miramare, den Vorrang vor allem anderen hatte. Das ständige Schwanken seiner Meinung, die große Entscheidungsschwäche in wichtigen Momenten, in denen er sich dann meist in eine Krankheit flüchtete, blieben auch in Mexiko kennzeichnend für Maximilian.

Kaiser Franz Joseph dagegen war für Poesie, für Schwärmerei und daraus resultierende Depressionen unzugänglich. Er war nicht dazu zu bewegen, seinem Bruder Garantien irgendwelcher Art für Mexiko zu geben. Franz Joseph erklärte unmißverständlich, »daß Ich Mich nimmermehr entschließen könnte, eine Garantie zu übernehmen und Meinem Staate aufzuerlegen, welche, bei dem Umstande als Österreich keine hinreichenden Hilfsmittel zu transatlantischen Unternehmungen zu Gebote stehen, vorkommenden Falles nicht mit dem durch die Würde und Machtstellung Österreichs unbedingt gebotenen Nachdrucke zur Geltung gebracht werden könnte«.[38]

Er forderte sogar von seinem Bruder, auf sämtliche Rechte als Erzherzog zu verzichten, bevor er die Krone Mexikos annehme. Max stand ja immerhin hinter dem 1858 geborenen Kronprinzen Rudolf an zweiter Stelle der österreichischen Erbfolge, und es hätte nur zu leicht zu schlimmen Komplikationen für Österreich kommen können, wenn etwa der Fall einer Regentschaft akut geworden wäre und der mexikanische Kaiser in Österreich die Regierungsgeschäfte für den minderjährigen Rudolf hätte ausüben müssen. Der Verzicht auf die erzherzoglichen Rechte und die Thronrechte war auch für weibliche Mitglieder des Erzhauses selbstverständlich, sobald sie heirateten. Es ist zu verwundern, daß Max so überrascht war, daß Franz Joseph auch und gerade für ihn auf diesem Verzicht bestand – und bestehen mußte. Der verzweifelte Kampf Maximilians um seine Rechte als Habsburger enthüllte sehr klar, daß das mexikanische Kaiserreich sogar für ihn keineswegs so sicher schien, wie er es seit Jahren in schwärmerischen Tönen glauben machen wollte. Er wollte sich auf jeden Fall den Rückweg nach Österreich offenhalten und dann hier weiterleben, als wäre nichts geschehen. Über diese Frage kam es zu einem erbitterten Tauziehen der beiden Brüder, und in letzter Minute dachte Max ernsthaft daran, die Krone Mexikos abzulehnen. Denn seine Stellung in Österreich war ihm selbst jetzt noch wichtiger als die mexikanische Kaiserwürde. Wie ernst die Lage war, zeigt die Aufregung Napoleons III., der drängend und mahnend nach Miramare telegraphierte: »Ich bin bestürzt über die Nachricht, die uns zugekommen ist. Eure kaiserliche Hoheit sind mit Ihrer Ehre mir, Mexiko und den Zeichnern der Anleihe gegenüber verpflichtet. Die Familienzerwürfnisse können Eure kaiserliche Hoheit nicht hindern, anderswo höhere Aufgaben zu erfüllen. Denken Sie doch an Ihren eigenen Ruhm. Eine Absage erscheint mir heute unmöglich.«[39]

Max versuchte nun, seinen kaiserlichen Bruder wenigstens zu einem geheimen Zusatzabkommen zu bewegen, und zwar nur für den Fall, daß das mexikanische Kaiserreich scheitere und Max nach Österreich zurückkehre. Er schlug dem Kaiser folgenden Text vor: »Seine Majestät der Kaiser versprechen aus brüderlicher Liebe, falls der Erzherzog Ferdinand Max entweder freiwillig dem Throne von Mexiko entsagen oder desselben verlustig werden sollte, auf dessen dann gewollte Bitte den heute unterzeichneten Vertrag außer Kraft treten zu lassen und den Erzherzog in seine dermaligen Rechte wieder einzusetzen. Ebenso sichern Seine Majestät der Witwe des Erzherzogs und dessen Kindern für den Fall, daß selbe die Stellung in Mexiko aufgeben müßten, die Einsetzung in alle den österreichischen Erzherzogen zustehenden Rechte zu«.[40]

Aber auch zu diesem Geheimartikel war Kaiser Franz Joseph nicht bereit. Außenminister Graf Rechberg zum französischen General Frossard in diesen aufregenden Tagen: »Glauben Sie, daß Österreich es hinnehmen würde, von einem Prinzen regiert zu werden, der eben von einem fremden Thron verjagt worden ist?« Franz Joseph war nur zu einem Zugeständnis bei der Apanage bereit und erlaubte die Anwerbung des Freiwilligenkorps.[41]

Maximilian war in diesen Tagen tief deprimiert und unfähig, Entscheidungen zu treffen. Wieder war es Charlotte, die aktiv wurde und das äußerste tat, was sie tun konnte: Sie fuhr allein zu ihrem kaiserlichen Schwager nach Wien, um ihn umzustimmen – freilich vergeblich.
Die Franzosen und die Mexikaner drängten. Die mexikanische Abordnung, die ihrem neuen Kaiser huldigen wollte, wartete bereits. Wenn Max Kaiser von Mexiko werden wollte, mußte er den Familienpakt unterschreiben, und zwar ohne geheimes Zusatzabkommen. Endlich willigte er ein, deprimiert und krank. Am 9. April 1864 traf Kaiser Franz Joseph mit mehreren Erzherzögen und Ministern in Miramare ein, um die Angelegenheit abzuschließen und den Verzicht des Bruders auf alle seine Rechte als Habsburger entgegenzunehmen und durch viele Zeugen bestätigen zu lassen. Die Atmosphäre war feindselig und gespannt.
Zur Unterzeichnung dieses Paktes fühlte sich Max erpreßt, gezwungen. Er vergaß seinem kaiserlichen Bruder diese strikte Haltung nie. Schon auf dem Schiff, das ihn nach Mexiko brachte, setzte er unter Zeugen ein Schriftstück auf, in dem er gegen die »Pression«, unter der er den Pakt hatte unterschreiben müssen, protestierte und dessen Rechtsgültigkeit anfocht. Unbedingt wollte sich Maximilian den Rückweg nach Österreich offenhalten. Als Kaiser Franz Joseph im November 1864 allerdings diesen streng geheimen Familienpakt dem österreichischen Reichsrat vorlegte und damit der Öffentlichkeit preisgab, war Max jede Hoffnung genommen. Ob er nun wollte oder nicht: es blieb ihm nun nichts mehr als seine Kaiserwürde in Mexiko. Hier mußte er sich bewähren oder fallen.
Am 10. April 1864 kam die mexikanische Delegation nach Miramare, um ihrem neuen Kaiserpaar zu huldigen. Charlotte war majestätisch und selbstsicher, Max außerordentlich

schwach und bleich. Er absolvierte die nötigen Ansprachen und die Eidesleistung und brach am Abend dieses großen Tages physisch und psychisch zusammen.
Die Abreise mußte vom 11. auf den 13. April verschoben werden. Charlotte war es, die in diesen Tagen allein die nötigen Repräsentationsaufgaben erfüllte, aber auch wichtige politische Entscheidungen traf. Die mexikanische Flagge wehte vom Turm des Schlosses Miramare, und »Carlota« fühlte sich schon ganz und gar als Kaiserin.
Weinend nahm Max Abschied von Miramare und von seiner Heimat.
Vier Tage später machte das neue Kaiserpaar Station in Rom, um den Segen des Papstes für die mexikanische Mission einzuholen. Das Unternehmen erhielt durch diese offensichtliche Unterstützung des Papstes so etwas wie einen Kreuzzugscharakter: Max und Charlotte gingen, das wurde demonstriert, auch zum Schutz der kirchlichen und religiösen Rechte nach Mexiko. Voll Stolz zeigten sie, daß sie ja keineswegs einen Eroberungsfeldzug planten, sondern aus Gründen der Humanität, des Rechtes und anderen idealistischen Beweggründen das für sie beschwerliche Opfer brachten. Die Briefe des jungen Kaiserpaares bis an das traurige Ende waren voll von solchen Beteuerungen, die man wohl ernst nehmen muß: sie meinten es wirklich so, wie sie sagten, und mußten wegen dieser Naivität und Gutgläubigkeit gegenüber falschen Informanten selbst nur die am meisten Betrogenen werden. Auch hier in Rom sprach man viel über die hehren Aufgaben des Kaiserreiches, umging aber ängstlich das wichtigste und heikelste Problem zwischen Kirche und Staat: die Frage, was mit den von Juárez enteigneten Kirchengütern geschehen solle. Dieses Versäumnis wirkte sich schon in naher Zukunft für die so wichtigen Beziehungen des mexikanischen Kaiserreiches zur Kirche verhängnisvoll aus.

Abschied des neuen mexikanischen Kaiserpaares aus Miramare

Das neue mexikanische Kaiserreich wurde von den großen europäischen Mächten anerkannt. Sämtliche amerikanischen Staaten jedoch sahen weiterhin im Präsidenten Juárez die rechtmäßige Regierung Mexikos.
Auf der sechswöchigen Überfahrt beschäftigte sich das Kaiserpaar, das sich in Wien doch so betont liberal und modern gegeben hatte, mit der Ausarbeitung eines komplizierten mexikanischen Hofzeremoniells nach dem Muster des altehrwürdigen Wiener Hofes.
Es schmiedete großartige Pläne zur Errettung der mexikanischen Nation, freilich Pläne, die wenig konkret waren und sich in humanitären Phrasen erschöpften.
Seine Antrittsrede für den Empfang in Veracruz konzipierte Maximilian während der Überfahrt in deutscher Sprache (im Spanischen übte er sich noch fleißig). Ihr Text enthüllt die Ahnungslosigkeit des neuen Kaisers über sein Kaiserreich und dessen Bewohner:
»Mexikaner, Ihr habt mich gewünscht, Eure edle Nation hat mich durch eine spontane Majorität berufen, ihre Geschicke fernerhin zu leiten; ich folge mit freudigem Herzen dieser rührenden Aufforderung. So schwer es mir wird mein Geburtsland [gestrichen ist das ursprüngliche Wort »Vaterland«] und die Meinen für immer zu verlassen, so sehr überzeugte mich die schöne Pflicht, die mir der Allmächtige durch Euch auferlegt hat, seine volle Kraft, sein ungetheiltes Herz einem Volke zu weihen, welches nach mühevollen Kämpfen, nach schwerem Ringen sich nach Frieden und Wohlfahrt sehnt, welches nach glorreich gesicherter Unabhängigkeit nunmehr die Früchte der Zivilisation und des wahren Fortschrittes ungestört genießen will.
Das Vertrauen, welches Euch, welches mich beseelt, wird mit Erfolg gekrönt werden, wenn wir alle einig zusammenstehen in der muthigen Durchführung der großen Grundprinzipien,

die die einzige wahre und feste Basis der modernen Staaten bilden: Unantastbare und unwandelbare Gerechtigkeit, Gleichheit für Alle vor dem Gesetze, gleiche Bahnen und gleiche Ziele für Alle, volle individuelle Freiheit im wahren Sinne, daher unbedingter Schutz der Person und des Eigen-

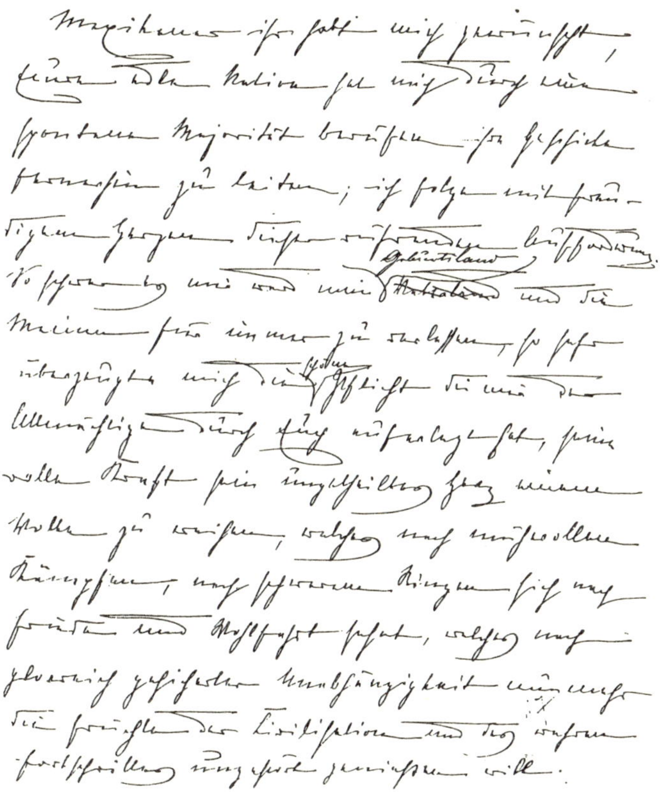

tums, größtmögliche Entwicklung des nationalen Reichthumes, Hebung der Agricultur und Industrie, Bahnung von Verbindungswegen für einen weitausgreifenden Handel; freies Developpement der Intelligenz und ihrer reichen Mittel!«

Der liberale Politiker und Mexiko-Kenner Julius Fröbel urteilte: »Max aber und Charlotte, beide waren von romantischen Anschauungen beherrscht, beide spielten einen Roman in großem Stile, – sie einen Roman des Ehrgeizes, er einen Roman der Eitelkeit, in welchem er sich die Rolle des heldenmütigen Retters einer Nation zugedacht, – und an der inneren Unwahrheit, welche zum Wesen aller Romantik gehört, sind sie untergegangen«.[43]

Das Erwachen aus süßen Träumen im Hafen von Veracruz war bitter. Kein jubelndes Volk, keine Begeisterung. Kühl empfingen die Mexikaner ihr Herrscherpaar – und das, obwohl Geld für Jubler ausgegeben worden war. In der Hauptstadt Mexiko war der Empfang herzlicher, aber die unerwarteten Schwierigkeiten bedrückend. Von einer Pazifizierung des Landes konnte überhaupt keine Rede sein. Das Kaiserreich mußte zunächst mit Waffengewalt sein Land erobern. Die dringend nötigen humanitären Aufgaben blieben ungelöst, weil der Krieg alles Geld und alle Kraft erforderte. Die Bevölkerung war durch die vielen, stets wechselnden Regierungen und die damit verbundenen Kämpfe apathisch geworden. Nur wenige nahmen überhaupt Notiz von diesem fremden Kaiser, der auch nichts anderes brachte als die vielen Diktatoren und Präsidenten vor ihm: nämlich Krieg und Not.

Doch Max und Charlotte verteidigten ihren Traum vom Kaiserreich: Sie begannen Schlösser und Gärten zu bauen, ließen prunkvolle Uniformen schneidern für den Hofstaat, verschickten Orden an Freunde und Wissenschaftler in aller Welt, führten die Pressefreiheit ein, erließen Amnestien und verfaßten Gefängnisordnungen, gründeten eine Akademie der Wissenschaften und ein Kaiserliches Theater. Eine Fülle neuer, moderner Gesetze wurde erlassen, »aber niemandem fällt es ein, dieselben auszuführen«, kritisierte der preußische Gesandte Baron Magnus.[44]

(Später, als er seine Verpflichtungen gegenüber dem mexikanischen Kaiserreich so rasch wie möglich loswerden wollte, entdeckte auch Napoleon III. Maximilians Schattenseiten und bemerkte, »daß es dem Kaiser Maximilian an Energie fehle; er beschränkt sich darauf, Dekrete zu verfassen und zu veröffentlichen, ohne sich darüber Rechenschaft zu geben, daß sie oft undurchführbar sind. Man behauptet, daß er getrieben von einem Drang etwas zu leisten, sich in Utopien verliert und die praktische Seite darunter leidet«.)[45]
Auf vielen Reisen ins Landesinnere versuchten Max und Charlotte sich in die Mentalität »ihres« Volkes einzuleben, vor allem in die Mentalität der Indianer, die sie als das wahre mexikanische Volk ansahen und bei denen sie auch die meiste Zuneigung fanden.
Das Kaiserpaar liebte es, sich in mexikanischer Tracht zu zeigen, was aber nicht den beabsichtigten Effekt hatte – im Gegenteil. Wie der preußische Gesandte berichtete, »hat die Milde des Kaisers die Keckheit seiner Gegner nur gesteigert, die Einfachheit seiner Erscheinung aber hat dem Kaiser statt Anerkennung nur Spott eingetragen. Wenn der Kaiser oder die Kaiserin in schlichter Equipage durch die Stadt fahren, so bleibt das Publikum völlig teilnahmslos, kein Kopf wird entblößt. Und wenn der Kaiser auf dem Lande, um dem Volke zu schmeicheln, in mexikanischem Kostüm auf einem Maulesel reitend oder mit einem Gespann von Maultieren mit klingelbesetztem Geschirren sich zeigt, so nennt ihn das Volk spottweise ›Pulquero‹, weil die Verkäufer der ›Pulque‹, dieses Nationalgetränkes, an den Geschirren ihrer Maultiere Glöckchen zu halten pflegen«.[46]
Mit der Bevorzugung alles Mexikanischen ärgerte Max auch prompt die Österreicher, wie zum Beispiel Carl Khevenhüller, der schon in den ersten Tagen seines Mexiko-Aufenthaltes ziemlich erbost seiner Familie schrieb: »Die Regierung

macht einen Fehler über den anderen, und der Kaiser spielt sich auf den Mexicaner und vernachlässigt die Ausländer, vergißt, daß er ein Österreicher ist«.[47]

Doch aller guter Wille des jungen Kaiserpaares reichte nicht aus angesichts der vielen unerwarteten Schwierigkeiten. Maximilians Kabinettsoffizier Wilhelm von Montlong faßte die neuen Aufgaben zusammen: »Die Geschicke eines Volkes in die Hand nehmen, welches durch 40jährigen Bürgerkrieg, der alle Thätigkeit der Staatsmaschine gebrochen, alle Geister verwirrt, jedes Gefühl von Pflicht, Ehre, sozialer Rechtschaffenheit verfälscht hatte, gänzlich demoralisiert war; – das gigantische Werk der sozialen Umschaffung einer Nation unternehmen, bei der eine lange Anarchie alle gesellschaftlichen Bande zerrissen, alle Quellen öffentlichen Wohlstandes zerstört, die aller sicheren Grundlagen beraubte Industrie und Arbeit vernichtet hatte; – ein Volk, bei dem das Banditenwesen zur zweiten Natur geworden, wieder an Ordnung und Arbeit gewöhnen; – die Straßen von Räubern säubern; – der Justiz ihren geheiligten Charakter zurückgeben; – die Geistlichkeit aus ihrer Ignoranz und aus ihrer Frivolität herausreißen; – die Armee und alle großen öffentlichen Ämter, welche in Europa die Arterien allgemeinen Wohlstandes sind, erst neu organisieren – die solange schon sich gegenseitig würgenden Parteien versöhnen und zum Wohl des Ganzen vereinen; durch Communicationsmittel dem Handel neue Bahnen öffnen; – die Colonisation fördern; – die noch unter der Erde liegenden Reichtümer zu Tage bringen; – die Volksbildung heben – all dies und vieles andere war die Aufgabe des jungen Kaisers«. Für die Erfüllung dieser Aufgabe fehlte aber das wichtigste: nämlich Geld.[48]

Die Haupteinnahmequelle des Landes, die Zölle, wurde von französischen Finanzbeamten verwaltet, offiziell »für Rechnung des mexikanischen Staates«. Aber Kaiser Maximilian erhielt von diesem Geld nur das, was Napoleon ihm bewilligte und war somit völlig in Frankreichs Hand. Eine selbständige Regierung war ohne Verfügungsberechtigung über die Finanzen aber nicht möglich. Außerdem brauchten die französischen Truppen ungeheure Summen, für die der mexikanische Staat aufzukommen hatte, ohne diese Ausgaben aber nachprüfen zu können.

Im Jahr 1865 betrugen die Zolleinnahmen zwar noch 11,5 Millionen Pesos. Nach Abzug der Zinsen für die spanischen und englischen Anleihen blieben nur noch sieben Millionen. Die Erhaltung der französischen Armee dagegen kostete allein jährlich 13 Millionen.[49] Im Jahr 1866 fiel ein Zollhafen nach dem anderen in republikanische Hände, die Wege zur Hauptstadt wurden so unsicher, daß kaum noch ein Geldtransport heil in die Hauptstadt gelangte. Frankreich forderte unerbittlich die Erfüllung des Vertrages von Miramare, das heißt die Entschädigung französischer Untertanen, die Bezahlung der französischen Truppen, selbstverständlich die Zinsen für die französischen Anleihen. Die Zolleinnahmen mußten zum Großteil an Frankreich verpfändet werden, aber der Krieg war trotzdem nicht mehr finanzierbar. Und ohne Truppen war Maximilians Kaiserreich nicht zu halten. Die mexikanischen Soldaten desertierten in Massen zu den Republikanern – nicht nur aus politischen Gründen, sondern vor allem aus Hunger und weil das Kaiserreich keinen Sold mehr auszahlen konnte.

In seinen Briefen nach Österreich verschwieg Maximilian alle seine Schwierigkeiten, pries dagegen sein Kaiserreich in den höchsten Tönen und vergaß nicht, einige Bosheiten gegen das altmodische Europa anzubringen: »Überhaupt ist das Land [Mexiko] politisch sehr vorgeschritten, viel mehr als viele Länder in Europa, die sich hochweise dünken. Den sogenannten europäischen Zopf mit all seinen Lächerlichkeiten

und Traurigkeiten kennt man hier gar nicht; all das Zugeknöpfte, all der Plunder, an dem man noch in Europa umsonst würgt und noch jahrelang würgen wird, hat man hier schon längst überstanden«.[50]
Und an seinen vertrauten Arzt in Miramar schrieb Max nach Ausdrücken der Sehnsucht nach Lacroma und Miramare: »Doch bereue ich nicht die Gegenwart, sie gehört der That, dem Streben, dem Schaffen. Ist auch die friedliche Wonne des Lebens dahin, so wird einem große Genugthuung in dem Gedanken, daß man der Menschheit dient und daß ich nun auch einige Tropfen Öl in das große Licht der Aufklärung schütten kann; daß es mir gegönnt ist, beizutragen zu jenem Werke der Vervollkommnung, an der redliche Menschen seit Jahrhunderten, ja Jahrtausenden arbeiten. Habe ich hier nicht mehr die Brise der Adria, den Duft Lacromas, so lebe ich hier in einem freien Lande unter einem freien Volke, in welchem Prinzipien herrschen, die man bei Ihnen daheim nicht einmal in der Nacht träumen darf. Keine Schranken beengen mich mehr und hier darf ich offen sagen, daß ich das Gute will. Ist Mexiko auch in vielem zurück, mangelt ihm materieller Wohlstand und Entwicklung, so sind wir doch in den socialen Fragen, in den wichtigsten meiner Meinung nach, Europa und zumal Österreich weit vor. Hier bei uns herrscht ein gesunder Democratismus ohne kränkliche Phantasterei nach europäischer Art, sondern mit jener Kraft und Überzeugung, wie sie vielleicht einstens bei Ihnen nach 50jährigem schweren Ringen sich entwickeln wird. Die europäischen Urteile über dieses Land sind fast durchgängig falsch, man kann und will die hiesigen Verhältnisse nicht verstehen, man ist zu stolz einzugestehen, daß wir Amerikaner in den Hauptpunkten um ein gutes Stück vorwärts sind«.[51]
Ein wenig ehrlicher klang das, was Maximilian seinem Schwiegervater König Leopold I. von Belgien über die mexi-

kanischen Zustände schrieb: »Die Gegenwart ist traurig, aber die Zukunft wird ausgezeichnet sein«.[52]

Je tiefer sich Maximilian in sein neues Kaiserreich einlebte, desto deutlicher wurde, daß er auf die Dauer mit den Klerikalen und Konservativen, die ihn nach Mexiko geholt hatten, nicht sympathisieren konnte. Er holte sich allmählich immer mehr liberale Minister und verärgerte die Konservativen und die Kirche, vor allem mit der Bestätigung der Juárez'schen Kirchenpolitik. Die Konfiszierung kirchlicher Güter konnte und wollte Maximilian nicht mehr zurücknehmen, da damit den zahlreichen neuen Besitzern großes Unrecht geschehen wäre.

Der preußische Gesandte analysierte die schwierige Situation: »Der Kaiser trägt seine freisinnigen Tendenzen und, auffallend genug, eine ungeteilte Bewunderung für die Vereinigten Staaten und deren politische Institutionen offen zur Schau. Aber die bisherigen Versuche einer liberalen Politik haben nur dazu geführt, das kaiserliche Ansehen im Lande bedeutend abzuschwächen. Die Liberalen, welche sehen, daß der Kaiser ganz im Sinne der Juárez'schen Tendenzen die Regierung führt, sagen offen, daß diese besser unter einer republikanischen Verwaltung, mit Ersparung der für die zerrütteten Finanzen allerdings sehr kostspieligen Hofhaltung geschehen könnte.[53]

Schon ein Jahr nach Maximilians Ankunft in Mexiko war das Unternehmen praktisch zum Scheitern verurteilt: Die Nordstaaten der USA besiegten im April 1865 die Südstaaten. Die erhoffte Schwächung des gefährlichen nördlichen Nachbarn durch eine Teilung des Landes blieb aus, ganz im Gegenteil: der »Koloß des Nordens« gewann an Selbstbewußtsein, überwand seine inneren Schwierigkeiten und trat nun kraftvoll gegen die europäische Intervention in Mexiko auf.

Gegen die Vereinigten Staaten konnte und wollte Napoleon III. keinen Krieg riskieren, das mexikanische Abenteuer war in Frankreich ohnehin umstritten genug. Die Hauptvoraussetzung für Napoleons Plan in Mexiko – eben die Teilung und Schwächung der USA durch einen Sieg des Südens im Sezessionskrieg – war weggefallen. Von nun an versuchte Napoleon, sich so schnell wie möglich militärisch und politisch aus Mexiko zurückzuziehen.

Das größte Hindernis und die größte Komplikation bei diesem geplanten Rückzug allerdings war nun Kaiser Maximilian, der »seinem Volk« Treue geschworen hatte und für dessen Ehre es undenkbar gewesen wäre, sich als Marionette Napoleons einfach wieder zurückberufen zu lassen.

Es dauerte wiederum ein Jahr, bis Maximilians Vertrauen in den bewunderten Kaiser der Franzosen ins Wanken geriet. Noch im März 1866, als der Rückzug der Franzosen aus Mexiko längst beschlossene Sache war, schrieb Max fassungs- und verständnislos gegenüber der Wendung der Dinge: »Es scheint mir unmöglich, daß der weiseste Monarch des Jahrhunderts und die machtvollste Nation der Welt in einer wenig würdigen Weise den Yankees weichen«.[54] In Zeiten tiefer Depression kämpfte Maximilian um die Entscheidung, abzudanken oder nicht.

Neben diesem idealistischen, sich oft von den Realitäten lösenden, entscheidungsschwachen Maximilian stand eine überaus energische, sich ihres Wertes bewußte Charlotte. Sie war in den aufregenden Tagen von Miramare, als Maximilian sich lange nicht zur Unterschrift unter den habsburgischen Familienpakt durchringen konnte, unbeugsam und unerschütterlich gewesen, hatte sich auch durch Maximilians Flucht in die Krankheit nicht beirren lassen: Sie wollte Kaiserin von Mexiko werden, auch wenn alle Brücken zur alten Heimat abgebrochen werden mußten. Auch in Mexiko zeigte sie Härte und Unbeugsamkeit in allen, auch den schwie-

rigsten Situationen. »Sie ist die letzte, die das Kaiserin-Sein aufgibt«, schrieb Khevenhüller noch im Juni 1866, als Maximilian mit dem Gedanken einer Abdankung spielte. (s. S. 86)
Vor ihrer Abreise nach Europa, dem letzten Versuch, das mexikanische Kaiserreich zu retten, schrieb Charlotte dem wie stets schwankenden Max: »Abdanken heißt, sich verurteilen, sich selbst ein Unfähigkeitszeugnis ausstellen und das ist nur annehmbar bei Greisen und Blödsinnigen, das ist nicht Sache eines Fürsten von 34 Jahren voller Leben und Zukunftshoffnung. Im Augenblick, wo man die Geschicke einer Nation übernimmt, tut man dies auf sein Risiko, auf eigene Gefahr und hat niemals die Freiheit, sie zu verlassen. Ich kenne keine Lage, wo Abdankung etwas anderes wäre als ein Fehler oder eine Feigheit... So lange es hier einen Kaiser geben wird, wird ein Kaisertum sein, selbst wenn nur mehr sechs Fuß Erde ihm gehören. Das Kaisertum ist nichts anderes als ein Kaiser. Daß er ohne Geld ist, ist kein genügender Einwand, man wird es sich mit Credit beschaffen, diesen aber mit Erfolg, und den Erfolg – erringt man... Von einer Sache, die man unternommen und für möglich gehalten, zu sagen, daß man sie schließlich nachträglich für unmöglich befunden hat, wird einem von niemand geglaubt werden. Hinzufügen, daß man sich zurückzieht, weil man annahm, daß man das Glück einer Nation begründen wollte und sich des Gegenteils bewußt wurde, bedeutet, sich selbst einen Schlag ins Gesicht geben; überdies ist es eine Lüge, wenn man tatsächlich für diese Nation auf ewig der einzige Rettungsanker ist. ...Man überläßt seinen Platz nicht einem Gegner solcher Art, man sagt auch nicht wie in einem Spielhause, daß die Bank gesprengt ist oder das Satyrspiel zu Ende ist und man die Lichter auslöschen wird. Das alles ist weder eines Fürsten aus dem Hause Habsburg noch Frank-

reichs und seiner Armee würdig, die berufen wäre, dies Schauspiel mit anzusehen und es zuzulassen...« Charlottes Schlußforderung: »Das Kaisertum ist das einzige Mittel zur Rettung Mexikos«.[55]
Bis zum Ausbruch ihres Wahnsinns wurde sie nicht müde, ihrem kaiserlichen Gatten Durchhalteparolen mit völlig unrealistischen Argumenten zu predigen. Sogar noch aus Europa, wo sie in ihrer Suche nach Hilfe eine Enttäuschung nach der anderen erleben mußte, schrieb sie dem in Resignation versunkenen Maximilian: »Die mexikanische Nation hört in dem Augenblick auf zu existieren, wo Du sie verläßt und kann nicht mehr sich selbständig regieren. Juárez vertrat die nationale Frage nur bis zu Deiner Ankunft, seit der Zeit bist Du der Träger der Unabhängigkeit und der Autonomie aller Mexikaner, denn Du allein vereinigst in der Hand die Tricolore der Parteien, aus denen das Volk besteht: weiß die Geistlichkeit als catholischer Prinz, grün die Conservativen und roth die Liberalen. Niemand kann diese Elemente vermählen und regieren außer Du...«[56] (Charlotte beherrschte zeitlebens die deutsche Sprache nicht völlig und machte oft überraschende Sprachfehler).
Und immer noch war der alte Hochmut Charlottes da, als es um den gutgemeinten Plan ging, daß der Exilkaiser Maximilian vielleicht in Europa als Gouverneur von Venedig tätig werden könnte: »Die aber beide Ozeane beherrschende Lage [Mexikos] könnte man schwerlich für eine versumpfte Stadt [Venedig] und eine steuerausgesaugte Bevölkerung eintauschen, die sich kaum zu 2 Millionen aufschwingt, ein Bild des Elends im reichen Italien und im gesunkenen Europa... Wir stehen jetzt mit unserem Continent in solcher Fülle der Jugend und Zukunft da, daß wir von hier nur mehr die Civilisation brauchen und die Menschen und wir stehen auf einer der Welt unbekannten Höhe. Alles in Europa sieht wie

ein Spielzeug dagegen aus. Man versteht erst die Kleinheit und Schwäche davon, wenn man drüben war«.[57]
Erst im Vatikan, als auch der Papst dem mexikanischen Kaiserreich Hilfe verweigerte, brach bei Charlotte der Irrsinn in Form eines Verfolgungswahnes aus, von dem sie sich zeitlebens nicht mehr erholte. Diese Krankheit läßt selbstverständlich auch ihre früheren Äußerungen in einem anderen Licht erscheinen, wenn auch die bisher bekannten Quellen keine Hinweise darauf geben, daß sich schon in Mexiko bedenkliche Symptome bei Charlotte zeigten. Ihr übersteigertes Majestätsgefühl verkraftete jedenfalls das endgültige Scheitern des mexikanischen Kaisertraumes nicht. Und daß ihre Pläne gescheitert waren, wollte sie zwar nicht wahrhaben, solange sie in Mexiko lebte – um so schlimmer war die Erkenntnis, als sie sich als verzweifelte Frau allein und hilflos mit der Realität der europäischen Politik konfrontiert sah. Niemand in Europa war mehr an einem Kaiserreich Mexiko interessiert.
Das traurige Geschick Maximilians und Charlottes und aller derer, die mit ihnen nach Mexiko gezogen waren, wird von Khevenhüller anschaulich geschildert. Auch er war schon sehr früh skeptisch geworden: »Es ist eine Misere. Und gehen die Franzosen aus dem Lande, so bricht die Revolution in allen Ecken aus, und wir wenigen Österreicher werden sie nicht dämpfen. Denn Sympathien hat der Kaiser gar [unterstrichen] keine. Die Minister, die den Kaiser umgeben, sind lauter Verräter oder unfähig. Die Franzosen bleiben nur so lange im Lande, bis sie es ausgesaugt haben, was nächstens geschehen wird, worauf sie lachend abfahren werden«.
Es sei dringend nötig, einmal die Wahrheit zu sagen: »Denn jeder glaubt sonst, es ist alles außerordentlich und daß der Kaiser in einem Meer von Wonne schwimmt. Dem ist aber nicht so, und ich bedauere den armen Herrn, sich so eine

So sah Kaiserin Charlotte die Rolle ihres Gatten in den letzten Monaten. (Dieses Bild ließ sie nach ihren genauen Anweisungen zeichnen, dann fotografieren und in lichten Momenten, in denen sie den Tod Maximilians realisierte, an Freunde und Verwandte mit ihrer Widmung verschicken.)

Aufgabe gegeben zu haben, wo er doch jetzt das schlechte Ende einsehen muß. Wenn Du die Stimmung im Korps kennen würdest, so würdest Du Dich entsetzen. Diese Gespräche, die da geführt werden, über Franzosen, Regierung, Kaiser etc. Alles wird in den Kot gezogen, und jeder hat das Wort im Munde: ›Es dauert ja so keine sechs Monate‹ bei jeder Gelegenheit. Glaube mir liebe Mama, ich übertreibe nicht, und alles, was ich schreibe, ist leider die pure nackte Wahrheit«.[58]

Auch Khevenhüller war gegenüber Maximilian kritisch, bei aller Loyalität und Gefolgstreue. Im November 1866, zur Zeit der großen Krise, als Maximilian an seine Abdankung dachte, schrieb Khevenhüller an seine Mutter, nachdem er vorher die Regierung Kaiser Franz Josephs kritisiert hatte: »Maximilian ist auch ein Habsburg-Lothringer. Das ist: im ungeeigneten Momente stützig, was man als treue Charakterstärke auslegt«.[59]

Ausschlaggebend für Maximilians Entscheidung, trotz der Aussichtslosigkeit in Mexiko auszuharren, dürfte wohl der Rat des gehaßten Widersachers Marschall Bazaine gewesen sein. Denn Bazaine riet (auf Anordnung Napoleons III.) Maximilian dringend, noch vor dem Abzug der französischen Truppen ebenfalls das Land zu verlassen und sich in Sicherheit zu bringen. Bazaine machte laut Bericht des preußischen Gesandten geltend, »daß die republikanische Regierungsform zu tief in den Sitten und Wünschen des größten Teiles der Bevölkerung wurzele, um die Monarchie befestigen zu können; daß ihm dies mit 40 000 französischen Soldaten und 20 000 Mexicanern und mit allen ihm zu Gebote stehenden Hilfsmitteln nicht gelungen sei, und er daher die Überzeugung hege, das Kaiserreich würde der Krieg und nicht der Friede sein«.[60]

Dieser angesichts der Vorgeschichte zynisch wirkende Rat

bestärkte Max nur in seinem Ehrgefühl und in seinem verzweifelten Entschluß, lieber in Mexiko unterzugehen als an der Seite Bazaines sein Kaiserreich lebend zu verlassen. Noch als Gefangener in Querétaro, das nahe Ende vor Augen, sagte Maximilian dem preußischen Gesandten Baron Magnus: »Und wenn Ich noch einmal die Wahl hätte, so würde ich ganz ebenso handeln. Lieber mein jetziges Los erdulden als die Schmach, von den Franzosen gedrängt das Land zu verlassen«.[61]

Der in seinen letzten Monaten mutig und tapfer ausharrende Kaiser wurde nun gerade von jenem Mann zum Sündenbock gemacht, der am meisten Grund gehabt hätte, sich schuldig zu fühlen: nämlich Napoleon III. Die Mexikaner dagegen betrachteten Maximilian mehr und mehr als das, was er zwar von Anfang an war, aber in seinen romantischen Träumen nicht hatte wahrhaben wollen: als Marionette des französischen Kaisers.

Selbst als sich in seiner Gefangenschaft in Querétaro die Möglichkeit zur Flucht bot, harrte Maximilian weiter aus. Eine solche Entscheidung überforderte ihn: Wohin hätte er fliehen sollen? In großer Würde verbrachte er seine letzten Tage, schrieb zahlreiche ruhige Abschiedsbriefe, unter anderem auch diesen an seine Mutter Erzherzogin Sophie, der er versicherte »das Gute gewollt und angestrebt zu haben«: (Das Datum wollte er an seinem Todestag nachtragen, unterließ es aber, deshalb die leere Stelle):

Queretaro
Gefängnis der Capuchinas
den Juni 1867.
Liebe beste Mama!
Fest im Glauben und treu meiner Ehre gehe ich mit ruhigem Bewußtsein dem unverdienten Tode entgegen. Nicht Schuld

sondern Unglück hat mich nach Gottes Rathschluß in diese Verhältnisse gebracht; ich bin ehrenhaft unterlegen der Übermacht der Feinde und dem Verrathe. 72 Tage haben wir uns in einer Stadt, die eine offene unvorbereitete war, gegen einen siebenmal stärkeren Feind tapfer und ritterlich gehalten, nächtlicher Verrath hat uns in die Hände unseres Feindes geliefert. Durch Freunde werden Sie, beste Mutter die näheren Details erfahren. Im Augenblicke der Gefangennehmung war ich an Dissenterie schwer krank; in den verschiedenen Gefängnissen, in welche man uns brachte, litt ich noch viel. Meine letzten Gedanken auf dieser Welt sind für meine gute, arme Charlotte und für Sie, geliebte Mutter, der ich so vieles Gute *zu danken habe. Ich schreibe nicht an meine arme Charlotte, da ich nicht weiß in welchem Gesundheitszustande sie sich befindet, Sie beste Mutter werden sie trösten und aufrichten. Seit diesem Jahre habe ich keine direkten Nachrichten weder von Ihnen noch von Charlotten. Papa küsse ich in Ehrfurcht die Hände, den Brüdern, Verwandten und Freunden sende ich die herzlichsten Grüsse. Sie beste Mutter, Charlotten und die früher Erwähnten bitte ich aus ganzem Herzen um Verzeihung für Kränkungen und Unrecht, die ich ihnen allenfalls angethan habe. Ich sterbe ruhig und dem wahren Trostgefühle das Gute gewollt und angestrebt zu haben und mit der Genugthuung viele wahre und edle Freunde in diesem Lande zurückzulassen, denen mein Andenken theuer bleiben wird. – Ein Freund bringt Ihnen, beste Mutter, mit diesen letzten Zeilen als Andenken für Sie den Ring mit den Haaren der seligen Amalie v. Braganza, den ich täglich trug, und für meine arme, geliebte Charlotte den Ehering.*

Sie heißgeliebte Mutter um Ihren Segen und Ihre Gebethe bittend verbleibe ich Ihr Ihnen ewig treuer Sohn Max.[62]

Die in Orizaba erscheinende Zeitung »Concordia« brachte nach dem Tod Maximilians und dem Zusammenbruch des Kaiserreiches die folgende Notiz:
»Ferdinand Maximilian von Habsburg, Erzherzog von Österreich, Verbündeter Napoleons III. zu dem Zwecke, Mexico seine Unabhängigkeit und seine Institutionen zu rauben, Usurpator seiner Souveränität, welcher sich den Kaisertitel beigelegt, durch den Willen der Nation abgesetzt, durch die republikanischen Streitkräfte zu Queretaro am 15. Mai 1867 gefangen genommen, dem Gesetze gemäß über seine Verbrechen gegen die Unabhängigkeit der Nation gerichtet und durch das betreffende Kriegsgericht zur Todesstrafe verurtheilt, ist in Queretaro selbst am 19. Juni 1867 um 7 Uhr Morgens zugleich mit seinen Exgeneralen Miramon und Mejia hingerichtet worden. Frieden seiner Asche!«[63]

3. Kapitel

Das österreichische Freiwilligenkorps

Das einzige Zugeständnis, das Kaiser Franz Joseph seinem Bruder Ferdinand Maximilian bei dessen Mexiko-Abenteuer machte, war die Erlaubnis, ein österreichisches Freiwilligenkorps anzuwerben. Dieses Korps sollte so etwas wie eine persönliche Elitetruppe des Kaisers Max sein, der Kern einer ja erst zu schaffenden kaiserlich-mexikanischen Nationalarmee. Andererseits mußte es aber engstens mit den in Mexiko kämpfenden französischen Truppen zusammenarbeiten. Auch Maximilians Schwiegervater, König Leopold I. von Belgien, gestand dem jungen mexikanischen Kaiserpaar ein Freikorps zu. Die entsprechenden Verträge konnten selbstverständlich erst nach Maximilians offizieller Kronannahme am 10. April 1864 abgeschlossen werden. Das Kaiserpaar fuhr also zunächst ohne heimische Truppen über den Ozean, was mit seinen politischen Intentionen übereinstimmte: Denn Maximilian wollte ja nicht als militärischer Eroberer nach Mexiko kommen, sondern demonstrieren, daß das Land ihn als Kaiser gerufen hatte. Die österreichischen und belgischen Soldaten folgten ein halbes Jahr später.

In der »Konvention zwischen Österreich und Mexiko« vom 19. Oktober 1864 wurde die Größe des österreichischen Freikorps mit sechstausend Mann Landtruppen und dreihundert Seeleuten festgelegt.[1] (Der Effektivstand Ende 1865 war 6545 Mann.[2] Seeleute wurden nicht gebraucht, weil es Maximilian in der kurzen zur Verfügung stehenden Zeit nicht schaffte, eine eigene mexikanische Marine aufzubauen, wie er es sich anfangs gewünscht hatte).

Die gemeinen Soldaten durften erst nach ordnungsgemäß absolvierter Dienstzeit in der österreichischen Armee in mexikanische Dienste übertreten. Die Dienstzeit in Mexiko war auf sechs Jahre festgelegt. »Die Freiwilligen werden aus gut conduisirten Individuen ausgesucht werden und man wird womöglich auf unverheiratete, nicht über vierzig Jahre alte, kräftige und der christlichen Religion angehörige Leute das Augenmerk richten«.

Unverheiratete wurden nicht nur deshalb vorgezogen, weil es bei ihnen keine finanziellen Probleme mit Witwen und Waisen in Österreich geben konnte, sondern auch deshalb, weil Heiraten mit Einheimischen in Mexiko erwünscht waren: Diese Ehen würden die Integration im neuen Land erleichtern und manche der Soldaten für immer in Mexiko binden, erhoffte man sich.

Das Mindestalter war nicht vorgeschrieben, ergab sich aber aus der Länge der österreichischen Wehrpflicht: Die jungen Männer wurden mit zwanzig Jahren eingezogen, hatten neun Jahre Dienstzeit und dann noch zwei Jahre Reservedienst, waren also mindestens 31 Jahre alt, wenn sie alle ihre Wehrpflichten in Österreich-Ungarn erfüllt hatten. Für die Offiziere, die Aristokraten schon gar, gab es Sonderregelungen. (Carl Khevenhüller zum Beispiel war 24 Jahre alt, als er in mexikanische Dienste trat).

Den Offizieren sicherte Max zu, in Mexiko um eine Charge höher einzutreten als in Österreich. Angehörige der Mannschaft erhielten dieselbe Charge wie in Österreich, allerdings mit der Aussicht auf baldige Beförderung. Die Handgelder und Monatsbezüge waren weit großzügiger als in Österreich geregelt. Nach Ablauf der sechsjährigen Dienstzeit in Mexiko

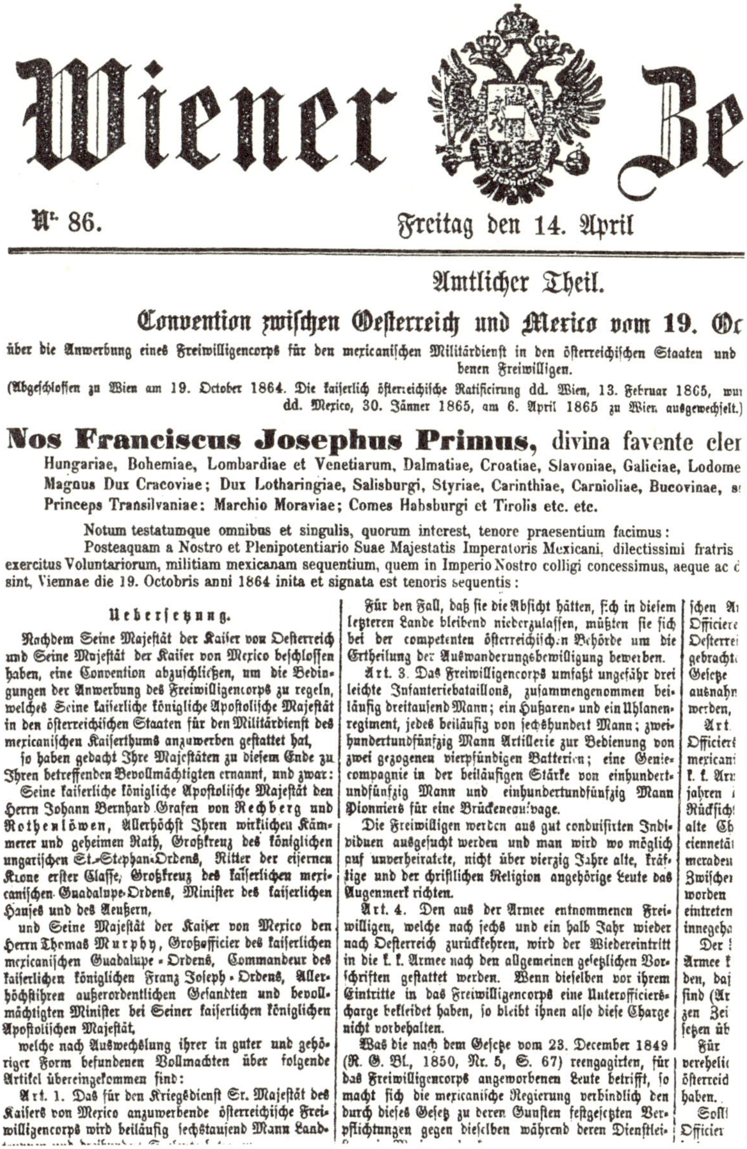

Wiener Ze

Nr. 86. Freitag den 14. April

Amtlicher Theil.

Convention zwischen Oesterreich und Mexico vom 19. Oc

über die Anwerbung eines Freiwilligencorps für den mexicanischen Militärdienst in den österreichischen Staaten und
denen Freiwilligen.

(Abgeschlossen zu Wien am 19. October 1864. Die kaiserlich österreichische Ratificirung dd. Wien, 13. Februar 1865, wu
dd. Mexico, 30. Jänner 1865, am 6. April 1865 zu Wien ausgewechselt.)

Nos Franciscus Josephus Primus, divina favente cler
Hungariae, Bohemiae, Lombardiae et Venetiarum, Dalmatiae, Croatiae, Slavoniae, Galiciae, Lodome
Magnus Dux Cracoviae; Dux Lotharingiae, Salisburgi, Styriae, Carinthiae, Carnioliae, Bucovinae, s
Princeps Transilvaniae: Marchio Moraviae; Comes Habsburgi et Tirolis etc. etc.

Notum testatumque omnibus et singulis, quorum interest, tenore praesentium facimus:

Posteaquam a Nostro et Plenipotentiario Suae Majestatis Imperatoris Mexicani, dilectissimi fratris exercitus Voluntariorum, militiam mexicanam sequentium, quem in Imperio Nostro colligi concessimus, aeque ac c sint, Viennae die 19. Octobris anni 1864 inita et signata est tenoris sequentis:

Uebersetzung.

Nachdem Seine Majestät der Kaiser von Oesterreich und Seine Majestät der Kaiser von Mexico beschlossen haben, eine Convention abzuschließen, um die Bedingungen der Anwerbung des Freiwilligencorps zu regeln, welches Seine kaiserliche königliche Apostolische Majestät in den österreichischen Staaten für den Militärdienst des mexicanischen Kaiserthums anzuwerben gestattet hat,

so haben gedacht Ihre Majestäten zu diesem Ende zu Ihren betreffenden Bevollmächtigten ernannt, und zwar:

Seine kaiserliche königliche Apostolische Majestät den Herrn Johann Bernhard Grafen von Rechberg und Rothenlöwen, Allerhöchst Ihren wirklichen Kämmerer und geheimen Rath, Großkreuz des königlichen ungarischen St.-Stephan-Ordens, Ritter der eisernen Krone erster Classe, Großkreuz des kaiserlichen mexicanischen Guadalupe-Ordens, Minister des kaiserlichen Hauses und des Aeußern,

und Seine Majestät der Kaiser von Mexico den Herrn Thomas Murphy, Großofficier des kaiserlichen mexicanischen Guadalupe-Ordens, Commandeur des kaiserlichen königlichen Franz Joseph-Ordens, Allerhöchstihren außerordentlichen Gesandten und bevollmächtigten Minister bei Seiner kaiserlichen königlichen Apostolischen Majestät,

welche nach Auswechslung ihrer in guter und gehöriger Form befundenen Vollmachten über folgende Artikel übereingekommen sind:

Art. 1. Das für den Kriegsdienst Sr. Majestät des Kaisers von Mexico anzuwerbende österreichische Freiwilligencorps wird beiläufig sechstausend Mann Land-

Für den Fall, daß sie die Absicht hätten, sich in diesem letzteren Lande bleibend niederzulassen, müßten sie sich bei der competenten österreichischen Behörde um die Ertheilung der Auswanderungsbewilligung bewerben.

Art. 3. Das Freiwilligencorps umfaßt ungefähr drei leichte Infanteriebataillons, zusammengenommen beiläufig dreitausend Mann; ein Hußaren- und ein Uhlanenregiment, jedes beiläufig von sechshundert Mann; zweihundertundfünfzig Mann Artillerie zur Bedienung von zwei gezogenen vierpfündigen Batterien; eine Geniecompagnie in der beiläufigen Stärke von einhundertundfünfzig Mann und einhundertundfünfzig Mann Pionniers für eine Brückenequipage.

Die Freiwilligen werden aus gut conduisirten Individuen ausgesucht werden und man wird wo möglich auf unverheiratete, nicht über vierzig Jahre alte, kräftige und der christlichen Religion angehörige Leute das Augenmerk richten.

Art. 4. Den aus der Armee entnommenen Freiwilligen, welche nach sechs und ein halb Jahr wieder nach Oesterreich zurückkehren, wird der Wiedereintritt in die k. k. Armee nach den allgemeinen gesetzlichen Vorschriften gestattet werden. Wenn dieselben vor ihrem Eintritte in das Freiwilligencorps eine Unterofficierscharge bekleidet haben, so bleibt ihnen also diese Charge nicht vorbehalten.

Was die nach dem Gesetze vom 23. December 1849 (R. G. Bl., 1850, Nr. 5, S. 67) reengagirten, für das Freiwilligencorps angeworbenen Leute betrifft, so macht sich die mexicanische Regierung verbindlich den durch dieses Gesetz zu deren Gunsten festgesetzten Verpflichtungen gegen dieselben während deren Dienstlei-

schen A
Officiere
Oesterrei
gebracht
Gesetze
ausnahn
werden,
Art.
Officier
mexicani
k. k. Arn
jahren
Rücksich
alte Ch
ciennetä
meraden
Zwischen
worden
eintreten
innegeha
Der
Armee k
den, da
sind (Ar
zen Zei
setzen üb
Für
verehelic
österreic
haben.
Soll
Officier

Veröffentlichung der Konvention über das Freiwilligenkorps in der amtlichen »Wiener Zeitung« vom 14. April 1865

wurde den Soldaten nicht nur die Finanzierung der Rückreise garantiert, sondern auch die Rückkehrmöglichkeit in die österreichische Armee (allerdings in dieselben Ränge wie vorher, ohne Anrechnung der mexikanischen Dienstjahre und der mexikanischen Beförderungen). Wenn die österreichischen Freiwilligen es jedoch vorzogen, in Mexiko zu bleiben, versprach ihnen die mexikanische Regierung Grundstücke »in der gemäßigten und fruchtbaren Zone« Mexikos zur Bebauung, und zwar von 12 Joch Ackerland für den gemeinen Soldaten bis zu 28 Joch für den ersten Feldwebel. Witwen und Waisen hatten Anspruch auf entsprechende Unterstützungen. Für die Invaliden versprach die mexikanische Regierung zu sorgen. (Als drei Jahre später viele Invalide aus Mexiko in ihre Heimat zurückkehrten, erhielten sie keinerlei Invalidenrente, weil ihnen diese ja von der kaiserlichen mexikanischen Regierung versprochen war, die es nun nicht mehr gab, die österreichische Regierung jedoch keinerlei Verpflichtung eingegangen war und sie als Krüppel auch nicht mehr in die k.u.k. Armee aufgenommen wurden.)
Finanziert wurde das Freiwilligenkorps wie die anderen Ausgaben des Kaiserreiches aus der französischen Anleihe. Österreich beteiligte sich an der Finanzierung nicht. Es war sogar eine Bedingung Kaiser Franz Josephs, daß auch sämtliche Kosten der Werbung und Aufstellung der Truppen, der Unterbringung und Verköstigung in den Sammelstellen Laibach und Triest voll von der mexikanischen Regierung getragen würden.
Lange vor Abschluß des Vertrages meldeten sich mehr als genug Freiwillige bei den Sammelstellen, keineswegs nur Abenteuerlustige, sondern auch, was die Mannschaften betraf, viele Arbeitslose aus allen Gegenden der Monarchie, vor allem aus den besonders notleidenden Ländern Böhmen und Ungarn. Sie hatten nichts mehr zu verlieren als ihr Leben

und sahen im Freikorps ihre letzte Chance. Längst nicht alle Bewerber konnten angenommen werden.
Bei den Offizieren, besonders den zahlreichen Aristokraten unter ihnen, waren die Gründe selbstverständlich andere, das mexikanische Abenteuer zu wagen. Die persönliche Vorgeschichte Khevenhüllers ist eine typische. Diese jungen Soldaten waren Menschen, denen der Boden in der Heimat (aus welchen Gründen auch immer) zu heiß geworden war, die Schwierigkeiten mit ihrer Familie hatten, Schulden oder Liebeskummer. Nur in wenigen Fällen sind wir über die genaueren Umstände informiert: So etwa beim blutjungen Grafen Philipp Draskovich, der aus der k.u.k. Armee desertiert war und unter fremdem Namen in der Fremdenlegion in Mexiko kämpfte, ein schwarzes Schaf seiner Familie. In verzweifelten Briefen suchte er Verzeihung seiner Eltern zu erlangen, gelobte und bewies Besserung durch große Tapferkeit. Er fiel in Mexiko.[3]
Dann Carl Graf Kurtzrock, der letzte Sproß eines aus Norddeutschland stammenden Geschlechtes, dessen Tod ausführlich von seinem Freund Khevenhüller geschildert wird (S. 173–177):
Kurtzrock war der Verlobte von Gräfin Marie Festetics, der späteren Hofdame der Kaiserin Elisabeth. Marie Festetics schrieb noch fast zwanzig Jahre nach der Trennung voll Trauer in ihr Tagebuch: »Wir wollten uns heiraten. Sein Vater wünschte eine andere Heirat, da wir beide nicht über große Reichtümer verfügten. Er ging aus Tatendurst übers Meer mit der stillen Hoffnung, daß sich bei froher Heimkehr unser Lebenstraum erfüllen würde. Hier mochte er nicht bleiben, da er den Kampf mit dem Vater scheute. Der Vater starb bald, nachdem der Sohn über's Meer zog!«[3]
Dann Rittmeister von Susani, ein Neffe des Wiener Erzbischofs und Kardinals Rauscher. Susani wollte in Österreich

ein Mädchen heiraten, das der strenge Kardinal nicht akzeptierte. Der junge Mann ging nach Mexiko und fiel (S. 199).
Die Geschichte des österreichischen Freikorps in Mexiko ist, betrachtet man die Einzelschicksale dieser Soldaten, nicht nur voll von Abenteuern, sondern vor allem voll von persönlichen Tragödien.
Alle österreichischen Nationalitäten bildeten gemeinsam das Korps. Es wäre zu schwierig gewesen, nationale Regimenter aufzustellen, obwohl es bei den Mannschaften große Sprachprobleme gab. Eine Ausnahme bildete nur das Husarenregiment, das Khevenhüller führte: es war fast rein ungarisch. Sogar die Uniform war die der ungarischen Husaren, was sich in Mexiko später nicht als sehr praktisch erwies. Auch das Ulanenregiment hatte eine Sonderstellung, denn hier kämpften unter anderem einige hundert Polen zusammen, die 1863 nach dem polnischen Aufstand gegen Rußland nach Österreich-Ungarn geflohen waren.
Das Sprachproblem sollte in Mexiko noch verwirrender werden, als es in Österreich schon war. Die Kommandosprache des Korps war deutsch. Daß sich die Husaren ungarisch verständigten, auch bei den Kämpfen (wie Khevenhüller berichtete), war ebenso selbstverständlich wie daß die Ulanen polnisch redeten. Die Mannschaften stammten meist aus entlegenen Orten der Monarchie, hatten zwar mit Mühe und Not die deutschen Kommandos gelernt, sprachen aber nur ihre Muttersprache (oft sogar nur einen Dialekt derselben), also tschechisch, italienisch, ruthenisch, slowenisch und andere Sprachen der Donaumonarchie. Sie konnten sich mit den meist anderssprachigen Kameraden nicht unterhalten. Dazu kamen die großen Mentalitätsunterschiede der vielen verschiedenen Volksstämme, der Unterschied in Bildung und Erfahrung. Reibereien und Streitereien waren in dem Reiz-Klima Mexikos an der Tagesordnung, vor allem

immer dann, wenn es gerade keine Kämpfe mit dem Feind gab.

Mit dem zweiten europäischen Freikorps, den Belgiern, hatten die Österreicher schon vor der Einschiffung Streit, wie auch Khevenhüller bezeugte. Die rund zweitausend Belgier waren offenkundig zu jung und schlecht ausgebildet, was auch Kaiser Maximilian bestätigte: »Mit den Belgiern hat man den Fehler gemacht, uns bartlose Kinder zu senden, die am Anfang entmutigt wurden, ohne daß man es unternommen hätte, sie wieder aufzurichten; sie lassen sich indessen wie die Fliegen töten«.[4] Die Kontakte zwischen den belgischen und den österreichischen Truppen waren spärlich. Auch hier wieder waren neben den organisatorischen die sprachlichen Probleme verschärfend. Denn die meisten Österreicher konnten kein Französisch und blieben sowohl von den Belgiern als auch den Franzosen, mit denen sie in Mexiko oft gemeinsam kämpfen mußten, isoliert.

Auch mit dem Spanischen haperte es und mit den mexikanischen Indianersprachen schon gar, für die sich selbst der Kaiser Dolmetscher nehmen mußte. Immerhin gab es in Mexiko mehr als vierzig voneinander völlig verschiedene Indianersprachen. Der Kontakt der Österreicher mit den mexikanischen Hilfstruppen, die vor allem aus Indianern bestanden, war also mehr als kompliziert.

Daß auch die französische Interventionsarmee keineswegs nur aus Franzosen bestand, sondern im Rahmen der Fremdenlegion Vertreter aller Nationalitäten aufwies (auch viele Preußen, zahlreiche Afrikaner aus den französischen Algerienkriegen, recht viele Türken, dann Negertruppen, die der Khedive von Ägypten Napoleon III. geschenkt hatte und andere), sei nur nebenbei erwähnt.

Noch auf österreichischem Boden legten die Mitglieder des österreichischen Freiwilligenkorps folgenden Treueid ab:

»Ich schwöre zu Gott dem Allmächtigen einen feierlichen Eid, Seiner Majestät, meinem Allerdurchlauchtesten Fürsten und Herrn Maximilian dem Ersten, Kaiser von Mexiko, treu und gehorsam zu sein, auch Allerhöchst seinen Generalen, und allen meinen übrigen Vorgesetzten zu gehorchen, dieselben zu ehren und zu beschützen, ihren Geboten und Befehlen in allen Diensten Folge zu leisten, gegen jeden Feind, wer immer es sei, und wo immer es Seiner kaiserlichen Majestät Wille erfordern mag, zu Wasser und zu Lande, bei Tag und Nacht, in Schlachten, Stürmen, Gefechten und Unternehmungen jeder Art, mit einem Worte, an jedem Orte, zu jeder Zeit und in allen Gelegenheiten tapfer und mannhaft zu streiten, meine Truppen, Fahnen, Standarten und Geschütze in keinem Falle zu verlassen, mich mit dem Feinde nie in das mindeste Einverständnis einzulassen, mich immer so, wie es den Kriegsgesetzen gemäß ist und braven Kriegsleuten zusteht, zu verhalten und auf diese Weise mit Ehre zu leben und zu sterben. Zugleich gelobe ich, nichts zu tun, was gegen meine österreichische Untertanenpflicht verstößt.

So war mir Gott helfe. Amen!«[5]

Kaiser Franz Joseph berichtete seinem Bruder Max über das Freiwilligenkorps: »Deinem Wunsche in Bezug auf den Obersten Graf Thun habe ich sogleich entsprochen und er kommandiert bereits das fast ganz complette Corps in Laibach. Er ist ein ausgezeichneter Offizier und ergreift seine Aufgabe mit großem Eifer. Die Offiziere des Corps kann man wirklich vorzüglich nennen und ich bin überzeugt, daß sie ihrer Aufgabe Ehre machen und Dir gute Dienste leisten werden. Ich empfehle die Truppe Deiner väterlichen Fürsorge. Sie wird hoffentlich die guten Eigenschaften, aber gewiß die bekannten Fehler der österreichischen Armee haben, die man nicht zu hoch anrechnen darf und mit in Kauf

nehmen muß, empfehle ich Deiner Nachsicht und der Beurtheilung mit österreichischem Auge.«[6]
Maximilian antwortete darauf, wie man folgendem Konzept entnehmen kann, daß die »prächtige Truppe« sicherlich »mit Jubel von den Mexikanern empfangen« werde:

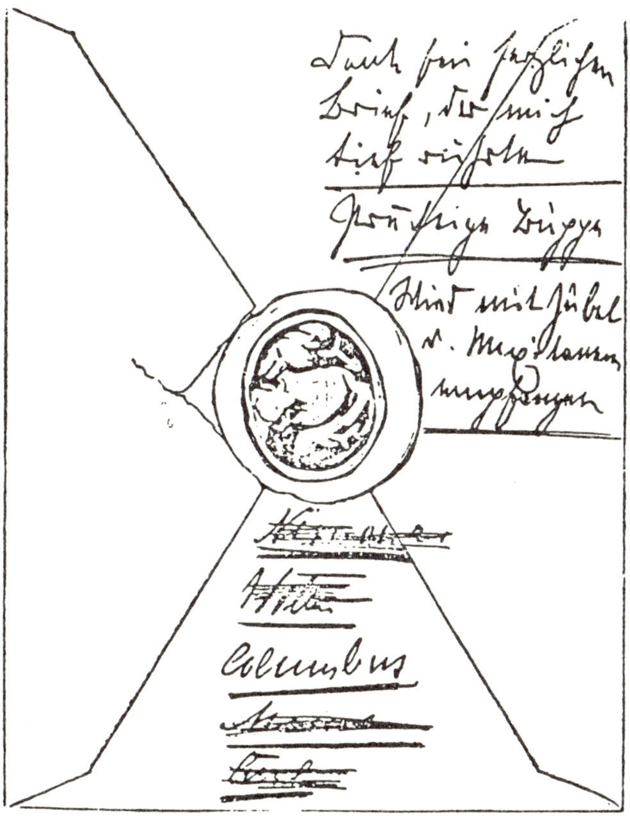

Das erste Schiff mit österreichischen und belgischen Freiwilligen verließ am 19. November 1864 den französischen Hafen St. Nazaire. (Auf diesem Schiff befand sich neben dem Kommandanten des Freikorps, Franz Graf Thun, auch

Carl Graf Khevenhüller.) Das letzte und sechste Schiff fuhr Mitte Dezember ab. Einige Soldaten kamen in eigener Initiative, etwa vierhundert Nachzügler folgten im Februar 1865.

Zur Abreisezeit (Khevenhüller allerdings befand sich bereits auf See) erschien in der »Wiener Abendpost« noch einmal ein offenbar von der mexikanischen Regierung initiierter Jubelartikel über die angeblich rosige militärische Lage in Mexiko. Nach einer Aufzählung der erfolgreichen französischen Operationen brachte die Zeitung das beruhigende Resumée: »Somit wären die Republikaner mit der Herrschaft nur auf wenige Provinzen der ehemaligen Staatenkonföderation beschränkt, die nämlich von den französischen oder kaiserlich-mexikanischen Truppen noch nicht betreten waren. Gegen letztere sind die Operationen bereits im Zuge«.[8] Es hatte den Anschein, als wenn die österreichischen Freiwilligen in Mexiko nur noch die letzten kleinen Gefechte durchzustehen hätten, um dann den endgültigen Triumph des Kaiserreiches mitzuerleben.

Viele Freiwillige konnten getrost an ihren Illusionen festhalten, fast eine Art Friedenstruppe für Kaiser Max zu bilden. Denn auch Napoleon III. hatte ja von einer bereits durch die Franzosen erkämpften »Pazifikation«, also Befriedung des Landes gesprochen. Es war keine Rede davon, daß dieses Kaiserreich erst mühsam und mit vielen Blutopfern versuchen mußte, sein Land und sein Volk zu erkämpfen.

Die militärischen Erfolgsmeldungen müssen mit Skepsis aufgenommen werden. Denn wenn sich auch die Kaiserlichen mit Recht neuer Gebietserwerbungen rühmen konnten, so führten die Republikaner dagegen an, daß in jedem der einzelnen 22 Staaten Mexikos – Yucatan ausgenommen – die Autorität des Präsidenten Juárez aufrechterhalten blieb und

daß die Siege der Kaiserlichen nur illusorische Erfolge repräsentierten, da sie in der Regel in einem Gebiet verloren, was sie in einem anderen neu besetzten.[9]
Kaum vier Wochen nach seiner Ankunft in Mexiko schilderte Carl Khevenhüller seiner Familie, wie es mit der Eroberung Mexikos wirklich aussah: »Wir waren alle Augenblicke gefaßt, von den Guerillas angefallen zu werden, denn von einer Unterwerfung ist keine Rede, vielmehr ist es jetzt viel schlechter als wie der Kaiser gekommen ist. Alle Tage hört man von irgend einem Generalen oder Obersten, der sich wieder mit seinen Truppen gegen die Regierung ausgesprochen hat... Der Staat hat kein Geld, die Truppen auszuzahlen, und wir nicht ein Pferd. Das ganze muß sich bald ändern, doch erzähle diese Sachen nicht weiter...«[10]
Die Österreicher hatten die Schwierigkeiten in Mexiko kraß unterschätzt. Sie hatten nicht die Tropenkrankheiten einkalkuliert, vor allem nicht das gelbe Fieber, das viele von ihnen, bevor sie überhaupt einen einzigen Kampf bestritten hatten, dahinraffte.
Die Guerilla-Taktik der Gegner war ungewohnt, ja unheimlich. Khevenhüller: »Es klingt unglaublich, wie sich eine geschulte europäische Truppe in einer doch bedeutenden Anzahl von einem solchen Gesindel schlagen, ja aufreiben läßt, ohne die Waffen gebrauchen zu können«. (S. 154) Hier gab es ja keine Schlachten zu schlagen, sondern gegen einen meist unsichtbaren Feind zu kämpfen, der blitzartige Überfälle machte und dann verschwand. Selbst wenn die Kaiserlichen hie und da Siege davontrugen – erfolgreiche Belagerungen zum Beispiel – so waren diese Siege von kurzer Dauer: Sie kosteten zwar sehr viel Geld (die erste mexikanische Anleihe war schon nach wenigen Monaten ausschließlich für militärische Zwecke aufgebraucht) und brachten doch keine Unterwerfung des Gegners. Denn die Guerilleros kämpften weiter

unter dem Schutz der einheimischen Bevölkerung, und bei der nächsten Gelegenheit besetzten sie wieder ihre alten Positionen.
Von einem soldatischen Ehrenkodex, wie er vor allem in Österreich gepflegt wurde, war in Mexiko selbstverständlich nichts zu spüren und zwar weder auf der kaiserlichen noch der republikanischen Seite. Carl Graf Kurtzrock: »Leider verschwimmen hier die Begriffe: Räuber und Soldat sehr ineinander, ein Umstand, der eben auch unserem Ansehen im Lande nicht sehr zuträglich ist. Neulich unterhielt ich mich längere Zeit mit dem Commandanten der hiesigen mexicanischen Cavallerie. Er zeigte mir eine Menge im Gefechte erhaltene Wunden; ich bekam eine gewisse Achtung für diesen jungen Mann. Bald darauf erfuhr ich, daß er einer der gefürchtetsten Räuber des Landes sei, der sich jedoch vor einigen Wochen dem Kaiser unterworfen habe«. Das mindere Ansehen der Soldaten war kaum erstaunlich in einem Land, das seit Jahren von Kriegen heimgesucht wurde. Kurtzrock: »Auf meinen verschiedenen Zügen habe ich benachbarte Ortschaften gefunden, welche sich wechselseitig überfallen und ausrauben: die Einen im Namen der Religion, die Andern im Namen der Freiheit! Dieses Spiel wurde seit 8 Jahren getrieben. Alle Städte und Dörfer sind daher hier permanent verbarricadirt; guardia rural hat immer einen Posten auf dem Kirchthurme«.[11]
Mit den anfänglichen militärischen Erfolgen in der Sierra del Norte wurde das von den Österreichern zu kontrollierende Gebiet immer größer – und immer unregierbarer. Khevenhüller: »Das österreichische Korps hat zur Überwachung das Gebiet von Oajaca bis Mexiko, von dort bis Cameron und Jalapa. Das ist eine Strecke wie dreiviertel von Ungarn und für so geringe Kräfte beinahe unmöglich, noch dazu in Kriegeszeiten einem viel stärkeren Feinde gegenüber.« (S. 164)

Und im Juli 1865: »Wir sind doch zu wenige für ein so riesiges Terrain, das beinahe ganz insurgiert ist [in der Hand von Aufständischen ist]. Ich halte das ganze für unhaltbar, will kein schlechter Prophet sein, aber so kann es nicht fortgehen. Ich gebe der Monarchie keinen langen Bestand.« (S. 172)
In tagelangen Märschen mußten die Österreicher in unvorstellbarer Hitze von einem Einsatzort zum andern. Sie waren nicht landeskundig, oft nur mit schlechtem Kartenmaterial ausgerüstet. Es gab so gut wie keine Kontakte mit der einheimischen Bevölkerung, was selbstverständlich auch ein sprachliches Problem war. Vor allem aber konnten die kaiserlichen Truppen keineswegs mit der Sympathie der Einheimischen rechnen. Die Fremden stießen auf Mißtrauen, brachten sie doch Not und Krieg mit sich und keineswegs die humanitären Wohltaten, die Kaiser Max versprochen hatte. Vor allem die Grausamkeiten der französischen Truppen, die Plünderungen vor allem, steigerten das Mißtrauen in einen regelrechten Fremdenhaß. Carl Graf Kurtzrock: »Schon in Mexiko [der Hauptstadt] sprachen von diesem Haß die Engländer, Deutschen und Franzosen, doch glaubte ich es nicht recht. Nach und nach komme ich immer mehr auf diesen ›Fremdenhaß‹, der nur oberflächlich mit einigen Redefloskeln übertüncht ist. Einzelne Ausnahmen unter den gebildeten Liberalen mag es schon geben, wie ich mich selbst überzeugte«.[12]
Selbst mit der Loyalität der mexikanischen Hilfstruppen war nicht zu rechnen. Je nachdem, welche der streitenden Parteien im Augenblick als stärker galt, gingen die Mexikaner von den Republikanern zu den Kaiserlichen über und umgekehrt.
Sehr viel Energie mußten die europäischen Truppen auf die Sicherung der Straßen verwenden. Das Räuberunwesen blühte, Postkutschenüberfälle waren auf der Tagesordnung.

Auf der Straße vom Hafen Veracruz in die Hauptstadt Mexiko mußte auch das stets dringend benötigte Geld befördert werden. Eine stete Verlockung für Guerilleros und eine riesige Sicherungsarbeit für die kaiserlichen Truppen.
Das Freikorps hatte sehr hohe Verluste, für die die Österreicher die französische Führung verantwortlich machten wie zum Beispiel nach dem Fall der Festung Matamoros an der Nordgrenze Mexikos im Juni 1866: Gegen den Willen des Kommandanten des Freikorps Graf Thun setzte der französische General Neigre auf Anordnung Marschall Bazaines durch, daß dreihundert Österreicher mit 1400 Mexikanern zur Sicherung eines Warentransportes von Matamoros nach Veracruz zogen – eine Strecke von rund 850 Kilometern Fußmarsch in der Regenzeit mit einem großen Troß von Wagen und Maultieren durch unwegsames, von Guerilleros besetztes Gebiet: Überlebenschancen gab es da wenige. Das sahen auch die mexikanischen Auxiliares, die Hilfstruppen, nur zu bald ein und verbrüderten sich daher mit den Juaristen, die die Kolonne angriffen. Andere einheimische Truppen flüchteten, so daß schließlich die dreihundert Österreicher mit einigen wenigen getreuen Mexikanern sich einer vielfachen Übermacht von Republikanern gegenübersahen. Nur vierzehn Österreicher von dreihundert gelangten lebend an ihr Ziel.
Der Fall der Festung Matamoros und die Vernichtung der Marschkolonne war nur eine von vielen blutigen Katastrophen, die die österreichischen Truppen in Mexiko hinnehmen mußten.
Im Oktober 1866, also noch nicht einmal zwei Jahre nach der Ankunft der ersten von siebentausend Freiwilligen in Mexiko, machte Khevenhüller traurige Bilanz: »Das Korps soll nur mehr viertausend Mann betragen. Alles übrige tot, gefangen, den Strapazen erlegen. Da wird wohl die Repatriie-

rung nicht sehr teuer zu stehen kommen. Bis es dahin kommt, werden noch viele auf eine so elende Art umkommen wie die Kolonne von Matamoros!« (S. 228)
Das traurige Ende der österreichischen Kolonne von Matamoros und ähnliche Fälle führten später zu Kritik am Freikorps. Die »Leipziger Illustrirte Zeitung« zum Beispiel schrieb nach der Rückkehr der ersten Überlebenden des Freikorps zwar rühmend, »daß überall, wo die Gefahr am größten schien und zuverlässige Truppen am nötigsten waren, die Österreicher zur Verwendung kamen und dann Mann für Mann wie die Löwen kämpften«. Doch waren auch Vorwürfe gegen das Freikorps nach Europa gedrungen. Die »Leipziger Illustrirte«: »... doch machten ihnen [dem Freikorps] einheimische Heerführer den Vorwurf, daß sie, mit den eigentümlichen Verhältnissen des Landes und der Art des Angriffes weniger bekannt, nicht immer hinlängliche Vorsicht auf ihren Märschen anwendeten und so einigemale in Hinterhalte gerieten, aus denen sie nur mit schweren Verlusten davon kamen«.[13]
Am 15. März 1866 schloß Kaiser Max mit Österreich ein Abkommen ab, wonach weitere Freiwillige für Mexiko in Österreich angeworben werden durften, und zwar pro Jahr zweitausend, für 1866 sogar viertausend. Dieses Abkommen alarmierte die USA: Sie fürchteten, daß nun nach dem für 1867 vereinbarten Abzug der Franzosen die Österreicher als neue Besatzungsmacht an deren Stelle treten könnten. Der amerikanische Gesandte in Österreich drohte mit dem Abbruch der Beziehungen, falls das Abkommen wirklich eingehalten würde.
Die österreichische Regierung reagierte prompt: Die bereits in Triest eingeschifften und auf Kaiser Maximilian vereidigten Truppen für Mexiko mußten wieder ausgeschifft werden. Österreich, durch die zunehmenden Schwierigkeiten mit

Preußen extrem belastet (es war inzwischen zwei Monate vor der Schlacht von Königgrätz), konnte und wollte sich wegen Mexiko keine neuen Komplikationen leisten. Es begründete seine Haltung gegenüber Mexiko damit, daß eine neue Sendung von österreichischen Freiwilligen den USA die gewünschte Gelegenheit zur Intervention gegen Maximilian geliefert hätte. Österreichs Nachgeben wurde in Nordamerika mit Genugtuung aufgenommen.
Maximilian war durch die Haltung seines Heimatlandes bitter enttäuscht. Khevenhüller schrieb darüber in einem Brief vom 19.6.1866 nach Wien: »Kaiser Max selbst ist sehr aufgeregt, und die österreichischen Verhältnisse greifen ihn sehr an, besonders war er, als die Nachricht uns zukam, daß kein Nachschub von Österreich komme, gedrückt und herabgestimmt. Doch der Kaiserin scheint diese Zeit besondere Wirkung hervorgebracht zu haben, wenn nicht das Gegenteil, und sie ist die Letzte, die das Kaiserin-Sein aufgibt«.[14]
Auch die Differenzen und Kompetenzstreitigkeiten mit den Franzosen waren weit größer, als es die Angehörigen des Freikorps für möglich gehalten hatten. Nicht selten standen die Österreicher auf der Seite der mexikanischen Zivilisten gegen die französischen Truppen. Sogar der Kaiser sah sich mehr und mehr gezwungen, gegen die französischen Militärs Stellung zu nehmen, um die Bevölkerung zu schützen. Das berichtete auch der preußische Gesandte Baron Magnus nach Berlin: »Die französische Okkupationsarmee ist im Lande nicht gern gesehen. Die Franzosen erlauben sich mancherlei Übergriffe und behandeln das Land vielfach wie ein erobertes. Der Kaiser nimmt sich natürlich seiner neuen Untertanen an, und die dadurch zwischen dem Hofe und der französischen Armee stattfindenden Reibungen sind für S.M. um so peinlicher, als der Marschall Bazaine die wirkliche Macht in Händen hat«.[15]

Die Österreicher fühlten die steigende Abneigung der mexikanischen Bevölkerung gegen die fremden Truppen und machten dafür die Rücksichtslosigkeit der Franzosen verantwortlich.
Vor allem aber bestanden endlose Rivalitäten zwischen Marschall Bazaine und dem General des österreichischen Freikorps, Graf Franz Thun. Die Bemühungen Thuns um eine Reorganisation der Armee scheiterten am ständigen Widerspruch Bazaines. Thun hatte sich vorgestellt, unter Kaiser Maximilian völlig selbständig die österreichischen Truppen führen zu können. Doch schon am 6. Februar 1865 ordnete Max in einem Brief an Franz Thun an, daß Bazaine auch der Chef der Hilfstruppen sei: »Um die möglichst ersprießlichen Dienste von Meinen freiwilligen Truppen durch ihre Mitwirkung zur Pazifizierung Meines Reiches zu erlangen, halte ich es für gut, daß Marschall Bazaine das operativ-militärische Oberkommando über alle diese Truppen führe. Unter ihm werden Sie das vereinte österreichisch-belgische Corps kommandieren.« [16]
Die Österreicher fühlten sich zu französischen Hilfstruppen degradiert und immer dann ins Feuer geschickt, wenn den Franzosen ein Gefecht zu riskant erschien, ja sie fühlten sich oft in aussichtslosen Unternehmungen verheizt. Daß dies keine pure Einbildung der im mexikanischen Höhenklima überempfindlichen Österreicher war, bestätigt ein Bericht des preußischen Gesandten Baron Magnus, der ansonsten scharfe Kritik an den österreichischen Truppen übte: »Die Österreicher beschuldigten den Marschall und wohl nicht ganz mit Unrecht, daß er ihre Truppen seit dem Herbst v. J. [1866] überall exponiert habe, um sich ihrer zu entledigen. In Jalapa ist allerdings die österreichische Besatzung vier Monate lang von den Dissidenten belagert gewesen. Der Marschall, dessen Kolonnen kaum einen Tagesmarsch von

Jalapa entfernt standen, hat die Österreicher mit dem Versprechen, sie zu entsetzen, hingehalten bis sie endlich durch Hunger gezwungen, Jalapa durch Kapitulation ... übergeben mußten«.[17]

Aber auch die Franzosen urteilten bisweilen recht abfällig über die österreichischen Truppen, und diesem negativen Urteil schloß sich zum Beispiel auch der preußische Gesandte an:

»Das Österreichische Korps war überhaupt in keiner Weise glücklich organisiert: die Mannschaften, größtenteils ältere Leute, häufig Trunkenbolde und schwer disziplinierbares Gesindel, die Offiziere zu einem guten Teile aus ehemaligen österreichischen Offizieren bestehend, deren Stellung in Europa unmöglich geworden war, und die Führung Händen anvertraut, welche einer solchen Aufgabe nach keiner Richtung hin gewachsen waren. Unter solchen Verhältnissen sind in dem österreichischen Korps, das selbstverständlich auch höchst achtbare und tüchtige Elemente enthielt, kaum glaubliche Dinge vorgefallen«.[18] Magnus führte als Beispiele Unterschlagungen und Betrügereien bei der Auszahlung des Soldes an – Vergehen, die allerdings auch bei anderen Truppen in Mexiko vorkamen.

Die gegenseitigen Beschimpfungen der Franzosen und Österreicher in Mexiko sind auch in die Literatur eingegangen, und es fällt schwer, hier zu entscheiden, wer und ob eine Seite von beiden mehr Recht hatte als die andere.

Die Trunksucht der österreichischen Mannschaft wurde allerdings schon vor der Einschiffung in den Sammelstellen Laibach und Triest kritisiert. Sie wurde hier in Mexiko, ausgelöst durch ständige Frustrationen, den Verlust der großen Illusionen, den Mangel an Kontakt zur Bevölkerung, besonders auch zu Frauen, und schließlich den Geldmangel, immer größer. Alle österreichischen Offiziere hatten mit dem

Problem zu kämpfen und ergriffen unterschiedliche Mittel, damit fertigzuwerden. Carl Graf Kurtzrock zum Beispiel schrieb: »Das Saufen derer aus dem Böhmerlande ist im Abnehmen. Da die Stockstreiche als Disciplinarstrafe gerechterweise vom Kaiser direct abgeschafft sind, so habe ich nach französischer Manier Löcher graben lassen, in welche ich die Erzsäufer stecke, was von herrlicher Wirkung ist. Saufen ist der einzige Anstand«,[19] die Strafe des Eingrabens allerdings sehr hart. (s. auch S. 155)
Die gespannte Situation zwischen Franzosen und Österreichern verschlimmerte sich im letzten Jahr dadurch, daß Maximilian kein Geld mehr hatte, die österreichischen Truppen zu bezahlen. Mit dem demütigenden Hilferuf an die französische Kriegskasse und der Zusage Bazaines im Mai 1866, auch die Österreicher aus dem französischen Fonds zu bezahlen (der wiederum aus den mexikanischen Zöllen und Einnahmen gespeist wurde), war es mit der relativen Selbständigkeit des Korps vorbei. Es wurde unter dem Titel »Division auxiliaire étrangère« (Division fremder Hilfstruppen) dem Befehl des französischen Generals Neigre unterstellt.
Mit folgendem Aufruf wendete sich Maximilian am 19. Mai 1866 an die österreichischen und belgischen Freiwilligen:
»Offiziere, Unteroffiziere und Soldaten Meines österreichisch-belgischen Freiwilligen-Corps. Stets besorgt um euer materielles Wohl und eingedenk eurer Mir so oft erprobten Ergebenheit und Selbstverleugnung, habe Ich, um den durch eine Finanzkrise entstandenen schwierigen Verhältnissen Abhilfe zu schaffen, in eurem Namen das großherzige Anerbieten Frankreichs, Uns mit seinen Mitteln beizustehen, angenommen.
Ihr werdet von nun an einen Teil einer und derselben Division mit Waffengefährten bilden, die berufen sind, Beschwerden und Gefahren mit euch zu teilen. Eine gleiche Verwaltung

wird für euer gemeinsames Wohl sorgen; euch bleiben jedoch eure vortreffliche Organisation und die bisherigen Vorgesetzten, deren erfolgreiche Führung und ruhmvolle Tapferkeit euch schon so oft in Kampf und Sieg als leuchtendes Beispiel dienten.

Somit sind eure Rechte und Interessen gewahrt, vertraut eurem Kaiser, gleichwie Er stets auf euren Mut und gute Disziplin zählen wird«.[20]

Khevenhüllers Kommentar: »Dafür haben wir uns gerauft und totschießen lassen, um französische Söldlinge zu werden!... Die Mannschaft ist auf einem solchen Punkte der Aufregung gelangt, daß wir Befürchtungen hegen, es kommt zu einem Aufstande«. Und schließlich: »Wir sind verloren«. (S. 205 f.)

Im August 1866 steigerte sich der Haß der Österreicher gegen die Franzosen derart, daß es bei einer Offiziersversammlung in Puebla, wo sich fast das ganze Freiwilligenkorps (etwa viertausend Mann) zusammenfand, zu Ausschreitungen kam, die in dem Ruf gipfelten: »Tod den Franzosen«. Khevenhüller: »Mit Mühe brachten wir die Leute zur Besinnung, da sie gegen die in der Stadt weilenden Franzosen losgehen wollten«. (S. 219) Die Freiwilligen weigerten sich, unter dem französischen Kommando zu stehen, zumal der versprochene Sold, der ja der Anlaß für die Unterstellung unter das französische Kommando gewesen war, ebensowenig ausgezahlt wurde wie vorher und manche Freiwillige bereits unter Hunger litten und schlecht ausgerüstet waren.

Einige Österreicher, auch Khevenhüller, versuchten nun, General Thun zu einem Antrag zu bewegen, die vertraglich auf sechs Jahre festgesetzte Dienstzeit des Freiwilligen in Mexiko zu verkürzen und einen Rücktritt in die k.u.k. Armee zu erwirken. Khevenhüller »Wir erklärten..., daß wir die uns beim Eintritte gestellten Bedingungen für gebrochen erklären«. S. 217) Immerhin erhielten die Freiwilligen auch nach der Vereinbarung mit den Franzosen kaum noch Sold, und Khevenhüller mußte einen Kredit aufnehmen, um die ihm unterstellten Soldaten wenigstens notdürftig zu bezahlen.

Als Napoleon III. nach dem Ende des amerikanischen Bürgerkrieges erklärte, seine Truppen aus Mexiko abzuziehen, wurde die Lage des Freiwilligenkorps immer schwieriger. Nun sollte eine nationale mexikanische Armee zusammengestellt und jeder Freiwillige einzeln gefragt werden, ob er in diese mexikanische Armee eintreten oder in die Heimat zurückkehren wolle. Khevenhüller im Juni 1866: »Ich bin überzeugt, daß Dreiviertel des Korps nach Hause gehen wird, obwohl der französische General Osmond, der dieses Projekt ausarbeitete, mir gegenüber behauptet, daß jeder Österreicher das Geld zur Heimreise, das ihm vorgestreckt wird, schleunigst verausgaben und dann hier bleiben muß. Eine schöne Falle!« (S. 212)

Es meldeten sich wirklich nur sehr wenige Österreicher in die mexikanische Armee. Khevenhüller: »Meistens sind es solche, die ihre Rückkehr nach Europa verwirkten, also Desperados«. (S. 217)

Einsicht in die Aussichtslosigkeit des mexikanischen Unternehmens, Mißmut über die mangelhafte Besoldung und Ernährung, bestimmten daher 3600 österreichische Legionäre, mit den französischen Truppen auf französische Kosten Mexiko zu verlassen. Etwa tausend Österreicher befanden sich um die Jahreswende 1866/67 noch in Gefangenschaft und reisten erst später aus.

Selbst der Chef des österreichischen Freikorps, General Franz Thun, gab im August 1866 den aussichtslosen Kompetenzenstreit mit Marschall Bazaine auf. Er war ja nur unter

der Bedingung nach Mexiko gegangen, daß er als selbständiger General des Freikorps dem Kaiser (und niemandem sonst, schon gar nicht den Franzosen) unterstellt sei.
In einem Rundschreiben bat Thun seine Offiziere am 23. August 1866, bis zur endgültigen Entscheidung über die Zukunft des Korps »bei den Ihnen unterstehenden Truppen jedes voreilige Urteil hintanzuhalten und im Vertrauen auf die Gerechtigkeitsliebe unseres Monarchen die Entscheidung in Ruhe und mit jener unvergleichlichen Disziplin abzuwarten, welche das Korps in dieser Zeit der Transaktion bereits bewiesen hat«.[21] Im September reiste General Thun nach Europa ab. Am 6. Dezember 1866 wurde das österreichisch-belgische Freiwilligenkorps aufgelöst.
Abgerissen und erschöpft, viele unter ihnen krank, kehrten die Überlebenden des ehemaligen mexikanischen Freikorps in ihre Heimat zurück. Zunächst gab es noch Feuerwerke und Wohltätigkeitsveranstaltungen für ihren Empfang. Die »Mexikaner« waren Sehenswürdigkeiten ersten Ranges, ein beliebtes Thema der Zeitungen. So berichtete »Die Presse« in einer Meldung aus Graz: »Das Straßenleben unserer Stadt hat in den letzten Tagen durch die Ankunft mexikanischer Freiwilliger eine pittoreske Staffage erhalten. Die wettergebräunten Gesichter, in denen sich meist finstere Entschlossenheit und entschiedenste Resignation widerspiegeln, die Ungezwungenheit der Redeform, welche erkennen läßt, daß der Mehrzahl die Rücksichten, welche man in Europa der Convenienz schuldet, auf ihren abenteuerlichen Zügen abhanden kamen, der fremdartige und mitunter phantastische Charakter der Kleidung und zu alledem im Hintergrunde die tragische Katastrophe, welche, wie es den Anschein hat, gegenwärtig ihrem Schlusse zu eilt, üben jenen Reiz aus, welcher dem Außergewöhnlichen unter allen Umständen eigen zu sein pflegt und fordern jene theilnahmsvolle Pietät heraus,

Aus Mexiko heimgekehrte Soldaten des Freikorps in Wien

welche unverschuldetes Unglück mit vollstem Rechte beansprucht«.[22]
Die »Mexikaner« waren bitterarm. Um ihre Zukunft, ja um das Reisegeld von den Häfen zu den Heimatorten, gab es lange Diskussionen. Die Wiedereinstellung in die österreichische Armee brachte unerwartete Schwierigkeiten. Das schlimmste Los aber war das der Verkrüppelten und Kranken: Von Mexiko hatten sie keinerlei Unterstützung zu erwarten, die österreichische Armee hatte keine Verpflichtungen ihnen gegenüber. Sie wurden mit einem geringen

Handgeld in ihre Heimatorte gebracht und lebten dort meist armselig bis zu ihrem Tod.
Die Ausländer wurden abgeschoben, unter ihnen auch die Venetianer, da Österreich die Provinz Venetien im Krieg von 1866 verloren hatte. Bei den Polen, die 1863 nach dem Aufstand gegen die russische Herrschaft aus Russisch-Polen geflüchtet waren, wurde eine Ausnahme gemacht: weil sie in ihrer Heimat mit der Todesstrafe rechnen mußten, durften sie in Österreich bleiben und erhielten in Galizien Asylrecht.
Die ausständigen Soldzahlungen konnten auch in Wien nicht bezahlt werden. Das führte wegen drückender Not zu Tumulten und Aufläufen vor dem Büro des kaiserlich-mexikanischen Geschäftsträgers in Wien (die einmal mit der Verteilung eines Gulden pro Mann beruhigt wurden!). Schließlich sammelte ein privater Unterstützungsverein zur Hilfeleistung 18 000 Gulden, angesichts der großen Armut nur ein Tropfen auf einen heißen Stein. Nur achthundert Österreicher, an ihrer Spitze Kodolitsch, Khevenhüller und Hammerstein, harrten an der Seite Maximilians aus, obwohl und gerade weil sie für den Bestand des Maximilianischen Kaiserreiches keine Hoffnung mehr hatten. Bis zu diesem Zeitpunkt waren schon mehr als tausend Österreicher in Mexiko gestorben oder gefallen.
Das mexikanische Kaiserreich wollte nun der Welt zeigen, daß es imstande war, auch nach dem Abzug der Franzosen eine einheitliche nationale Armee aufzustellen. Energisch wurde dem Eindruck entgegengearbeitet, daß Mexiko von Fremden okkupiert sei. Mexikanische Generäle übernahmen unter dem Oberbefehl des Kaisers die Führung der Armee: General Miramón, der frühere Staatspräsident, der inzwischen aus seinem französischen Exil nach Mexiko zurückgekehrt war, der populäre Indianer Mejía und der wegen seiner

Grausamkeit berüchtigte General Márquez, ein alter Mitkämpfer Miramóns.
In diese neue Armee traten die Ausländer (Österreicher, Belgier, Franzosen und die Reste der französischen Fremdenlegion) als Mexikaner ein, ohne jede Sonderrechte, was Kaiser Maximilian ausdrücklich betonte: »Alle Soldaten der mexikanischen Nationalarmee kann und darf nur ein Geist beseelen, und deshalb erklären sich auch gleichzeitig mit ihrem Eintritte in die Reihen derselben selbstverständlich alle bereit, die Stellung, die sie als Glieder eines fremden Truppenkörpers hatten, aufzugeben, genießen daher als Mexikaner alle Rechte derselben, da sie deren Pflichten nachzukommen haben, und werden sich mit dem Charakter und Gepflogenheiten des Körpers, dem sie nun angehören, vertraut machen.«[23]
Diese demonstrative Haltung Maximilians, Mexikaner zu sein und keine Ausländer mehr zu brauchen, zeigte sich auch in der letzten Phase des Kaiserreiches, als er nach Querétaro, die konservative Hochburg Mexikos, zog: Er umgab sich hier fast ausschließlich mit mexikanischen Truppen und lehnte die Unterstützung der österreichischen Landsleute dezidiert ab, was diese zutiefst beklagten. Khevenhüller zum Beispiel führte das traurige Ende Maximilians immer wieder darauf zurück, daß er die Unterstützung durch die treuen Landsleute zurückgewiesen und sie stattdessen zum Schutz der Hauptstadt zurückgelassen hatte.
In dieser letzten Phase seines Kaiserreiches, als eine Stadt und eine Festung nach der anderen in die Hände der Republikaner fiel und schließlich seine Macht auf die Straße zwischen Veracruz und der Hauptstadt beschränkt war, wollte Maximilian nichts als Mexikaner sein. Zu Österreich hatte er seine Brücken abgebrochen, und seine österreichischen Landsleute waren für ihn nichts als Fremde, die sich in der

mexikanischen Armee zu bewähren hatten. Voll und ganz gab er sich in die Hand der mexikanischen Generäle.
Als er dann aber schon wenig später einsah, daß diese mexikanischen Truppen in Querétaro nicht genügten und er dringend Unterstützung brauchte, schickte er General Márquez in die Hauptstadt mit dem Auftrag an die europäischen Truppen, so schnell wie möglich nach Querétaro zu kommen. Doch Max wurde betrogen: Márquez unterschlug den kaiserlichen Auftrag, ließ die wartenden Österreicher ohne jede Information und schickte sie in ein blutiges und aussichtsloses militärisches Unternehmen zum Entsatz der belagerten Stadt Puebla.
Es gab keine Rettung für den gefangenen Kaiser. Aber noch vier Wochen lang, nachdem er den strikten Befehl zur Niederlegung der Waffen nach Mexiko geschickt hatte, wurde in der Hauptstadt weitergekämpft, trotz empfindlicher Hungersnot und ohne Geld. Márquez hatte auch diesen Befehl unterschlagen und suchte seinen eigenen Ruhm.
Mit Verrat und Betrug endete das Kaiserreich, und die hilfsbereiten österreichischen Soldaten waren gegen ihren Willen zur Passivität verdammt. Als sie endlich durch den österreichischen Diplomaten Lago die Nachricht vom kaiserlichen Befehl erhielten und die weiße Fahne hißten, war Maximilian schon tot. In seinen letzten Tagen noch hatte er sich um seine in Mexiko kämpfenden Landsleute große Sorgen gemacht. Den österreichischen Diplomaten Baron Lago beschwor Maximilian in einem Brief vom 14. Juni 1867, geschrieben im Gefängnis, dem Kapuzinerkloster: »Endlich wollen sie Alles aufbieten um die oesterreichischen Offiziere und Soldaten, die noch in Mexico sind zu retten und nach Europa zu schaffen.« In seinem zwei Tage später verfaßten ausführlichen Testament ordnete er an: »Von der Erbschaft sollen womöglich die braven oest. und belg. Off. und Soldaten die Reste des oest. belg. FreiCorps namentlich die Invaliden unterstützt werden.«[24]

1 *Der Tagebuchschreiber Carl Graf Khevenhüller in Mexiko*

2 *Carl Khevenhüller in Husaren-Uniform*

3 *Leonore Rivas de Torres Adalid*

4 Kaiser Maximilian in offiziellem Foto mit dem Wahlspruch »Gleichheit in der Gerechtigkeit«

5 *Kaiserin Charlotte*

6 Der Nationalpalast in der Hauptstadt, die Residenz Kaiser Maximilians

7 Schloß Chapultepec, die kaiserliche Sommerresidenz

8 Der Regierungspalast in Puebla (Salon und Durchblick ins Schlafzimmer Maximilians)

9 Szenen aus dem Leben Maximilians: unten die Villa Maxing, in der er in seiner Kindheit wohnte, die Votivkirche in Wien, deren Bau auf seine Initiative zurückging, und das von ihm erbaute Schloß Miramare bei Triest. Oben Szenen aus der Zeit, als er Generalgouverneur der Lombardei und Venetiens war und die Erinnerung an den Seesieg von Lissa 1866, wofür er durch die Marinereform wichtige Voraussetzungen geschaffen hatte. In der Mitte der Ankunftstag in Mexiko am 12. Juni 1864 und der Todestag am 19. Juni 1867.

4. Kapitel

Carl Khevenhüller

Vierundzwanzig Jahre alt war Graf Johann Carl Khevenhüller, als er sich im November 1864 nach Mexiko einschiffte. Er war ein außerordentlich »fescher« junger Mann, ein Liebling der Damen – oder mit seinen eigenen Worten: »ein gesuchter Artikel« bei den jungen Komtessen – ältester Sohn und künftiger Majoratsherr eines uralten Adelsgeschlechtes, das eine Reihe von reichen Besitzungen hatte, vor allem die Grafschaften Hardegg, Fronsberg, Prutzendorf, Starrein, Peygarten, Riegersburg und Ladendorf in Niederösterreich, Kammerburg in Böhmen.

Sein Stammbaum war makellos. Er konnte die zur Hoffähigkeit erforderlichen sechzehn hocharistokratischen Ahnen nachweisen. Seine Mutter war eine Lichnowsky, die eine Großmutter eine Dietrichstein, die andere eine Zichy. Seine beiden Schwestern waren fest in der Aristokratie verankert. Die ältere, Marie, war mit dem Grafen Rudolf Chotek verheiratet, die jüngere, Leontine, mit dem Majoratsherrn der böhmischen Linie Fürstenberg, Fürst Max.

Johann Carl (genannt Carl) wuchs im Sommer in Ladendorf/ Niederösterreich, im Winter im großmütterlichen Palais Dietrichstein oder im bescheideneren Palais Khevenhüller in der Türkenstraße in Wien auf. Trotz der vielen teuren Privatlehrer und des Hofmeisters war seine Erziehung, wie er später klagte, nicht sehr ergiebig. Sein Freiheitsdrang setzte

sich schon früh durch, und er entwischte den Lehrern und trieb sich (wie er später voller Stolz schrieb) lieber mit den Dorfbuben herum, war oft tage- und nächtelang nicht zuhause und suchte sich seine Nahrung in Forsthäusern und Maierhöfen zusammen. Wenn er las, bevorzugte er Reiseberichte, die sein Fernweh nährten.
Auf seine Sportlichkeit, vor allem seine Körperkräfte, hielt er sich viel zugute. Er sei schon als Kind »stark wie ein Bär« gewesen, schrieb er in sein Tagebuch. Später wurde er einer der besten Reiter und Fechter der alten Armee. Seine militärische Karriere war steil (nicht zuletzt wegen seines aristokratischen Namens): mit 24 Jahren bereits war er Rittmeister.
Höhepunkt seines bisherigen Lebens war das Reiterkarussell in der Wiener spanischen Reitschule im Februar 1863, eine Monsterveranstaltung der österreichischen Aristokratie zugunsten »der armen Leinweber im Riesengebirge«; Carl Khevenhüller nahm im phantasievollen Kostüm auf einem wunderschönen Pferd (dessen Ankauf ihn in Schulden stürzte) teil: »Wir wurden in Türken und Ritter aufgeteilt, und es kamen Quadrillen, Türkenstechen, Sprünge etc. vor. Der Einzug war feenhaft, unsere herrliche Kaiserin, in die wir jungen Leute alle verliebt waren, assistierte bei jeder Probe, und wir ritten mit einer Art Begeisterung bei ihrer Anwesenheit.«
Der junge Khevenhüller war kein Intellektueller. Er war ein sehr selbstbewußter Draufgänger mit erheblichem Temperament, das sich in manchen Raufereien und Duellen äußerte. Als Soldat kam er nach Galizien, in kleine Städte und Dörfer, wo es wenig Unterhaltung gab, dann nach Ungarn in die Nähe des Plattensees. Der junge Mann klagte in dieser Umgebung viel über Langeweile.
Es war die Zeit der großen österreichischen Expeditionen, vor allem der Weltumseglung der »Novara« und der Brasilienreise des jüngeren Kaiserbruders Erzherzog Ferdinand

Maximilian. Es war auch die Zeit der aristokratischen Jagdreisen nach Afrika mit vielen Abenteuern, die den jungen Khevenhüller von Kindheit an fesselten. Auch er wollte hinaus, wollte das Abenteuer, wollte sich in der Fremde bewähren.

Daß er »die Welt« nicht auf einer aristokratischen Jagdreise oder auf einem Expeditionsschiff kennenlernte, sondern in einem Krieg, als Soldat gegen einen Feind, der ihn persönlich gar nicht interessierte, war allerdings eine Besonderheit und hatte auch eine besondere Vorgeschichte. Denn Carl Khevenhüller ging nicht aus purer Abenteuerlust nach Mexiko. Ihn drückten Sorgen mancherlei Art: zunächst ein Heiratsprojekt, das sein Vater nicht billigte, dann aber vor allem Schulden in beträchtlicher Höhe. Eine Aufstellung seiner Gläubiger vor der Abfahrt nach Mexiko summierte sich auf den stolzen Betrag von 150000 Gulden, die er weder von seiner Gage von monatlich 62 Gulden als Rittmeister noch von der familiären Zulage von hundert Gulden monatlich zurückzahlen konnte.[1]

Im Frühjahr 1864 wuchsen die Unannehmlichkeiten derart an, daß er den schweren Gang zu seinem Vater antreten und ihm alles gestehen mußte. (Es wirft ein bezeichnendes Licht auf den Charakter Carl Khevenhüllers, daß er diese doch so negativen persönlichen Züge nie verheimlichte, sondern auch in das 1883 verfaßte Manuskript des Tagebuches ohne Schonung für sich selbst hereinnahm. Er hob sogar sämtliche Schuldscheine, Drohbriefe seiner Gläubiger und ähnliche Dokumente auf. Er wollte auf diese Art erklären, wieso er auf die abenteuerliche Idee gekommen war, nach Mexiko zu gehen, wollte seine Jugend als Teil der Khevenhüllerschen Familiengeschichte dokumentieren und nicht aus sich selbst eine Heldenfigur machen.)

Die beiden Hauptgläubiger, der Pferdehändler Hermann

Herscheles und der k.k. Hofgardeschneider Vincenz Harapatt, beide aus Wien, reichten im Juli und im November 1864 verschiedene Klagen beim »hochlöblichen k.k. Landes-Militär-Gericht« gegen Carl Khevenhüller ein, um zu ihrem Geld zu kommen. Die Verhandlungen führte der Anwalt der Familie Khevenhüller. Carls Mutter reiste nach Verona zum Armeekommandanten Benedek: »Sie bestürmte ihn, daß die Klage niedergeschlagen wurde, dann ging sie zu meinem Onkel, dem Kommandierenden in Wien, Grafen Carl Thun, und dieser bewilligte einen Urlaub ins Ausland, damit man... leichter verhandeln könne. Papa erklärte, daß er keinen Kreuzer zahle, wenn ein Wort in die Öffentlichkeit kömmt... Es war eine furchtbare Geschichte«.
Carl bestritt die Höhe der eingeklagten Schulden. Die Klage war für ihn aber so unangenehm, daß er alles tat, um seinen Gläubigern zu entwischen: er hielt sich im Juni/Juli 1864 auf der damals noch halbverfallenen Riegersburg im Waldviertel verborgen, dann bei einer Tante in Gstettenhof in Oberösterreich. Als trotz aller Bemühungen kein Vergleich zustande kam, wußte die Familie nicht mehr ein noch aus: »Jetzt kam meiner Mutter der Gedanke ›Mexiko!‹. Dort können mich die Kerle nicht erreichen...« Die Transferierung war nicht einfach, »da alle Namen in die Zeitung kamen und man mich gleich entdeckt hätte«.
Durch die Fürsprache des Grafen Franz Thun, der die österreichischen Truppen in Mexiko befehligen sollte, und Alfons von Kodolitsch gelang es, den jungen Mann in das Mexiko-Korps aufnehmen zu lassen. Kaiser Maximilian persönlich bedankte sich bei Carls Mutter mit folgendem herzlichen Brief:

Queretaro den 22. August
1864.

Verehrte Fürstin!

So eben erhalte ich durch Major Kodolitsch Ihr liebenswürdiges Schreiben, welches mir die erfreuliche Kunde bringt, daß der älteste Sohn Euer Durchlaucht, der mir schon von Europa her als trefflicher Offizier bekannt ist,

Queretaro, den 22. August 1864.
Verehrte Fürstin!
So eben erhalte ich durch Major Kodolitsch Ihr liebenswürdiges Schreiben, welches mir die erfreuliche Kunde bringt, daß der älteste Sohn Eurer Durchlaucht, der mir schon von Europa her als trefflicher Officier bekannt ist, vertrauensvoll zu uns nach Mexiko kömmt. Der kühne Schritt des jungen Mannes soll ihm durch die freundlichste Aufnahme und aufrichtigste Fürsorge gelohnt werden.
So gut die Kaiserin und ich uns täglich mehr zu unserem Entschluße Glück wünschen und unsere Erwartungen übertroffen finden, ebenso möge und wird es Ihrem Sohne gehen.
Indem ich Euer Durchlaucht für das Opfer danke, welche Sie gebracht, indem Sie Ihrem Sohne das Herkommen gestattet, verbleibe ich Ihr Ihnen aufrichtigst zugethaner Maximilian.

Nach einem Aufenthalt in Frankreich schiffte sich Khevenhüller am 19. November 1864 auf der »Floride« im französischen Hafen St. Nazaire nach Mexiko ein. Es war das erste Schiff mit europäischen Freiwilligen für Maximilians neues Kaiserreich. Carl Khevenhüllers Empfindungen, als er die österreichische Grenze überschritt und in Sicherheit war vor dem Zugriff seiner Gläubiger und Kläger:
»Trotz dem schon seit meiner Jugend gefühlten wilden Drang nach dem Abenteuerlichen, Überseeischen, trennte ich mich doch sehr schwer von der österreichischen Armee. Doch der Entschluß stand in mir fest, mir einen geschichtlichen Namen zu gründen, denn von jeher konnte ich den Gedanken, spurlos in der Welt zu verschwinden, nicht ertragen. Nicht wie so viele Millionen, die sich so groß und bedeutend denken, [von denen] dann aber die Geschichte kein Wort mehr erwähnt. Die Kraft fühlte ich in mir. Als ich den sichern Boden betrat, als ich mich unangreifbar sah, erwachte in mir

ein Selbstbewußtsein, ein Gefühl, das ich vorher nicht kannte, wie bei dem Erwachen aus einer schweren Krankheit, und auf schrie ich an der Grenze Österreichs – Ich bin frei! Zeige was Du kannst!«

Trotz aller Geheimhaltung hatte die peinliche Schuldenaffäre doch einiges Aufsehen erregt, und die Familie fürchtete, daß Kaiser Maximilian darüber informiert werden – und damit Carls mexikanische Karriere abrupt beenden könnte. Deshalb sah sich Carls Mutter, Fürstin Antonie Khevenhüller, gezwungen, Kaiser Max die Verfehlungen ihres Sohnes offen einzugestehen, um weiteren Komplikationen in Mexiko vorzubeugen: »Momente der Unüberlegtheit und der Scheu, sich seinen Eltern rechtzeitig anzuvertrauen, haben den stets so ehrenvollen und guten jungen Mann irregeleitet. Euer Majestät, ich flehe um Nachsicht! Er hat die Verzeihung seiner Eltern erhalten, welche auch bereit sind, die von ihm wirklich begangenen Fehler gut zu machen. – Und so wage ich es zu hoffen, daß dieß Geständniß der Verirrungen meines Sohnes die so beglückende Huld und Gnade Euerer Majestät uns nicht entziehen wird und bitte Eure Majestät gnädigst gestatten zu wollen, mich bis zum Ende meines Lebens nennen zu dürfen Euer Majestät dankbare, unterthänige Dienerin Antonie Fürstin zu Khevenhüller«.[2]

Daß Carl Khevenhüller ein schlechtes Gewissen hatte, war verständlich. In seinen ersten Briefen von der Überfahrt und aus Mexiko war immer wieder von den Schulden die Rede: »Der Gedanke ist mir peinlich, was die Juden auf die Nachricht meiner Abreise anfangen werden«, schrieb er von Bord der »Floride«. »Ich fürchte immer, daß die Kerle bis zum Kaiser von Österreich gehen werden und die Behörden, die mich entließen, verklagen werden, und wenn es zur Zahlung kommt, Papa von Onkel Franz [Khevenhüller] nicht so leicht die Summe erhalten wird, trotzdem ich einen langen Brief

geschrieben und ihn beschworen, Papa die Summe zu leihen ...«[3]
Endlich, als Carl bereits in Mexiko war, kam ein Vergleich zustande. Da der Onkel offenbar nicht bereit war, zu helfen, mußte Carls Vater für die Zahlung einen Kredit bei der Boden-Credit-Anstalt aufnehmen, der fünfzig Jahre lang zurückgezahlt werden mußte und über den Carl noch als alter Mann schimpfte: »In fünfzig Jahren erhält die Sau-Anstalt das sechsfache des angelegten Kapitals«.
In seinen Briefen aus Mexiko beteuerte der junge Khevenhüller immer wieder, jetzt sparsam zu sein, nie mehr Schulden zu machen und verstieg sich zu der Mitteilung: »Ich versichere Dich Mama, es hat mich wie alle die hier in Amerika sich befinden, die Sparwuth gepackt, und sehe leider ziemlich spät ein, mit wie wenig man recht anständig leben kann und wie geringe Bedürfnisse ich habe«.[4]
Andere sahen Khevenhüller freilich anders als er sich selbst. Maximilians Sekretär José Luis Blasio zum Beispiel schrieb in seinen Erinnerungen über den angeblich sagenhaft reichen Khevenhüller: »Er war ein gutaussehender junger Mann von 25 und zog ... jeden durch seine Eleganz und Vornehmheit an. Er wurde schnell der Held unzähliger Liebesaffären, einiger Duelle und anderer feuriger Abenteuer. Als ältester Sohn einer der ältesten Familien aus ungarischem Adel Besitzer immensen Reichtums, verschwendete er Geld mit der Verachtung europäischer Aristokraten des 18. Jahrhunderts«.[5] (Die Familie Khevenhüller stammte aus Franken, ist aber seit dem 11. Jahrhundert in Kärnten ansässig. In Ungarn hatte sie große Besitzungen.)
Daß das mexikanische Abenteuer nicht geeignet war, ihn aus seiner finanziellen Misere zu erlösen, ganz im Gegenteil: ihm noch mehr Schulden aufhalste, merkte seine Familie nur zu bald. Nur wurde die Sorge um sein Leben mit der Zeit größer

als die Sorge um seine Schulden, und Khevenhüller konnte auf Nachsicht hoffen, zumal er sich sowohl menschlich als militärisch in Mexiko bewährte.
Das Tagebuch überliefert die aufregenden Erlebnisse dieser Zeit und verschweigt auch nicht Khevenhüllers Romanze mit Eleonore, einer reichen verheirateten Mexikanerin aus der Hauptstadt. Diese Romanze wirkte sich in dramatischen Stunden auch auf wichtige Entscheidungen Khevenhüllers aus, die er, wie immer schonungslos mit sich selbst, berichtete und beklagte.
Er hatte sich ursprünglich nach zwei Jahren in Mexiko einen Urlaub ausbedungen und freute sich im Laufe des Jahres 1866 auf die geplante Rückreise in die Heimat. Dies war aber gerade jene Zeit, wo es dem österreichischen Korps sehr schlecht ging, kaum noch Sold ausgezahlt und das Korps den Franzosen unterstellt wurde. Große Mißstimmung herrschte. Die Zahl der Desertionen wuchs auch bei den Österreichern an, und so gut wie jedermann gab dem Kaiserreich nach dem baldigen Rückzug der Franzosen keine Chance mehr. In dieser Situation bat Kaiser Maximilian den Grafen Khevenhüller im Juni 1866 darum, seine Urlaubspläne aufzugeben und bei der Organisation der »neuen Armee« zu helfen.
Khevenhüller willigte schweren Herzens ein: »Dieser Schritt kostete mich wohl eine große Überwindung. Es war einer der schwersten Augenblicke meines Lebens«. Die Treue zu dem von so vielen verlassenen Maximilian »und das schlechte Beispiel, das ich den anderen gegeben hätte, hinderten meine Abreise«, schrieb Khevenhüller am 12. Juni 1866 in sein Tagebuch.
Und zwei Monate später, als bereits außer Veracruz alle Häfen in republikanischer Hand waren und eine Stadt nach der anderen von den Kaiserlichen geräumt werden mußte, außerdem sich der größte Teil der österreichischen Freiwilligen zur

Rückkehr in die Heimat entschloß und Maximilians Lage verzweifelt war, ließ es Khevenhüllers Ehrgefühl nicht mehr zu, den Kaiser zu verlassen: »Auf uns kann er noch rechnen. Jetzt kann man die Sache des Kaisers nicht mehr aufgeben. Ein Schuft, der ihn in einer solchen Lage verläßt«. (s. S. 218)
In der großen Krise im Oktober 1866, als Maximilian abdanken und nach Europa zurückreisen wollte, war Khevenhüller in Orizaba in seiner Nähe – und einer von jenen, die den Kaiser beschworen, in Mexiko auszuharren. Khevenhüller gesteht in seinen Aufzeichnungen, daß er für diese seine Haltung persönliche Gründe hatte: seine Liebe zu Leonore. Zeitlebens machte er sich deshalb Vorwürfe, dem Kaiser nicht anders geraten zu haben. Khevenhüller wie auch Kodolitsch waren in dieser gefühlsträchtigen Situation angesichts des nahen Zusammenbruches des Kaiserreiches Beispiele für alle jene, die einerseits den nahen Zusammenbruch des Kaiserreiches vor sich sahen, andererseits aber durch so viele persönliche, politische und wirtschaftliche Verknüpfungen mit Mexiko verbunden waren, daß sie in dieser sehr dramatischen Situation keinen anderen Ausweg als das Ausharren wußten – nicht anders als der Kaiser selbst.
Khevenhüllers große Stunde der Bewährung in Mexiko schlug, nachdem die meisten Angehörigen des österreichischen Korps im Februar 1867 mit den Franzosen das Land verlassen hatten und der Kaiser ohne finanzielle Mittel und ohne wirksamen militärischen Schutz in Mexiko zurückblieb. Unter den achthundert Getreuen aus Österreich, die bei dem einsamen und trotz aller gegenteiliger Beteuerungen wenig hoffnungsvollen Kaiser ausharrten, war Carl Khevenhüller.
In aller Eile mußte eine neue nationalmexikanische Armee aufgebaut werden, und Khevenhüller erhielt den ehrenvollen Auftrag, aus den Resten des ehemaligen österreichischen Korps ein Reiterregiment zusammenzustellen: die »roten

Husaren«, genannt nach ihrer grellroten Uniform. (Die Franzosen hatten nämlich bei ihrem Abzug nur Uniformtuch in grellroter Farbe zurückgelassen. Da kein Geld für neuen Stoff vorhanden war, mußte Khevenhüller seine Husaren »wie die Scharfrichter zu Pferd steigen lassen«). Das nötige Geld für die Besoldung seiner Husaren mußte sich Khevenhüller zum Teil ausleihen- bei einem amerikanischen Bankier und privat, denn das Kaiserreich bekam keinen Kredit mehr.

Der Name der »roten Husaren« wurde in den letzten Monaten des Kaiserreiches voll Hochachtung vor Treue, Tollkühnheit und unerreichbarem Kampfesmut genannt. Der Chronist Wilhelm von Montlong zum Beispiel erwähnte die Kämpfe der Husaren nach dem Fall von Puebla (woraus man vor allem ersieht, daß die oft sehr blutrünstigen Kriegsgeschichten, die Khevenhüller selbst erzählte, keineswegs erfunden waren): »Mit dem Muth, der überall die Husaren unter ihrem muthigen Führer, Obert Carl Grafen Khevenhüller-Metsch ausgezeichnet, warfen sich diese, ihren Obersten an der Spitze, auf den achthundert Mann starken Feind. Eine Unzahl wörtlich in Stücke gehauener Feinde bedeckte den Boden und die tiefen Baranken [Wasserfurchen]«.[6]

Sogar Prinz Felix Salm-Salm, der die Österreicher um Maximilian scharf kritisierte, rühmte doch die Einsatzfreudigkeit Khevenhüllers und seines Freundes, des später in Mexiko gefallenen Barons Hammerstein. Die beiden seien »ehrenvolle Ausnahmen« in der ansonsten sehr unrühmlichen persönlichen Umgebung Maximilians gewesen. Salm nannte als Hauptleistung Khevenhüllers, »unter den schwierigsten Umständen aus den Überresten der österreichischen Legion ein Husaren-Regiment« gebildet zu haben.[7]

Daß es ihm dann allerdings verwehrt war, mit diesem Regiment den persönlichen Schutz des Kaisers in Querétaro zu übernehmen, beklagte Khevenhüller bis an sein Lebensende.

Er billigte die Entscheidung Maximilians nicht, sich in diesen letzten schweren Wochen ausschließlich unter den Schutz von Mexikanern zu begeben und seine treuen Österreicher stattdessen in der Hauptstadt zurückzulassen. Khevenhüller war überzeugt, daß zumindest die persönliche Geschichte Maximilians ein anderes Ende genommen hätte, wenn er Männer seiner Heimat, die ihm unbedingt ergeben waren, um sich gehabt hätte. Es ging ja zu diesem Zeitpunkt kaum mehr um die Existenz und Zukunft des mexikanischen Kaiserreiches, sondern nur noch um das persönliche Schicksal der mit dem sich auflösenden Kaiserreich verbundenen Menschen.
Nach der Erschießung Maximilians und dem Ende der Kämpfe war es Khevenhüllers Aufgabe, die Soldaten fremder Nationalität, vor allem die Österreicher, lebend aus Mexiko hinauszubekommen. Diese Aufgabe löste er glänzend als Unterhändler mit dem feindlichen General Porfirio Díaz, dem er schon bei manchen kämpferischen Begegnungen seine Hochachtung bezeugt hatte – ebenso wie es umgekehrt der Fall war. Díaz bot Khevenhüller sogar nach dem Zusammenbruch des Kaiserreiches an, in Mexiko zu bleiben und mit ihm zusammenzuarbeiten. Khevenhüller: »Ich muß wirklich darüber lachen. Bin ich denn aus politischen Gründen hergekommen? Blieb ich nicht wegen dem armen Kaiser? Will ich mich in die schmutzige mexikanische Wirtschaft mengen? Nein, das ist nicht mein Zweck ... Diaz ... ist ein ehrlicher, tapferer Soldat, aber mein Vaterland steht mir näher als die ehrgeizigen Zwecke eines mexikanischen Generals, wäre er auch Porfirio Diaz genannt«. (s. S. 282) Die Sympathie der beiden bisher feindlichen Soldaten blieb aber bis zum Tode Khevenhüllers bestehen und wurde eine Freundschaft.
Die drei Jahre in Mexiko veränderten den jungen Khevenhüller. Er hatte sich bewährt und ein kleines Stück Geschichte mitgemacht, wie er es sich vorgenommen hatte. Er hatte

überlebt. Aber es war eine harte Schule gewesen, und er hatte große Schwierigkeiten, sich wieder in die ihm so klein erscheinenden europäischen und speziell österreichischen Dimensionen einzugewöhnen. Die Sehnsucht nach Mexiko (nicht dem Kaiserreich Mexiko!) verließ ihn sein Leben lang nicht, zumal er dort seinen einzigen Sohn wußte.

In den nächsten Jahren war Khevenhüller viel auf Reisen. 1868/69 machte er eine abenteuerliche Afrika-Safari. Bei der Eröffnung des Vatikanischen Konzils 1869 in Rom stand er als Malteser-Ritter mit gezogenem Schwert im Spalier vor den Stufen des päpstlichen Thrones. Dann organisierte er wieder eine Afrika-Expedition mit einer Wüstenreise in einer Karawane von siebzig Mann und 160 Kamelen.

Nach der Heirat mit Eduardine Gräfin Clam-Gallas 1871 bezog er das Gut Kammerburg in Böhmen, später die Riegersburg im Waldviertel. Der 31jährige wurde von den liberalen Großgrundbesitzern des böhmischen Landtages in das Abgeordnetenhaus des Reichsrates nach Wien gewählt. Er gehörte diesem bis 1877 an, als er als Nachfolger seines Vaters in das Herrenhaus überwechselte.

1877 starb Fürst Richard Khevenhüller, Carls Vater. Carl folgte ihm als Universalerbe im Fürstentitel. Seine Besitzungen waren nun ebenso beachtlich wie die Anzahl seiner Titel: »Fürst von Khevenhüller-Metsch, Fürst Aichelburg, Graf zu Hochosterwitz und Annabichl, Freiherr zu Landskron und Wernberg, Erbherr auf Carlsberg, Herr auf der Grafschaft Hardegg, Fronsberg, Prutzendorf, Starrein, Peygarten und Ladendorf in Niederösterreich, Kammerburg in Böhmen usw.« Er hatte nun vollauf damit zu tun, seinen Besitz zu verwalten.

Die Mexiko-Erinnerungen hielt er wach (schon durch den Kontakt mit Leonore, die er allerdings nicht mehr wiedersah, und durch die Freundschaft mit dem ehemaligen General der

Republikaner und nunmehrigen Präsidenten der Republik Mexiko, Porfirio Díaz). 1874 nahm Khevenhüller an der Enthüllung des Maximilian-Denkmales in Triest teil. Unter den vielen Briefen ehemaliger Kameraden aus Mexiko waren immer wieder Bettelbriefe von Gestrauchelten, Verarmten, Kranken. Nur sehr wenige Angehörige des Freikorps hatten sich wieder in die k.u.k. Gesellschaft eingliedern können. Nur sehr wenigen gelang es, zu Wohlstand zu kommen. Der nun überaus reiche Fürst Khevenhüller war für viele von ihnen die letzte Hoffnung.

Mit der Zeit wurden die Mexiko-Abenteuer des Fürsten Khevenhüller zur Legende, außerdem wurden sie durch Weitererzählen immer bunter und entfernten sich immer mehr von der Wirklichkeit. Eine dieser bunten Geschichten ging sogar in den Nachruf auf den Fürsten im »Fremden-Blatt« ein, wo es hieß, der Fürst habe im Wallfahrtsort Guadelupe die Klosterschwestern vor den Liberalen gerettet, »indem er die Oberin hinter sich aufs Pferd setzte, während die anderen Nonnen hinter seinen Husaren auf die Pferde aufstiegen, sie dann mit seinem Husaren-Regiment glücklich durch die Feinde durchschlug und in die Stadt Mexiko brachte«.[8] Diese Geschichte ist dem Leser des Tagebuches unbekannt und wohl erst später, in den mexikanischen Erzählungen des Fürsten auf der heimischen Riegersburg entstanden.

Immer wieder beschwor der Fürst die aufgeregte Szene vor Maximilians Abmarsch nach Querétaro, wie er vor dem Kaiser auf die Knie gefallen sei und ihn beschworen habe, nicht ohne das treue österreichische Regiment zu bleiben. »Wenn ich in Querétaro gewesen wäre, hätte ich dem Kaiser gesagt: ›Majestät, den Bart herab, eine rote Uniform an‹, wir hätten ihn in die Mitte genommen, und lebend oder tot hätten wir ihn doch durch den Feind durchgeschlagen!‹«

Dem Land und den Menschen Mexikos gehörte Khevenhüllers besondere Liebe bis ins hohe Alter. In diese Liebe schloß er sogar die sich unter dem neuen Präsidenten Porfirio Díaz konsolidierende Republik ein.

Mit großer Begeisterung stellte Khevenhüller auf seiner Burg Hardegg im Waldviertel eine große Sammlung über Mexiko, das mexikanische Kaiserreich und das österreichische Freikorps zusammen. (Das daraus entstandene »Mexiko-Museum« in Hardegg wurde allerdings 1945 geplündert und erst in unseren Tagen – mit Objekten aus fremder Hand und Kopien – wieder aufgebaut. Es stellt eine vielbesuchte Erinnerungsstätte an das mexikanische Abenteuer eines österreichischen Erzherzogs dar.)

Mehr als dreißig Jahre nach Maximilians Tod konnte Khevenhüllers Freundschaft mit Porfirio Díaz erfolgreich für die Wiederanbahnung diplomatischer Beziehungen zwischen Österreich-Ungarn und Mexiko eingesetzt werden – eine von beiden Seiten her gesehen sehr schwierige Angelegenheit. Khevenhüller hatte die Idee, als Zeichen der Aussöhnung solle eine Gedächtniskapelle am Sterbeort Maximilians in Querétaro gebaut werden – und zwar von den Mexikanern. Rücksicht auf die juaristische Partei veranlaßten Porfirio Díaz zur Bedingung, daß die mexikanische Regierung zwar das Geld bereitstellen wolle, aber nicht als offizieller Bauherr auftreten könne. Der Bau wurde nur insgeheim von Mexiko finanziert, aus den Mitteln des geheimen Dispositionsfonds. Außerdem wurde das Baugeld zur Tarnung des wahren Auftraggebers auf eine Bank in New York und von dort aus wieder nach Mexiko zurück überwiesen. Die offizielle Leitung des Baues übernahm ein in Mexiko lebender Österreicher, Dr. Franz Kaska.[9]

Die Errichtung einer Gedächtniskapelle für Maximilian erfüllte trotz aller sich jahrelang hinziehenden Schwierigkeiten, ihren Zweck, die beiden seit der Katastrophe von Querétaro verfeindeten Staaten einander wieder näherzubringen. Kaiser Franz Joseph stiftete das Altarbild der kleinen Kirche, eine Pietà.

Im Jahr 1900 war die Erinnerungsstätte fertig, und es gab große protokollarische Komplikationen wegen der Einweihungszeremonie. Díaz wünschte in einem Privatbrief an Khevenhüller, daß eine österreichische Delegation zu den Feierlichkeiten nach Mexiko komme. Wien lehnte dies nicht ab, bestand aber auf einer offiziellen Einladung Mexikos, wozu Díaz aber wegen der innenpolitischen Lage und aus Rücksicht auf die Juaristen nicht bereit war. Kaska wie Khevenhüller wurden immer wieder als Vermittler eingesetzt, aber die Fronten verhärteten sich zunehmend.

Khevenhüller schlug nun seinem Freund, dem damaligen k. u. k. Außenminister Goluchowski, die entscheidende Lösung vor, daß er, Khevenhüller, zur Einweihung nach Mexiko führe, zwar mit Vorwissen und im Einverständnis mit Kaiser Franz Joseph, »aber ohne besonderen Allerhöchsten Befehl«: »Dieser Ausweg schiene geeignet, dem immerhin anerkennenswerten Bestreben des Präsidenten Díaz nach einer Annäherung Rechnung zu tragen, ohne der Würde Österreich-Ungarns den geringsten Abbruch zu thun«.[10]

Im März 1901 reiste nun Khevenhüller mit seiner Frau nach Mexiko, offiziell als Privatperson, von mexikanischer Seite aber wie ein Vertreter der k. u. k. Regierung »mit allen republikanischen Ehren« empfangen. An der Einweihungsfeier der Kapelle am 10. April 1901 (also dem Jahrestag der Kronannahme Maximilians in Miramare) nahmen auch die Tochter und eine Enkelin des mit Maximilian erschossenen Generals Miramón teil, außerdem der deutsche und der belgische Gesandte. Vertreter der mexikanischen Regierung waren nicht anwesend. Aber Díaz hatte einige freundschaftliche Gesten getan: neben dem pompösen Empfang auch die

Bereitstellung eines Extrazuges für die Österreicher nach Querétaro.
Bei wohlwollender Betrachtung war allen Bedingungen Genüge getan. Bald darauf wurden Gesandte ausgetauscht, ein Handels- und Freundschaftsvertrag abgeschlossen. Bis zum Ende der Monarchie hielt die österreichische Gesandtschaft jährlich an Maximilians Todestag in der Kapelle von Querétaro einen Trauergottesdienst ab, von den Mexikanern unbehelligt. Khevenhüller wurde für seine Verdienste um die österreichisch-mexikanischen Bezeihungen 1901 mit dem Großkreuz des Leopoldsordens geehrt.
Johann Carl Fürst Khevenhüller-Metsch starb am 11. September 1905 nach langer Krankheit auf der Riegersburg. Sein Leichnam wurde in die Gruft der Burg Hardegg überführt. Er hatte sich gewünscht, daß seine mexikanischen Orden und eine Kerze von Guadalupe mit in den Sarg gegeben würden. Der einzige Kranz auf seinem Sarg sollte der von Porfirio Díaz sein, dem ehemaligen Feind und jahrzehntelangen Freund. Der Kranz hatte Bandschleifen in den mexikanischen Farben und eine spanische Inschrift: »General Porfirio Díaz, Präsident von Mexiko, seinem lieben Freunde, dem Fürsten Khevenhüller«.
Besitz und Titel des in seiner Ehe kinderlosen Fürsten gingen auf einen Neffen über. (Der »mexikanische« Sohn konnte wegen der aufrechten Ehe Leonores nicht anerkannt werden.)
In den Nachrufen wurde noch einmal der Leistungen für den unglücklichen Kaiser Maximilian, aber auch für die Republik Mexiko, gedacht, Khevenhüllers »ungewöhnlich weite Weltanschauung, bewunderungswürdige Energie und Initiative« gepriesen: »Scharf und selbständig in seinem Urteil, blieb er sich stets treu, ein Original, fast ein Sonderling. Niemand imponierte ihm; er hatte selbst die ganze Welt gesehen«.[11]

5. Kapitel

Zum Tagebuch

Es besteht keineswegs ein Mangel an Quellen über das mexikanische Kaiserreich, über Kaiser Maximilian und über das französische, belgische und österreichische Korps in Mexiko. Der Historiker steht bei diesen Themen vor der außerordentlich seltenen Tatsache, eine kaum zu bewältigende Fülle von Augenzeugenberichten und Briefen zu kennen und noch mehr: schon mit relativ geringem Aufwand an Spürsinn immer wieder neue solcher Quellen zu finden.

Das mexikanische Unternehmen war für alle, die daran teilnahmen, etwas so Außergewöhnliches und Fremdes, daß es meist für ein ganzes späteres Leben genug zu erzählen gab. Erinnerungen aus Mexiko und Memoiren gibt es eine Fülle. Dazu kommen die Briefe: die Mitglieder des Freikorps schrieben, so weit sie schreiben konnten, Unmengen von Briefen in die Heimat. Diese Briefe wurden begierig aufgenommen, manche von ihnen in österreichischen Zeitungen der Zeit nachgedruckt, was manchmal zu Verwicklungen führte. Denn erstens stimmte nicht so alles, was die Krieger von ihren Heldentaten in Mexiko berichteten, und zweitens trübten sie das idealistische Bild, das die kaiserlich-mexikanische Regierung von sich in Europa haben wollte. Khevenhüller fügt seinen Briefen aus Mexiko meist den Nachsatz hinzu: »Aber sagt es nicht weiter«. Khevenhüller im Tagebuch: »Wir wurden aufgefordert, in unseren Briefen wenig über Politik zu schreiben. Manche Offiziere gerierten sich faktisch als Zeitungs-Reporter, strichen sich bei Gefechten heraus, trieben mit einem Wort diesen Unfug zu weit.« (s. S. 161)

Die Zeitungsberichte, zumindest in Österreich, fußten tatsächlich sehr oft auf Privatbriefen von österreichischen Soldaten in Mexiko. Außer seinem großen Konkurrenten Alfons von Kodolitsch und anderen, die ziemlich regelmäßig »Korrespondentenberichte« aus Mexiko an die österreichischen Zeitungen schickten, sandte auch Khevenhüller einen solchen Bericht nach Wien, der am 7. November 1865 im »Kamerad« erschien. Die mexikanische Regierung konnte sich über solche offenen und wirklichkeitsgetreuen Zeitungsaufsätze nicht freuen, stellte sie selbst in ihrer »General-Korrespondenz« für die internationale Presse doch alles in den leuchtendsten Farben dar. Die riesengroße Diskrepanz zwischen den offiziellen und den privaten Nachrichten aus Mexiko mag man aus der folgenden Notiz der Wiener humoristischen Zeitschrift »Der g'rade Michel« vom 17. 2. 1866 ersehen:

So lauten die Berichte aus Mexiko

in der General-Korrespondenz:	und in den Journalen:
— Die neue Ordnung der Dinge befestigt sich mit jedem Tage mehr.	— Die öffentlichen Zustände sind in völliger Auflösung begriffen.
— Handel und Wandel blühen empor.	— Handel und Wandel liegen darnieder.
— Der Verkehr gewinnt an Sicherheit.	— Das Räuberunwesen greift täglich mehr um sich.
— Neue Straßen und Schienenwege werden angelegt.	— Zwischen Vera-Cruz und Puebla wurden drei Meilen Eisenbahn gestohlen.
— Das ganze Land gewährt ein Bild eines sich rasch entwickelnden Staatsorganismus.	— Das ganze Land gewährt ein trauriges Bild staatlicher Zerrüttung.
— Der Kaiser manifestirt immer mehr Zuversicht in den Fortbestand der neuen Monarchie.	— Dem Vernehmen nach soll Kaiser Maximilian bereits die Rückreise nach Europa angetreten haben.

Man sieht daraus, daß wahrscheinlich in Mexiko die „goldene Mittelstraße" noch nicht gebaut werden konnte.

Fast alle diese Briefe aus Mexiko wurden von den Familien sorgfältig aufgehoben, wußte man doch nicht, ob der Schreiber jemals in seine Heimat zurückkehren würde und ob es nicht das letzte sei, was man von ihm habe. Die Verluste an

diesen Quellen setzten erst relativ spät ein: meist durch höhere Gewalt, Kriege, Brände und ähnlichem, kaum je aber aus Nachlässigkeit, weil man sich der Bedeutung dieser fremdartigen Briefe durchaus bewußt war, selbst in Familien, die gewöhnt waren, Briefe nach Erhalt wegzuwerfen. Aus diesem Grund sind auch heute noch viele dieser Augenzeugenberichte in Familienarchiven erhalten, und der Historiker kann sich den Luxus leisten, recht großzügig auszuwählen.
Diese Überfülle an Quellen ist wohl auch der Grund dafür, daß es bis heute keine wissenschaftliche Aufarbeitung der Geschichte des österreichischen Freikorps in Mexiko gibt und auch eine moderne wissenschaftliche Maximilian-Biographie (nach dem immer noch gültigen zweibändigen Werk Egon Caesar Conte Cortis aus dem Jahre 1924) auf sich warten läßt.
Trotzdem halte ich die Erinnerungen Carl Khevenhüllers für wichtig, und zwar aus folgenden Gründen:
1. Carl Graf Khevenhüller hat nicht nur wie so viele andere interessante Briefe aus Mexiko hinterlassen, sondern darüber hinaus ein abgeschlossenes Manuskript über seine Erlebnisse zusammengestellt, das zeitlich keine Lücken aufweist und sehr gut lesbar geschrieben ist.
2. Khevenhüller war einer der wenigen Österreicher, der von Anfang bis Ende Zeuge und Mithandelnder bei dem mexikanischen Abenteuer war: Er befand sich auf dem ersten Schiff, das Europa mit Freiwilligen für Mexiko verließ. Er war unter den achthundert Getreuen, die auch nach dem Abzug der Franzosen, Belgier und des größten Teils der österreichischen Truppen in Mexiko blieben, und er kehrte erst Monate nach der Hinrichtung Kaiser Maximilians wieder nach Österreich zurück.
3. Khevenhüller hatte innerhalb des Freikorps, aber auch zeitweise am Hof Maximilians eine hervorragende Stellung

inne, die es ihm erlaubte, vieles zu sehen, was anderen verwehrt war.

4. Khevenhüller war ein höchst kritischer Geist, keineswegs in Gefahr, aus dem Kaiser, den Österreichern oder gar sich selbst Heldenfiguren zu machen. Seine Schrift ist subjektiv, wie es bei einem Tagebuch legitim ist, sie verschönt aber nicht.

5. Dieses Tagebuch ist das Tagebuch eines Soldaten aus einem Krieg, aber es ist kein reines Kriegstagebuch. Es schildert keineswegs nur die Kämpfe, sondern gibt auch ein höchst anschauliches Bild des Alltags dieser Söldnertruppen in einem fremden, bisher völlig unbekannten Land. Wir lernen die verschiedenen sozialen Schichten Mexikos kennen: die exklusiven reichen Familien der Hauptstadt mit ihren gesellschaftlichen Vergnügungen, die bettelarmen Indianer, denen Khevenhüllers besondere Sympathie gehörte, vor allem, weil er unter ihnen einem überraschend hohen Maß an Treue und menschlicher Anständigkeit begegnete.

Mit seinem Urteil hält sich Khevenhüller keineswegs zurück. Er schimpft sehr kräftig über die Franzosen, vor allem über Marschall Bazaine, und zeigt auch deutlich seine Abneigung gegen die »weißen« Mexikaner, vor allem die Kreolen und die gebildeten Mestizen: »Wie leicht könnte man die Menschen regieren, wenn der sogenannte ›gebildete Teil‹ nicht Kanaille wäre!«

6. Khevenhüller lernte in diesen drei mexikanischen Jahren das Land und die Menschen Mexikos kennen und lieben. Er war zwar ein Haudegen und Draufgänger und alles andere als feinfühlend, verschloß aber vor dem Unrecht ebensowenig seinen Blick wie vor der Armut der Indianer, die er in seiner Schrift ausführlich schilderte. Er hatte gar nichts an sich von der Art der spanischen Konquistadoren, die dieses fremde Land entwürdigten und mißachteten. Sicherlich: Der Krieg

war sein Geschäft wie das der anderen Soldaten. Aber immer wieder ist in dieser Schrift zu spüren, daß es nicht Khevenhüllers Krieg war. Die kaiserliche Sache in Mexiko war ihm keine Herzensangelegenheit, ebensowenig wie die republikanische Sache in Mexiko ihm hassenswert erscheinen konnte. Es ist bezeichnend, daß Khevenhüller wütende, ja ausfällige Kritik zwar an den französischen Truppen übte, gegenüber den Republikanern aber sehr verständnisvoll reagierte – ebenso wie gegenüber der mexikanischen Bevölkerung, deren Elend er nur zu deutlich registrierte und sehr gut verstand, daß sie die fremden Truppen nicht begeistert empfingen: »Es ist begreiflich, daß die Mexikaner die frühere Anarchie einer solchen Beglückung durch die ›Grande Armee‹ vorziehen«, schrieb er in sein Tagebuch.
Der militärische Gegner wurde von ihm nicht (wie von so vielen anderen) verteufelt. Nur so ist das spätere herzliche Einvernehmen mit dem feindlichen General und späteren Präsidenten der Republik Mexiko, Porfirio Díaz verständlich. Khevenhüller ließ keinen Zweifel daran, daß er aus Treue für Kaiser Maximilian (nicht als Kaiser von Mexiko, sondern als ein von vielen anderen verlassener Landsmann) in Mexiko ausharrte. Weil Khevenhüller in dieser abenteuerlichen Geschichte des mexikanischen Kaiserreiches nicht Partei war, sondern unabhängig (wenngleich er im Sold der einen Seite stand), haben sein Urteil und seine Meinung für uns besonderes Gewicht. Er jedenfalls hatte schon nach wenigen Wochen in Mexiko kein Vertrauen in die Zukunft des neuen Reiches, das in Wirklichkeit gar nicht bestand und erst versuchte, sich mit Waffengewalt und Bürgerkrieg ein Volk und ein Land untertan zu machen. Bei aller Loyalität gegenüber Maximilian sah Khevenhüller recht deutlich den weltfernen Romantiker, der sich verzweifelt bemühte, seine Träume gegenüber der grausamen Wirklichkeit zu

verteidigen und dadurch nur noch tiefer in die Ausweglosigkeit geriet.

Mit seinem jahrzehntelang mit großem täglichen Zeitaufwand verfaßten Tagebuch stellte sich Carl Khevenhüller ganz bewußt in die Tradition seiner Familie. Die Khevenhüllers haben im Laufe der Jahrhunderte einige bedeutende Tagebuchschreiber hervorgebracht, deren Werke nur in Ausnahmefällen gedruckt sind, so zum Beispiel: Hans Khevenhüller, kaiserlicher Botschafter bei Philipp II., Geheimes Tagebuch 1548–1605, hg. von Georg Khevenhüller-Metsch, bearbeitet von Günther Probszt-Ohstorff, Graz 1971. Das prominenteste Beispiel ist das bis heute von der Forschung noch nicht ausgeschöpfte Tagebuch des Fürsten Johann Josef Khevenhüller-Metsch, das eine der wichtigsten Quellen zur österreichischen Geschichte und Kultur darstellt und inzwischen in acht Bänden im Druck erschienen ist. (»Aus der Zeit Maria Theresias. Tagebuch des Fürsten Joh. Josef Khevenhüller-Metsch 1742–1776. hg. von R. Graf Khevenhüller-Metsch und Heinrich Schlitter, 7 Bände, Wien 1907–1925«.) Die Reihe wurde 1972 mit dem achten Band abgeschlossen (hg. von Maria Breunlich-Pawlik und Hans Wagner in den Veröffentlichungen der Kommission für Neuere Geschichte Österreichs. Bd. 56).

Carl Khevenhüller erinnert in seinem vielbändigen Tagebuch mehrfach an diese Tradition des Hauses Khevenhüller. Ja, er unterschied nicht zwischen »schlechten« und »guten« Mitgliedern der Familie, sondern zwischen denen, die Tagebuch schrieben (und also pflichtbewußt und traditionsbewußt waren), und denen, die nicht Tagebuch schrieben (und also in seinen Augen kaum als wertvoll gelten konnten).
Mit diesem Eifer, sich nicht nur über seine Herrschaft, seine

Schlösser, Wälder und Besitztümer Rechenschaft zu geben, sondern auch am aktuellen Zeitgeschehen als kritischer Betrachter teilzuhaben und diese Anteilnahme auch der Nachwelt zu überliefern, ging ein allgemeines historisches Interesse Hand in Hand, und damit der Kontakt zu Historikern. Carl Khevenhüller war zum Beispiel mit Wilhelm Oncken (1838–1905) befreundet, dem berühmten Historiker der Universität Gießen und Herausgeber der »Allgemeinen Geschichte in Einzeldarstellungen«. Oncken war es, der 1883 Khevenhüller dazu anregte, alte Tagebücher und Briefe aus Mexiko zu einem einheitlichen Manuskript zusammenzufassen. Diese Arbeit benützte Oncken in seinem Werk »Das Zeitalter des Kaiser Wilhelm«, das in zwei Bänden 1890 und 1892 in Berlin erschien. Im ersten Band dieses Werkes wird Carl Khevenhüller zum erstenmal zitiert (s. 686ff.)
In einer kurzen Vorbemerkung zu seinen Mexiko-Aufzeichnungen erwähnte Khevenhüller den Anteil seines Freundes Oncken am Zustandekommen des Tagebuches, aber auch, daß kaum nach Fertigstellung der Generaladjutant Kaiser Franz Josephs ihn ziemlich unvermittelt besuchte und erwähnte: »Seine Majestät hörte, daß Sie ein Werk über Mexiko schreiben. Es würde Ihn sehr interessieren«. Khevenhüller: »Ich stand betroffen da, denn nie war mir eingefallen, daß Seine Majestät diese Schrift in die Hand bekommen solle. Daher erwiderte ich: ›Seine Majestät sind zu gnädig, aber ich schreibe diese drei Jahre nur in der Absicht, einem Freunde [nämlich Oncken] Behelfe zu geben, aber durchaus nicht, daß es in so hohe Hände gelange‹«.
Schließlich gab er das Manuskript doch aus der Hand und hörte kurz darauf, daß Kaiser Franz Joseph es »während einer Gams-Sejour« bis zum Ende gelesen habe. Als er den Kaiser das nächste Mal bei einem Essen traf, sagte Franz Joseph zu ihm: »Es interessiert mich ungemein. Endlich erfahre ich die

Wahrheit. Doch jetzt dürfen Sie es nicht herausgeben, denn sie werden sich zu viele Feinde machen!« Wie auch immer diese Bemerkung gemeint gewesen sein mag, so spielte sie doch für Khevenhüller keine große Rolle. Denn er dachte nicht daran, seine Erinnerungen zu veröffentlichen. »Nach meinem Tode soll geschehen, was da wolle«.

Als sich Fürst Khevenhüller 1888 als knapp Fünfzigjähriger daran machte, die Khevenhüllersche Familiengeschichte mit seinen eigenen Erinnerungen fortzusetzen, nahm er dieses fünf Jahre zuvor für Oncken geschriebene Mexiko-Kapitel als ganzes in seine in sieben Bänden vorliegenden »Auszüge aus meinen Tagebüchern« auf, und zwar an der chronologisch passenden Stelle am Ende des ersten und Anfang des zweiten Bandes.[12]

Ein großer Teil der Original-Briefe, die Carl Khevenhüller seiner Familie aus Mexiko schrieb, haben sich ebenfalls im Nachlaß erhalten, außerdem einige Korrespondenzen über Mexiko.

In dieser Edition ist das Manuskript ohne Kürzung widergegeben. Allerdings wurde die Rechtschreibung und Zeichensetzung modernisiert, einige heute ungebräuchliche Fremdwörter sowie die einzelnen spanischen und französischen Passagen übersetzt. In (sehr wenigen) Fällen wurden vorsichtige stilistische Änderungen vorgenommen, wenn es für das Verständnis des Textes nötig war. Bemerkungen der Herausgeberin sind in eckige Klammern bzw. kursiv gesetzt.

Teil II

Drei Jahre in Mexiko
Aufzeichnungen des Fürsten
Carl zu Khevenhüller-Metsch

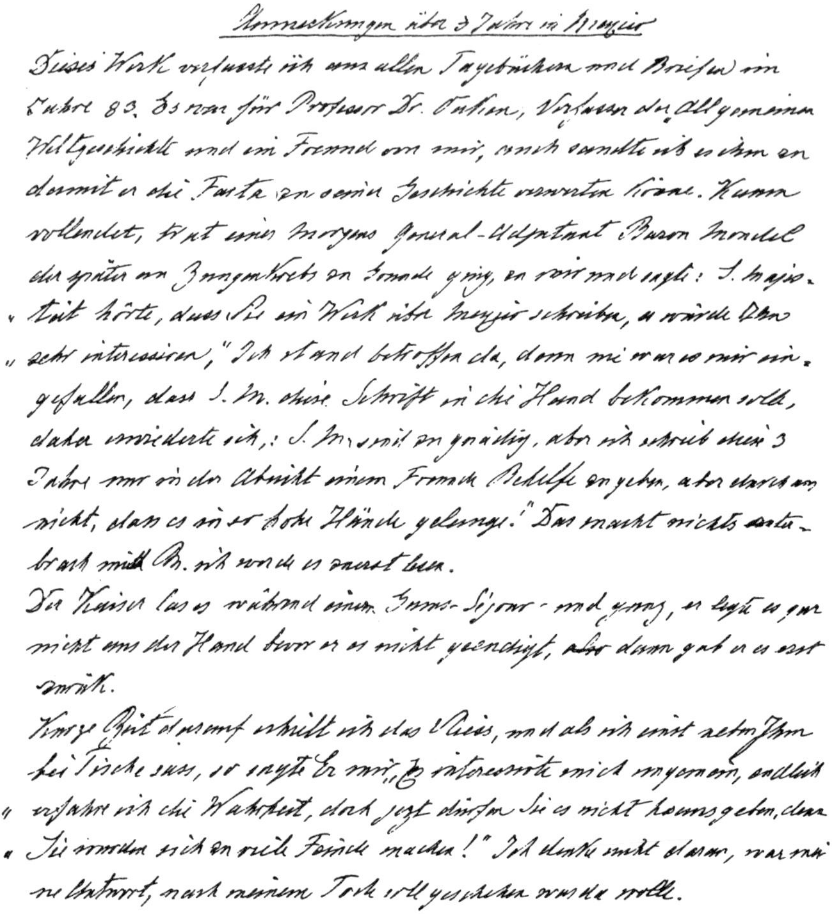
Bemerkungen über 3 Jahre in Mexico

Dieses Werk verfasste ich aus alten Tagebüchern und Briefen im Jahre 83. Es war für Professor Dr. Oncken, Verfasser der Allgemeinen Weltgeschichte und ein Freund von mir, auch sandte ich es ihm zu damit er die Fakta zu seiner Geschichte verwerten könne. Kaum vollendet, trat eines Morgens General-Adjutant Baron Mondel der später am Zungenkrebs zu Grunde ging, zu mir und sagte: „S. Majestät hörte, dass Sie ein Werk über Mexico schreiben, es würde Ihm sehr interessieren." Ich stand betroffen da, denn nie war es mir eingefallen, dass S. M. diese Schrift in die Hand bekommen sollte, daher erwiderte ich: „S. M. sind zu gnädig, aber ich schrieb diese 3 Jahre nur in der Absicht einem Freunde Behelfe zu geben, aber dachte nicht, dass es in so hohe Hände gelange." „Das macht nichts unterbrach mich Mondel, ich werde es zuerst lesen."

Der Kaiser las es während eines Gmunden-Séjour – und zwar, er legte es gar nicht aus der Hand bevor er es nicht geendigt, aber dann gab er es erst zurück.

Kurze Zeit darauf erhielt ich das Vliess, und als ich einst neben Ihm bei Tische sass, so sagte Er mir: „Es interessierte mich ungemein, endlich erfahre ich die Wahrheit, doch jetzt dürfen Sie es nicht herausgeben, denn Sie würden sich zu viele Feinde machen!" Ich dachte nicht daran, war meine Antwort, nach meinem Tode soll geschehen was da wolle.

Schriftprobe aus dem Tagebuch Carl Khevenhüllers

Es war am 10. April 1864, als Max von Österreich die Krone Mexikos annahm. Die Deputation, die ihm in Miramare dieselbe überbrachte, bestand aus Elementen, welche Napoleon durch seine militärischen Agenten auflesen ließ und die die Majorität des Landes vorstellen sollten. Generäle ohne Armee, verkrachte Advokaten, Minister, die bereits allen Präsidenten gedient hatten – zusammen Leute, die ihre politische Meinung an den Meistbietenden verkauft hatten. Mit diesen Menschen wollte Maximilian sein Kaiserreich gründen! Diese waren die Säulen, welche das Gebäude seiner Hoffnungen tragen und ihm ihre Kräfte zu dem Riesenwerk leihen sollten, eine Monarchie zu gründen.
Von Anbeginn an vom gewaltigen Nachbarn, den Vereinigten Staaten, sowie von der großen Mehrzahl der Halbkaste Mexikos, aus der die sogenannten »Zivilisierten« (Hombres de Bien) bestehen [K. meint in diesem Zusammenhang nicht nur die Mestizen, sondern auch die Kreolen], abgelehnt, hätte nur ein gewaltiger Tyrann, zugleich Diplomat, Finanzmann und Krieger, einen Anspruch auf Erfolg haben können.
Wohl wußte Max anfangs schon, daß er, nur auf die Bajonette Napoleons gestützt, sich nicht die Sympathien des spanischen Kreolen-Volkes erwecken werde. Doch eine nationale mexikanische Armee existierte damals noch nicht. Was Soldat war oder sein wollte, stand im feindlichen Lager. Daher war der nächstliegende Gedanke, sich ein Korps zu bilden, das ihn bis zur Bildung einer neuen Territorial-Armee genügend beschützen könne. Zuerst hieß es, Offiziere und Soldaten, welche in Österreich ihrer Landespflichten in militärischer Hinsicht genügt hatten (in Belgien war es nicht nötig), durch Werbung zu erhalten. Oberst Graf Franz Thun, einer der hervorragendsten österreichischen Offiziere aus altem böhmischen Adel, wurde damit betraut.

Schon gleich bei Beginn, als von der Bildung einer künftigen mexikanischen Armee oder eines Korps noch gar nichts in die Öffentlichkeit gedrungen war, hatten sich mehr als tausend aktive und nichtaktive Offiziere an den Grafen Thun gewandt. Schwer war es, unter so vielen eine gerechte und zugleich glückliche Wahl zu treffen.

Unter den vielen, wirklich ganz ausgezeichneten Männern befanden sich auch manche räudige Schafe. Doch die späteren Ereignisse lehrten, daß diese binnen kürzester Zeit verschwinden mußten. Dort hieß es wohl: Vogel friß oder stirb. Disziplin und Korpsgeist herrschten in bedeutendem Maße vor, und die französische Armee konnte von den Österreichern lernen (was sie aber nicht gelernt hat), der Pflicht die eigene Person unterzuordnen. Von Disziplin war überhaupt bei den Franzosen nicht die Rede.

Laibach wurde als Werbeplatz und für die Formierung der wegzusendenden Abteilungen auserwählt. Das Korps sollte siebentausend Mann betragen. In Wien hatte Oberst Leisser, unterstützt von mehreren Agenten, eine Filiale für die Werbung. Das Korps bestand aus einem Husaren-, einem Ulanen-Regimente, 18 Jäger-Kompanien, einer Gebirgs-Artillerie-Abteilung sowie einer Genie-Abteilung, beiläufig zwanzig Ärzten, mehreren Kassen-Offizieren, sowie einer Musik-Kapelle von etwa fünfzig Mann. Die Ärzte waren meist junge Leute, die leider oft nur zu gerne selbst die Muskete ergriffen, um den stürmenden Soldaten voranzugehen. Es bezahlten auch mehrere von ihnen den Drang, sich auszeichnen zu wollen, mit ihrem Leben. Hervorragend waren Dr. Semeleder, Dr. Basch, beide Leibärzte des Kaisers. (Dr. Basch verharrte bis zum letzten Augenblicke in seiner Nähe, wurde mit ihm zu Querétaro gefangen.)

Für die Überschiffung der österreichischen Truppen waren mit der französischen Compagnie Transatlantique, die von

Einschiffung der letzten österreichischen Freiwilligen nach Mexiko. — Nach der Natur gezeichnet von C. Stuhr.

St. Nazaire sowie von Triest auslaufen ließ, Abkommen getroffen.
Den 10. November 1864 wurde ich mit vierhundert Belgiern, mehreren französischen Offizieren und Major Hotze, Rittmeister von Thoren, Rittmeister Lackner und Oberstleutnant von Suchodolski (der in Mexiko fiel), in St. Nazaire eingeschifft.
Schon bei Beginn unserer Reise merkten wir österreichischen Offiziere, wie es um die Disziplin der belgischen Mannschaft stand – sowie die wenig wohltuende Art, mit der die belgischen Offiziere ihre Mannschaft behandelten.
Nach einer stürmischen Fahrt von 18 Tagen landete die »Floride« in Martinique. Hier war die See wie ein Spiegel. Die tropische Landschaft sowie die Neuheit des dortigen Lebens übte sichtlich eine beruhigende Wirkung auf die schon bereits schwer zu behandelnden Belgier aus, die mit fortwährenden Klagen über Kost, Unterkunft und Behandlung ununterbrochen sich zum täglichen Rapport meldeten.
Die Truppen wurden ausgeschifft und bezogen während der zwei Tage unseres Aufenthalts eine französische Kaserne. Wir Österreicher gingen ebenfalls an Land und schlossen uns an die mit uns reisende österreichische Gesandtschaft. Dieselbe bestand aus dem Gesandten Grafen Guido Thun, ersten Botschaftsrat Baron Lago und Sekretär Baron Tavera. Wir schwelgten wirklich im Anblicke der reizenden Insel und machten Ausflüge ins Innere, auch zu den zwei Stunden von St. Thomas entfernten Bädern. Man muß auch durch einen Tunnel, der beiläufig hundert Schritte lang ist und den in Martinique zahllosen Schlangen zum Aufenthalte dient. Das Unangenehme ist dabei, daß man vom Pferde absteigen muß, da der Tunnel nicht hoch genug für den Reiter ist.
Martinique wurde damals ganz militärisch regiert. Die ganz unglaublich gemischte Bevölkerung, die aus indischen Kulis,

Chinesen und aus allen Schattierungen von Negerblut besteht, scheint dem Ackerbau wenig günstig gestimmt, denn große Strecken des Landes harren noch der Kultur.
Die Unterkunft der Reisenden ist nicht in Gasthäusern, deren es nur sehr wenige gibt, sondern in meist von alleinstehenden »Witwen« gehaltenen Privat-Logis. Von Thoren und ich wohnten in einem solchen, das von einer resoluten Mulattin »regiert« wurde. Die in St. Thomas residierenden französischen Offiziere sahen wir zumeist in den zahlreichen Caféhäusern, da der Dienst wegen der großen Hitze nur sehr lau betrieben wird, oder bei der all-abendlichen Militär-Platzmusik.
Wir versammelten uns abends zur Abreise an Bord, da hieß es: 18 Mann fehlen vom belgischen Korps. Zwölf brachte man gebunden heim, vier waren »introuvable« [unauffindbar]. Das Schiff mußte ohne sie die Anker lichten. Während dies eben geschah, erhielt ich plötzlich einen gewaltigen Stoß in die Seite. Erstaunt mich umwendend, sah ich im Halbdunkel einen in Ketten geschlossenen Belgier, der im Begriffe stand, sich mit einem gewaltigen Anlauf ins Meer zu stürzen. Nur mit großer Anstrengung gelang es mir, den Rasenden davon abzuhalten, bis mir von den herbeieilenden Schiffsoffizieren Hilfe ward. So stand es um die Belgier! Übrigens ein schöner Menschenschlag, lauter kräftige junge Leute, doch weich und für Anstrengungen besonders in heißen Klimaten wenig geeignet. Capitain Loiseau befehligte diese Abteilung auf unserem Schiffe.
In Martinique verließ uns eine ganz hübsche Anzahl französischer Glücksritter, doch verblieben noch immer gar viele, die erst in Veracruz landeten, um das unwissende Mexiko der Segnungen der Pariser Künste, des »Savoir vivre« der »Grande Nation« teilhaftig zu machen. Abends versammelten sich regelmäßig alle diese Menschen, ebenso die französi-

schen Offiziere, und es wurde trotz der Schiffsregeln die ganze Nacht Baccarat um hohe Summen gespielt.
Da das Schiff trotz seiner riesigen Größe total überfüllt war (183 erste Deckpassagiere, 78 zweite, 400 Belgier, 230 Schiffsmannschaft und dritte Deckpassagiere), so konnte man sich gar nicht rühren. Ich teilte meine zweite Deckkabine mit sieben Offizieren: Thoren, Lackner, Suchodolski, dem belgischen Arzt Lejeune (der bei Tacámbaro fiel), dem belgischen Capitain Timmerhans (einäugig, erschoß sich bei der Rückkehr) und noch zwei Belgier (beide fielen später). Es wurde in zwei Abteilungen gespeist.
Mit uns befand sich auch Graf Theodor Széchényi, ein junger Mann und Vetter von mir. Unglückliche Liebe hatte ihn zur Wanderschaft getrieben. Er war stark seekrank und trug dem Kapitän sein ganzes Reisegeld (25 000 Francs) an, falls ihn dieser an die spanische Küste aussetzte. Dieser lehnte den Antrag natürlich dankend ab.
Santiago de Cuba war unser nächster Aufenthalt. Zum ersten Male sah ich Sklaven, von Europäern gehalten. Wir besahen trotz glühender Hitze die schöne Stadt. Die Einfahrt ist herrlich. Wir kauften Fotografien und gute Zigarren, badeten (ich aber heiß, da es mehr als kalt abkühlt). Wir blieben nur 24 Stunden.
Am 7. Dezember um 3 ½ Uhr sahen wir den gewaltigen Pic von Orizaba erglühen, bevor wir noch das Land in Sicht hatten. Im Hafen von Veracruz lag die österreichische Fregatte Novara, dieselbe, die den Kaiser Max hierhergebracht hatte, vor Anker. Das weltberühmte Schiff donnerte dem österreichischen Gesandten seinen ehernen Gruß zu. Die Gesandtschaft, auch mich, lud der wackere Kapitän Jary um 4 Uhr zum Diner ein. Die Hitze war unbeschreiblich. Die Schiffsmusik spielte, und bei unserem Ankommen und Abgehen donnerten wieder die Geschütze.

Nach der langwierigen Ausschiffung betraten wir das Land, welches uns eine Zukunft bieten sollte, wo aber so viele von uns das Leben lassen sollten. (Von den Belgiern unseres Schiffes fiel die Hälfte bei Tacámbaro).
Veracruz ist eine schmutzige enge Stadt, berüchtigt wegen seines entsetzlichen Klimas und seiner grimmigen Hitze. Wir hatten in der Nacht 35 Grad Réaumur [= 44 Grad Celsius]. Halb zerfallene Festungsmauern, das ganz verfallene Castillo de San Juan Ulúa sind seine Verteidigungsobjekte. Die barfüßigen, nur mit leinener Hose und Hemd bekleideten Mestiz-Soldaten flößen wenig Glauben an die von den Franzosen in alle Welt ausposaunte Wehrkraft Mexikos ein und an sein von der »Grande Armée« gebildetes Heer.
Es gibt zwei Arten von großen Kaufleuten: die reellen und wohlhabenden Deutschen und die armen und betrügerischen Inländer. Die Tiendas (Krämerläden), auch von französischen Abenteurern gehalten, die Caféhäuser von Italienern, die Speisehäuser wieder von Franzosen. Altspanier [Kreolen] genießen sehr schlechtes Ansehen. Deutsche und österreichische Ärzte lernte ich kennen, denen man für ihre aufopfernde Tätigkeit in den Zeiten des Gelben Fiebers, dieser furchtbaren, binnen weniger Stunden hinwegraffenden Krankheit, alle Anerkennung zollen muß.
Der deutsche Klub ist ein Stück Vaterland. Was hörten wir da von bestechlichen Beamten, von Schmuggel und Betrug, von Abfinden mit dem Zoll, mit den Behörden! Wir konnten es gar nicht glauben, doch wie wahr! Napoleon hatte die ziemlich bedeutenden Einnahmen der Zölle mit Beschlag belegt, sozusagen als Sicherstellung der mexikanischen Schuld. Nun – ich weiß, daß ein Deutscher bei seiner Heimreise seiner ganzen Barschaft beraubt wurde, weil »Goldexport« verboten sei. In wessen Tasche floß es wohl?
Marschall Bazaine hatte für seine Person in der Stadt Mexiko

Marschall François Achille Bazaine (1811–1888) war Oberbefehlshaber der französischen Truppen in Mexiko und der wahre Herrscher im mexikanischen Kaiserreich. Kaiser Maximilian war vor allem in militärischer und finanzieller Hinsicht von Bazaine abhängig. Bazaine hatte für Frankreich im Algerienkrieg, im Krimkrieg und 1859 gegen Österreich gekämpft und galt als Spezialist im Kampf gegen Guerilleros, bevor er nach Mexiko ging und 1863 schnelle Erfolge gegen die Republikaner erzielte (zum Beispiel bei Oajaca).

zwei große Verkaufslokale, die natürlich unter einem anderen Namen standen. Die Seidenwaren, Handschuhe, Modeartikel kamen mit französischen Kriegsschiffen, zahlten wie begreiflich keinen Zoll, wurden auf Staatskosten in die Stadt geschafft und dort viel billiger verkauft, als es die dortigen Warenhäuser tun konnten, was sehr viele Kaufleute, auch Franzosen, zu Grunde richtete. Ein würdiges Gebaren für einen Marschall! Das hat Kératry wohl nicht in seine sogenannte Verteidigungs-Schrift, die er mir sandte, hineingesetzt.[1]

In Veracruz waren die Neger-Bataillons stationiert, die Napoleon als Freundschafts-Geschenk vom ägyptischen Khediven Ismail erhalten hatte. Sie hatten schon viele Verluste erlitten, mußten immer voran, weil sie, wie mir französische Offiziere bedeuteten, nur als Chair-à-paté [wörtlich:

»Fleisch für Pasteten«, Hackfleisch] zu verwenden seien. Es waren große, pechschwarze Nubier in weißen Anzügen, den Tarbusch am Wollschädel. Sie sollen sich nach Ausspruch österreichischer Offiziere sehr brav gehalten haben, als die Banden Figueroas [eines gefürchteten republikanischen Generals vom Stamm der Guatecomaken] bekämpft wurden. Nur wenige dieser Armen sahen ihr Vaterland wieder.
Das einzig mögliche Hotel in Veracruz beherbergte uns nur kurz, da die österreichische Gesandtschaft schon am nächsten Tag mit der Diligeance [der mexikanischen Postkutsche] nach der Hauptstadt reisen wollte. Die Herren schienen vor dem Gelben Fieber Angst zu haben.
Der nächste Morgen sah uns in einem elenden Waggon der neu gebauten Bahn. Wir rasten über Sumpf und Heide, durch Wälder und Savannen bis Paso del Macho [»Maultier-Paß«], bestiegen nach dreistündiger Fahrt einen Diligeance-Kasten mit zwölf Sitzen, die in Lederriemen hingen und kein Eiderdaunen-Nest zu sein versprachen. Drei Maultiere an der Stange, eines als outsider, vier vorne, bildeten samt einem Kutscher und einem Mozo (das ist ein Bursche, der wie in Spanien die Aufgabe hat, mit Steinwürfen die Maultiere zu ermuntern) den lebendigen Apparat zu unserem Gefährt. Mit fürchterlichem Gekrach, Geschrei und Gedröhne setzte sich die schwerfällige Maschine in rasselnde Bewegung. Die oben am Wagendach befestigten Koffer drohten die Wagendecke zu durchbrechen, doch unaufhaltsam schmetterte das Gespann über den grundlosen »Camino Real« [königlicher, prächtiger Weg] bis Córdoba, wo wir übernachten sollten. Unsere Gesellschaft bestand aus Thun, Lago, Tavera, Széchényi, mehreren Gesandtschaftsdienern und mir.
Cameron, die Endstation der Eisenbahn, und Córdoba liegen noch in der Tierra caliente, der heißen Zone. Wir passierten prachtvolle Wälder, die wirklich mit vollem Recht Urwäl-

der genannt werden können. Hochstämmige Bäume wölbten ihre Kronen zu einem beinahe undurchdringlichen Dache. Und bis auf die Erde reichende Lianen mischten sich zu ganz kompakten Massen, die eine Sicht auf nur wenige Schritte gestatteten. Der Weg war, obwohl die Regenzeit schon längst vorüber war, ein entsetzlicher. Es gab aber doch einen Ministre de Communication [Verkehrsminister, ein Franzose]!
Wir bestiegen die Cumbres, d.h. die steilen Abhänge, welche das Plateau der Tierra templada bilden. Sie sind durch die ersten großen Gefechte, welche die Franzosen im Lande hatten, bekannt. Stets wurden wir durch eine kleine Anzahl zerlumpter Kerle auf elenden kleinen Rössern begleitet, die die Eskorte der Diligeance waren und sich von Station zu Station ablösten. Wir hatten aber alle Waffen, denn diese Guardia Rural [ländliche Polizeitruppen] flößte uns wenig Zutrauen ein. Doch bezweifle ich, daß meine Diplomaten sich mit Todesverachtung bei einem etwaigen Angriffe, wie es hier zu Lande gar häufig vorkommt, geschlagen hätten.
Abends erreichten wir Orizaba, das noch in der Tierra templada liegt. Es ist eine hübsche Stadt von beiläufig 20 000 Einwohnern, mit wunderhübschen Gärten, Palmen und Bananen. Hier stand eine französische Garnison. Mexikanische Truppen sahen wir nur wenige. Die französischen Offiziere sprachen von Pronunciamentos ehemaliger kaiserlich-mexikanischer Truppenabteilungen – eine mexikanische Nationalsitte – [Pronunciamento: Überwechseln von einer feindlichen Partei zur anderen], von der Unsicherheit auf den Straßen und im Innern und noch von ähnlichen angenehmen Vorkommnissen, so daß wir sie fragten, was sie denn wohl bis jetzt im Lande geleistet hätten. Die Antwort fiel natürlich ausweichend aus.
Den nächsten Tag fuhren wir bis Puebla. Unterwegs hatten

wir das zweite Hochplateau, das »Tierra fria« heißt, zu erklimmen. Spät abends erreichten wir diese Stadt. Puebla ist stark befestigt, groß und schön, peinlich sauber, mit 80 000 Einwohnern. Dort holten sich die Franzosen die ersten Schläge ab. Es war ihre »noche triste« weiland Cortés'.
[In der »noche triste«, der »traurigen Nacht«, am 1. Juli 1520, zwangen die Azteken in einem blutigen Aufstand den spanischen Eroberer Cortés zur Räumung der Stadt Mexiko. Am 5. Mai 1862 mußten die französischen Truppen eine schwere Niederlage gegen die Republikaner bei Puebla hinnehmen.]
Jedes zweite Haus beinahe ist rot angestrichen, das heißt der toten Hand gehörig [der Kirche], bis die liberale Regierung unter Comonfort ihr alles abnahm. Noch jetzt steht der Penitenciaro (ein riesiges halbzerfallenes Kloster und geistliches Gefängnis) unausgebaut ganz leer neben dem Paseo (der allgemeinen Fahrpromenade) und gegenüber der Stiergefechts-Arena. Ebenso erheben sich in der Stadt unzählige Kirchen und Klöster, die jetzt als Kasernen und Gefängnisse dienen. Schon unterwegs fielen uns die vielen zerstörten Haciendas (Edelsitze) und Ranchos (Meiereien), ja ganze Ortschaften in Ruinen auf – Errungenschaften aus den letzten Kriegen und Erdbeben. Bei früheren Präsidenten-Wechseln und Pronunciamentos war diese Zerstörungswut nie vorgekommen. Das haben wir, so sagten die Inländer, den Franzosen zu verdanken.

Die Lage Pueblas in der großen gut bebauten Ebene ist, mit den gewaltigen Schneebergen Popocatepetl und Ixtaccihuatl im Hintergrunde, herrlich. Die Straßen und Gassen sind ausgezeichnet gepflastert, in der Mitte ist ein Abzugskanal wegen der großartigen Wassermassen, die während der Regenzeit wie Guß- und Sturzbäche durchströmen. Viele Häuser weisen noch Spuren der letzten Belagerung auf. Der Penitenciaro ist durchlöchert wie ein Sieb.

Das Hotel der Diligeance ist das einzige mögliche.
Den andern Tag früh fünf Uhr reisten wir nach Mexiko. Der Weg führt beinahe schnurgerade fünf Stunden lang bis zum Sattel zwischen den beiden Schneebergen. Sie sind bis zur Schneeregion mit prachtvollen Nadelwäldern bedeckt, in denen der Jäger wohl allerhand Getier wie Virginia-Hirsche, Luchse, kleine Bären und unendliches kleines Wild vorfindet. Die Straße ist gut erhalten, da Steine leicht zu haben sind.
Um Mittag erreichten wir, nachdem wir beiläufig 200 Fuß [60 m] gestiegen waren, Rio Frio, das nur aus dem Posthause und einigen bretternen Gebäuden für eine halbe Eskadron Kavallerie besteht. Dort befanden sich Chasseurs d'Afrique [französisches Regiment »afrikanische Jäger«] – ein angenehmer Aufenthalt für die wenigen Offiziere, die mit ihrer Truppe Staats- (oder eigentlich französische) Konvoys zu begleiten hatten.
Nach einem Abstieg von eineinhalb Stunden im rasenden Galopp unserer sieben Mulis kamen wir zum Beginn oder Kopfe des berühmten Dammes, der bereits zu Cortés' Zeiten existierte und den großen Tezcoco-See durchschneidet; er ist leider bereits stark beschädigt, aber noch immer befahrbar.
Um 5 Uhr abends erreichten wir Mexiko. Der Damm zieht sich bis zum Tore hin. (Erwähnen muß ich noch, daß die Radsperre durch den Fuß des Kutschers gestellt wird, wobei er denselben immer auf dem Tritt stehen hat. Die Sperre ist sehr praktisch und ausgiebig.)
Mexiko ist eine der schönsten Städte der Welt, große Plätze, meist von Häusern mit Laubengängen umgeben und mit großen Bäumen bepflanzt, breite saubere Gassen, reges Leben. Mehrere große fahrbare Kanäle durchziehen die Vorstädte und haben Verbindung mit dem Tezcoco und Chalco-See. Hunderte von Kähnen, mit Früchten und Blumen beladen, von Indianern gerudert, beleben sie und geben

diesen Stadtteilen ein ganz eigentümliches bezauberndes Aussehen.
Der Indianer ist der Bauer des Landes, die sogenannten Azteken, die Mexiko bei der Ankunft Cortés' bewohnten und gegen seine Raubscharen verteidigten. Der reinrassige Indianer (Puro) ist eher klein als mittel, von gedrungenem Körperbau, äußerst kräftig. Ich sah Träger, die bis zu sechs Arrobas à 50 Pfund [das ist übertrieben: eine Arroba hat 11,5 kg] auf dem Rücken bis in den dritten Stock trugen. Er läuft meist im kurzen Trabe, wenn er auch ziemlich schwere Lasten, die er zumeist auf dem Kopfe trägt, zu schleppen hat, ist auf das Unglaublichste genügsam, eine Handvoll Frijoles (braune Bohnen) und ein paar Tortillas (flache weiche Maiskuchen) genügen ihm vollkommen. Zugleich sind diese Menschen ehrlich und treu, als Soldaten tapfer und ausdauernd, ihrem Kommandanten anhänglich. Sie bilden 4/5 der ganzen Bevölkerung.
Nicht dasselbe kann man von den Mestizen sagen, die alle Fehler beider Rassen, aber dafür auch nicht eine ihrer guten Eigenschaften besitzen. Sie bilden den Mittelstand.
Nur wenig rein Weiße leben im Lande. Sie sind meist Großgrundbesitzer (Hacendados), große Kaufleute oder Advokaten (Licenciados), deren es in jeder Stadt eine Anzahl gibt, aber darunter auch viele Mischlinge. Unter der Geistlichkeit gibt es viele Indianer.
Der Palast, den der Kaiser bewohnt – Palacio Nacional genannt – steht auf dem großen Platze, Plaza de Armas. Er ist ein langes einstöckiges Gebäude mit einem großen Hofe, der in zwei Teile geteilt ist. Der eine ist ein recht hübscher Garten. Der Palast wurde nie zu Ende gebaut. Die Torwache hatten Zuaven [französische Elitetruppen aus Algerien]. Das machte einen merkwürdigen Eindruck für einen »mexikanischen« Kaiser.
Die zweite Seite des großen Platzes nimmt die prachtvolle, im

Mexiko: »Plaza de Armas« mit der Kathedrale. Rechts der Palacio Nacional, wo das Kaiserpaar residierte, links das »Ayuntamiento«, der Sitz der Gemeindevertretung.

reinsten Renaissancestil gebaute Kathedrale ein. Die dritte Seite ist der Regierungspalast, das Ayuntamiento, wo die Volksvertretung [richtig: Gemeinderat] tagt.
Die Hauptstraße, Calle de Plateros (Straße der Silberarbeiter), kann sich mit jeder Hauptstraße der europäischen Großstädte messen. Das ganz gute Hotel Iturbide auch in dieser Gasse erinnert sehr an das Hôtel de la Ville in Venedig.
Den Tag nach meiner Ankunft machte ich M. Eloin, dem zweiten Staatsrat, meine Visite. Er ist ein belgischer Minen-Ingenieur gewesen, ein Mann von Bildung, der vom besten Willen beseelt ist, aber äußerst wenig Einfluß besitzt. Ein Rivale und Antagonist ist der erste Staatsrat Scherzenlechner, einst kaiserlich österreichischer Kammerheizer, dann bei Kaiser Max Kammerdiener, ungarischer Lehrer, endlich hier

Staatsrat geworden, ein roher, aufgeblasener, unwissender Mensch mit dem schädlichsten Einflusse auf die innern Verhältnisse.
Ich war in Audienz bei Seiner Majestät. Der Kaiser war sehr herablassend. Ich überbrachte ihm Briefe von seiner Mutter, der Erzherzogin Sophie. Seine hohe imponierende Gestalt mit dem langen blonden Vollbarte, seine edlen Züge übten eine magische Gewalt auf seine Umgebung aus. Seine idealen Anschauungen sind leider nicht für diese unruhige sorgenvolle Zeit. Er liebt die Menschen ohne Unterschied, sieht nur ihre guten Seiten. Wie wird er nicht enttäuscht werden!
Mein Zweck war die Aufnahme in das österreichische Korps. Ich war als österreichischer Rittmeister mit sechsmonatigem Urlaube nach Mexiko gekommen. Der Kaiser ernannte mich zum Rittmeister bei den Husaren mit dem Range eines Eskadrons-Kommandanten.
Abends war Ball bei Hof. Die Offiziere gehen in Zivil. Der Saal ist sehr groß, mit den überlebensgroßen Bildern des Kaisers und der Kaiserin geschmückt, die Nebensäle geräumig und die Bedienung meist Indianer in roter Livrée. Die ganze mexikanische Gesellschaft war vertreten, die Frauen echt spanischer Typus mit Glutaugen und Pariser Toiletten, die Männer klein, mager mit unsteten Gesichtszügen. Von französischen Offizieren wimmelte es.
Bazaine war auch zugegen. Man sah ihm die Tücke in seinem aufgedunsenen Gesichte aus den kleinen brennenden Augen an. Er ist von Gestalt ein Zwerg, unförmig dick wie ein Gnom, dabei der schüttere Bart, die große Glatze – wirklich ein erschreckendes Bild. Der Kaiser hatte ihm zur Hochzeit mit dem Fräulein La-Peña eben einen Palast geschenkt. Die La-Peña ist die Tochter eines Erz-Liberalen. Sie wird wohl keinen guten Einfluß auf diesen um so

viel älteren Greis ausüben. [Bazaine war damals 53 Jahre alt und 36 Jahre älter als seine Frau].
Ich hörte, daß ein junger Mexikaner, Erazu, ein ehemaliger Jugendgespiele der Marschallin, sie zum Tanze begehrte, worauf der Marschall dem jungen Manne bedeutete: »Die Marschallin wählt, und läßt sich nicht wählen!«. Wie ein regierendes Haupt!
Der Marschall gab Bälle, ich war bei einem, der zwei Tage nach dem Hofball stattfand, zugegen. Auf erhöhten Sitzen saß das edle Paar, machte Cercle und äffte in allem den Hof Napoleons nach. Es war zum totlachen. Es kursierte damals die gute Geschichte, wie Bazaine Marschall wurde. Es war in Folge der kühnen Expedition nach Oajaca. Man fand beinahe keinen Feind. Sie kostete viele Millionen, die natürlich Mexiko zahlen mußte und wurde zu einer riesigen Affäre aufgebauscht. Die französischen Offiziere lachten darüber und nannten den Marschall stets »Le palefrenier manqué« [»Der verhinderte Stallknecht«].

Ja, der Hofball war für mich wohl ein furchtbar entscheidender Moment, nicht nur für meine Zeit in Mexiko, sondern auch für späterhin. Und jetzt noch, als ich dieses nach beinahe 25 Jahren schreibe, aus meinen damaligen Tagebüchern zusammensetze, ergreift mich ein unsägliches Herzweh, denn – – – nun, ich lehnte an einem der großen Pfeiler, die den Hauptsaal vom großen Empfangs-Salon trennte und sah sinnend in das Gewühl der sich unterhalten wollenden Menschen. Gestalten zogen an mir vorüber, und meine Gedanken weilten so wenig in den prunkenden Gemächern. – Da schwebte am Arme eines jungen Mexikaners eine lichte Gestalt vorüber, und ein Blick traf mich, den armen Unbekannten, der mir wie ein greller Blitzstrahl bis tief ins Innere drang. War das ein Engel aus dem Paradies? Nie sah ich etwas

Ähnliches! Eine hohe schlanke Gestalt mit einem Engelsgesicht. Ihr wundervolles rotblondes Haar reichte ihr bis tief unter den Gürtel und lag in einem Netze, das mit Diamanten besetzt war. Große schwarze Augen ruhten, doch nur eine Sekunde, in den meinen, und doch glaubte und fühlte ich mich wie für Ewigkeiten bis über die Sterne erhoben ... Wie kann man den ersten Funken der Liebe beschreiben? Das brennend heiße Gefühl wiedergeben, das das Herzblut verzehrt, um wieder einer eisigen Kälte zu weichen, die das Werk des Menschen zu Eis erstarren macht!
Wankend schritt ich zu Erazu und fragte ihn mit tonloser Stimme: »Wer ist diese Dame in weiß mit Romero?«
Die Antwort lautete: »Leonor Adalid de la Torre, geborene Rivas. Sie ist kaum sechs Monate verheiratet und ihr Gatte ist imp ... Sie ist erst 16 Jahre alt«.
Bei der nächsten Rast stellte mich Erazu vor. Sie reichte mir ihre kleine Hand, die für einen Augenblick in der meinen ruhte, und wir sahen uns so an!! Wir hatten uns gefunden! Mußte ich von so weit herkommen, um mein Herz in einem Augenblick zu verlieren? Ja, das Schicksal hatte ein schweres Wort gesprochen. Einschneidend sollte diese Begegnung für mein mexikanisches Leben sein.
Und doch, hätte ich sie nie gesehen! Was geschah denn mit mir, daß ich so alles für sie vergessen konnte. Die furchtbarsten Vorwürfe erheben sich wie Erynnien-Häupter vor meinen entsetzten Blicken und schmettern mir zu: Du hast große Schuld an dem fürchterlichen Ende Deines Kaisers! Du hättest es ändern können. Warum rissest Du Dich nicht los aus dieser eisernen Umarmung, die Dein Ich auf eine so gräßliche Weise umfangen hält? Denn – vor allem die heilige Pflicht! Dein Kaiser rief Dich in seiner Not – und Du kamst nicht. Da ist keine Entschuldigung, Du warst erbärmlich.

Der erste Teil des österreichischen Korps langte in Puebla an, und General Graf Thun begab sich von dort augenblicklich zu Pferde nach Mexiko, um Seiner Majestät seine Aufwartung zu machen. Ihn begleiteten ein Personal-Adjutant, Baron Malortie, ein Hannoveraner und Graf Fünfkirchen, Rittmeister bei den mexikanischen Ulanen. Er blieb nur kurze Zeit in der Hauptstadt, wurde im allgemeinen gut empfangen und regelte das Verhältnis des österreichischen Korps zu den Franzosen. Wir wurden unmittelbar unter die Befehle Seiner Majestät gestellt. Puebla wurde das österreichische Hauptquartier.

Den 15. Februar 1865 erhielt ich den Befehl, einen Transport von siebzig Pferden zum Korps von Mexiko nach Puebla zu führen und solle die nähern Weisungen vom Obersten López abholen. López, der berüchtigte Verräter [er verriet 1867 die belagerte Festung Querétaro an die Republikaner, worauf Kaiser Maximilian gefangen genommen wurde], war Havannese. Eine große Gestalt mit blonden kurzgeschnittenen Haaren und Schnurrbart und unangenehmem Äußern empfing mich in seiner trockenen abstoßenden Art. Ich hatte den andern Tag zeitlich früh abzumarschieren.

Diese Pferde waren wie alle mexikanischen eben mit dem Lasso eingefangen worden, aber stämmige Tiere, meist Hengste, keine Stuten, mit bizarren Farben – Rotschimmel, Falben, Schecken und Apfelschimmel – 15 Faust hoch, von ungeheurer Ausdauer. Der Mexikaner füttert und tränkt nur abends. Von Putzen ist bei der einheimischen Mannschaft keine Rede, man gibt den Pferden und Maultieren nur Gerste oder Kukuruz. Hafer gibt es in Mexiko keinen. Die Pferde werden nach einem Ritt meistens im »Corral« (das ist ein großer Hof, der sich in jeder »Posada« befindet) in eine Ecke geführt, wo sie und ebenso die Maultiere sich in dem eigens dort hingelegten Sand wälzen. Dann reibt

Mexikanische Reiter im Nationalkostüm, dem Charro.

man sie mit einem Strohwisch ab. Meist sind sie unbeschlagen. Die unsrigen waren nur vorne beschlagen.
Die Begleitung bestand aus einem sehr jugendlichen Unterleutnant in Phantasie-Kostüm. Die goldbordierte Kappe und der Schleppsäbel fehlten aber nicht. 28 Mann Guardia, bewaffnet mit schlechten Karabinern und der Machete (spr. Matschéte), ein kerzengerades Schwert in Lederscheide und am Sattel unter dem linken Steigbügel angebracht. Die Bekleidung bestand aus dem Lederwams, breitem Hut (Sombrero) und verschiedenartigen Beinkleidern, die in ledernen Beinfutteralen stecken, die letzteren sind wegen der vielen Dornen unumgänglich nötig.

Der Marsch dauerte vier Tage. Mich wunderte es, daß wir von den vielen Wegelagerern, die beinahe wöchentlich die Diligeance ausraubten, unbehelligt blieben. Unsere Kerle hätten beim ersten Schuß gewiß Reißaus genommen.
Die Stadt Puebla mit ihren flachen Dächern und Fenstern mit Balkonen macht einen sehr angenehmen Eindruck. Die beiden Alamedas (öffentliche Promenaden) sind mit ihren exotischen Bäumen und Sträuchern reizend. Abends ist dort die ganze Stadt versammelt, meistens auf den Steinbänken sitzend, die an den niedern durchbrochenen Mauern hängen. Spanierinnen gehen nur in die Kirche zu Fuß oder wenn sie abends in den hell erleuchteten Gassen und Gewölben ihre Einkäufe besorgen. Auf der Fahr-Alameda liegen sie in einer Ecke ihrer geschlossenen Wägen, die im Schritt einer dem anderen folgen.
Nur in Mexiko auf dem großen Paseo [der Fahrstraße] sieht man zwischen 6 und 8 Uhr hunderte von Reiterinnen und Reitern, letztere alle im Charro (Tscharro), dem mexikanischen Nationalkostüme, auf prächtigen Hengsten. Dieses Kostüm besteht aus einer schwarzen Jacke und schwarzem, sehr engen Beinkleide, mit hunderten kleiner silberner Knöpfe besetzt, riesigen Anschnallsporen und dem Sombrero, der oft einen Durchmesser von 2 1/2 Schuh hat und aus weißem oder grauen Filz besteht, dazu reich mit Gold verbrämt ist. Das Grüßen der Damen ist auch eigentümlich. Es besteht aus einem lebhaften Fingerspiel, wobei die Betreffende ihre Hand aus dem Fenster streckt. Woher wohl diese sonderbare Sitte stammen mag?
Das Korps war bis Ende Februar beinahe bis zur Hälfte formiert. Ich übernahm nur sechzig Husaren, welche die 5. Eskadron bilden sollten. Die andern sollten erst mit dem nächsten Transport ankommen. Unsere Kaserne war ein von Kanonenkugeln durchlöchertes Kloster, das einst prachtvoll

gewesen sein muß: Innere Bogengänge in den drei Höfen, Gärten mit versiegten Springbrunnen, vielen Orangen- und anderen Bäumen und gepflasterten Stiegen. Unter den Laubgängen standen die wenigen Pferde, die wir bis jetzt erhalten hatten.

Meine Mannschaft bestand ebenso wie die der anderen Husaren-Eskadronen beinahe ausschließlich aus Ungarn, einige Böhmen und Slovaken abgerechnet, alles Leute von 25 bis 30 Jahren, kräftige Gestalten mit Vollbärten. Die Uniform ist die jetzt bei den Honvéd-Husaren eingeführte. Wir hatten runde große Filzhüte mit einer Adlerfeder geschmückt, rote enge Beinkleider, eine blaue Bluse und den umgehängten Attila aus grünem Tuche mit weißen Schnüren, die Offiziere mit Silber, einen braunen Mantel mit Kapuze. Die Bewaffnung: Der österreichische Säbel, eine Pistole mit Kapselsystem, vier Mann per Zug mit Kavallerie-Stutzen, was uns zu wenig schien. Wir hatten ja den Guerilla-Krieg vor uns, da waren 16 Mann per Eskadron mit Stutzen nicht im entferntesten ausreichend. Zu Pferde trifft der Mann nur aus unmittelbarer Nähe mit der Pistole: Also die Plänkler-Kette muß immer von denselben 16 Mann, die diese Waffe handhaben können, gebildet werden.

Meine Offiziere waren Seconde-Rittmeister von Bubasizy, Oberleutnant von Kavetzky, Oberleutnant Farkas, Leutnant Tyboldt, Leutnant Baron Kulmer.

Den *28. Februar* ritt ich mit Rittmeister von Czeke und Rittmeister Aue nach Orizaba, um einen neuen Teil meiner Eskadron abzuholen. 28 deutsche Meilen [etwa 210 km] in zwei Tagen auf demselben Pferde! Ich besaß damals einen kleinen, kaum vierzehneinhalb-faustigen Falbhengsten, den ich aus dem durch mich nach Puebla gebrachten Pferdetransport genommen hatte und der mich auch die ganze Zeit meines Aufenthaltes in Mexiko nicht mehr verließ. Es war ein

Die Husaren waren das einzige national geschlossene Regiment beim Freikorps. Auch ihre Adjustierung war ungarisch.

wunderbares ausdauerndes braves Tierchen und hieß Kakaš (Hahn).

Wir erfuhren später, daß die Guerillas uns drei bei Palmar abfangen wollten.

Acht Tage mußten wir in Orizaba verharren. Endlich kam der Befehl zum Weitermarsch – die Mannschaft natürlich zu Fuß, denn für sie hatten wir noch keine Pferde.

Die erste Nachtstation hielten wir auf einem verlassenen Kirchhofe mit einer halb verfallenen Kirche. Wir biwakierten im Kirchhofe. Ich lag zwischen zwei halbeingesunkenen Gräbern. Nachdem wir abgekocht hatten, streckten wir unsere müden Glieder auf den Pferdekotzen aus, und ich hatte bei der Unruhe im Lager Muße genug, die prachtvolle Nacht zu bewundern. Vorposten waren, wie es die unruhigen Zeiten erheischten, natürlich ausgestellt worden.

Um ein Uhr nachts weckten uns Schüsse und das Alarmzeichen. Die Husaren schrieen Hurrah und stürmten in die Finsternis. Wir hörten darauf eine Guerilla-Bande im Galopp

davonsprengen. Also sogar auf der Hauptstraße wurden Truppen-Abteilungen angegriffen! Das war die viel ausgeschrieene »Pacification« durch die Franzosen!
In Puebla nahm ich mir ein Privatquartier mit Rittmeister von Susani, (der später südlich von Tesuitlan im Gefechte erschossen wurde). Ich zahlte 18 Pesos (das ist 36 Kreuzer Silber) monatlich und hatte ein Zimmer und ein Dienerzimmer. Mein Privatdiener hieß Vazya, ein großmächtiger, sehr braver Kerl, der nur ungarisch sprach. Die Zigarren sind mittelmäßig, im Lande erzeugt, vier Stück zu 1 Real, also das Stück vier Kreuzer Silber. Gespeist wurde im Diligeance-Hotel zu 18 Pesos monatlich mit Gabelfrühstück und Mittagessen. Die Kadetten menagierten. Ich habe deren drei: Graf Zsiga Zichy, della Sala (der jetzt in Ägypten ist) und von Variassy (der jetzt Redakteur beim »Tempo« ist und des General Bombaky Schwester geheiratet hat. Er lebt nur mehr in Paris.)
Wir haben alle Augenblicke Straßenkrawalle, wobei sich die äußerst zerlumpte Polizei »Vigilantes« mit den Tagedieben »Leperos« herumprügelt. Einbrüche sind nichts seltenes. Da nimmt aber jeder Lepero für seine Kameraden Teil und Partei. Die heulenden Weiber begleiten dabei das schöne Schauspiel.
Die Straßen werden von den Gefangenen in Ketten gekehrt, aber wohl nur sehr nachlässig. In den Vorstädten wird die Sauberkeit durch die Zopilotes, kleine schwarze Aasgeier, besorgt. Diese sitzen in ungeheuern Massen, falls sie nicht dem Fraße nachgehen, mit ausgereckten Flügeln einer neben dem andern auf dem Gesimse der flachen Hausdächer und sonnen sich.
Unter den Gefangenen fand ich einen dunkeln Vollblut-Indianer namens José Ribeira, er kehrte in der Kaserne. Dieser bat mich fußfälligst, ich möge ihn in meine Eskadron

aufnehmen. Er war ein Gefangener von des Marschalls kühnem Zuge nach Oajaca. Der Mensch gefiel mir, und ich kam bei Thun um die Erlaubnis dazu ein. Es war ein Präzedenz-Fall, und nur mit harter Mühe erlangte ich sie.

Viel sprach man jetzt von der Verlängerung der Eisenbahn von Córdoba-Cameron bis Puebla und Mexiko. Sehr viele amerikanische und englische Ingenieure befanden sich samt ihren Familien deswegen in Puebla. Doch diese Bahn kämpft mit besonderen Schwierigkeiten. Schon die Unsicherheit trägt viel zur Verzögerung bei und ebenso die gewaltigen Terrainhindernisse, die hauptsächlich in den grundlosen Sümpfen und in der Besteigung der Cumbres bestehen.

Ausgesteckt und trassiert soll schon alles sein. Der Tunnel bei den Cumbres soll aber eineinhalb Meilen [etwa elf km] lang sein. Die Steigung beträgt siebentausend Fuß [2100 m], die Länge von Veracruz bis Mexiko siebzig bis achtzig Meilen [eine deutsche Meile = ungefähr 7,5 km]. In zwei Jahren soll sie beendet sein. Nun – wir wünschten ihnen dazu Glück, glaubten es aber nicht.

Man spricht von Kosten von zweihundert Millionen Dollar, das ist wohl stark übertrieben. Natürlich müssen sie einen starken Zinsen-Ertrag berechnen, denn diese Bahn ist die einzige Pulsader des Landes, da bis jetzt von Nord nach Süd gar keine regelmäßige Verbindung mit der Welt besteht. Dazu im Norden unwegsame Prärien, von wilden Indianerstämmen bewohnt, im Westen kein einziger ordentlicher Hafen und im Süden Sümpfe, Krankheiten und aufrührerische Städte. Yucatán hat jetzt einige Kompanien Jäger (Österreicher) erhalten und eine Abteilung der beinahe ganz aus Deutschen bestehenden französischen Fremdenlegion. Doch wird das wohl für dieses Moskito-Land zu wenig sein.

Graf Theodor Széchényi kam hier durchgereist, er hatte in Mexiko eine schwere Diphteritis durchzumachen, die ihn beinahe an den Rand des Grabes brachte. Er scheint vom Lande genug zu haben. Man sagt, daß er diese Reise hierher nur aus Ärger unternommen, und weil er von der schönen Hanna Erdödy einen Korb bekommen hätte.
In den Gasthäusern abends sah man nur Spielende. Das Landesspiel ist Monte, eine Art Landsknecht. Ich sah oft Tausende von Goldstücken, Unzen, à 16 Pesos auf den langen Spieltischen liegen. Die Inländer mischten sich dabei sehr gerne unter die österreichischen Offiziere, die oft nach monatelangem Umhermarschieren in Puebla ihre hohe Gage an den Mann bringen wollten.

Das Innere eines Spielhauses in Mexiko.

Sonst sah man die Herren Mexikaner aus den gebildeten Ständen selten. Sie laden nie in ihr Haus ein, obwohl stets die Redensart: »Mein Haus steht zu Ihrer Verfügung« in ihrem Munde geführt wird. Die Frauen sind übrigens auch sehr zurückgezogen. Ihre Konversation ist Null, und den ganzen Tag liegen sie Zigaretten rauchend in ihren Hängematten.

Auch die Einrichtung in ihren Salons ist eine höchst primitive, indem sie nur aus zwei Reihen Sesseln, die an den Wänden stehen, und mehreren Tabourets [niedere Polsterstühle ohne Lehnen] in den Fenstern oder eigentlich Balkontüren besteht. Abends ist dasselbe Manöver wie in Spanien: Kurmacher besingt seine Querida (Geliebte) von der Gasse aus mit improvisierten Liedern in Begleitung der Mandoline.

Eben kommt uns die Nachricht von einem Gefechte bei Tesuitlan zu. Mehrere österreichische Kompanien stürmten unter Major Kodolitsch diesen von beiläufig tausend Dissidenten besetzten Ort. Der Feind zog sich zwar zurück, nahm aber seine Toten und Verwundeten mit, so daß man seine Verluste nicht genau sicherstellen kann. Die Jäger verloren den braven Hauptmann Hassinger und fünf Mann und hatten dreißig Verwundete, darunter auch Kodolitsch, der in die Wade geschossen wurde (bei seiner Magerkeit ein Wunder!) Der wird die Geschichte gewiß aufbauschen und Kapital daraus schlagen. Graf Karl Herberstein bekam einen schweren Schuß in die Brust. (Er starb auch an den Folgen zu Neapel im Jahre 1869!) Beide Verwundete befinden sich relativ wohl.

Eine zweite Nachricht war minder erfreulich: Leutnant Bekeč fiel bei einem Streifzug mit einigen Jägern in die Hände der Liberalen. Man sagt, sie hätten ihn samt seiner Mannschaft erschossen. Bekeč ist ein Kroate, der eben aus der Neustädter Militär-Akademie als Leutnant trat.

Die Stiergefechte Pueblas sind berühmt. Das hiesige Volk hat eben spanisches Blut in den Adern. Der Enthusiasmus ist derselbe. Ich finde sie grausam und besuche sie nur selten.

Wer abends nicht spielt, geht auf dem mit schönen Pfeffer-Bäumen bepflanzten Hauptplatz vor der prachtvollen

Freiherr Alphons von Kodolitsch. Er führte österreichische Truppen im ersten siegreichen Gefecht von Tesuitlan. Die Städte Tesuitlan und das kurz darauf eroberte Zacapoaxtla waren als Ausgangspunkte für eine Eroberung des Berglandes Sierra del Norte wichtig. Kodolitsch wurde auch dementsprechend hoch geehrt. Doch war mit diesen Erfolgen kein wirklicher Vorteil verbunden, wie sich bald herausstellen sollte: die kaiserlichen Truppen waren zwar stark genug, um die befestigten Orte zu halten, nicht aber, um die Umgebung zu kontrollieren. Fruchtlose Kleinkämpfe kosteten in den nächsten Monaten viele Opfer.

Kathedrale spazieren. Dort spielt auch die Korpsmusik, die aus sechzig Mann besteht und die Kapellmeister Sauertal dirigiert.

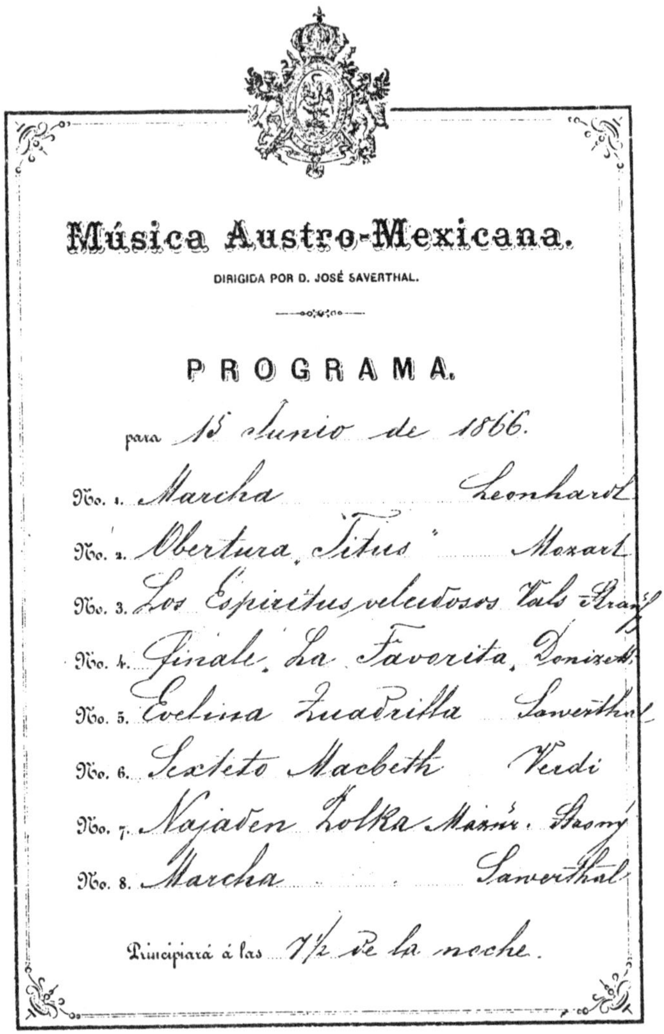

Música Austro-Mexicana.

DIRIGIDA POR D. JOSÉ SAVERTHAL.

PROGRAMA.

para 15 Junio de 1866.

No. 1. Marcha — Leonhardt

No. 2. Obertura „Titus" — Mozart

No. 3. Los Espiritus veleidosos Vals — Strauss

No. 4. Finale „La Favorita" — Donizetti

No. 5. Evelina Quadrilla — Saverthal

No. 6. Sextetto Macbeth — Verdi

No. 7. Najaden Polka Mazur. — Strany

No. 8. Marcha — Saverthal

Principiará á las 7½ de la noche.

Programm der österreichischen Militärmusik in Mexiko

Noch eine Hiobspost: der französische Major und Platzkommandant von Veracruz wurde mit zwanzig Mann Negertruppen im Gefechte erschossen.
Neulich besuchte ich die mexikanische Mannschaft in einem Neben-Kloster. Die armen Teufel vom 5. Regiment waren eben mit ihrer Menage beschäftigt. Das Essen bereiten ihnen ihre eigenen Weiber, denn viele Soldaten leben im Konkubinate. Die mexikanischen Kommandanten sehen dies gerne, da dem Manne eigentlich die ganze Haushaltung durch diese Frauen geführt wird – ohne Bezahlung natürlich. Sie tragen Gepäck, bügeln, waschen, kochen, und jeder Troß hat dasselbe Gesicht wie die europäischen Heereszüge im dreißigjährigen Kriege. Das Essen bestand aus einigen Tortillas und Frijoles.
Ihre Löhnungen sehen sie nur zum kleinsten Teile, da vom Obersten bis zum Korporal jeder daran nagt. Diese Offiziere kann man nur als Diebsgesindel qualifizieren, lauter ehemalige Schuster und Schneider, die höheren sind verkommene Advokaten (Licenciados), Schreiber, bankrotte Kaufleute, die durch fortwährende Pronunciamentos gegen die jeweiligen Regierungen sich immer höhere Titel beilegen. Die Mannschaft, solange es keine Mischlinge sind, ist tapfer, wenn sie gut geführt wird, ausdauernd und genügsam.
Der Nationaltrank ist Pulque: Wenn die Agave den oft vier Meter hohen Stengel ansetzt und verblüht ist, stürzt man letztern um, höhlt den Stengelansatz aus, worauf sich darin der Saft ansammelt. Frisch ist er farblos und süß. Er wird in Bocks- oder Rindshäuten gegoren, muß aber dann in fünf bis sechs Tagen getrunken werden. Er ist milchweiß, säuerlich und berauschend, hat immer wie der Wein im Orient Bocksgeschmack, bleibt jedoch ein erfrischendes Getränk.

Scherzenlechner ist gestürzt worden und geht nach Österreich zurück. Es ist nicht schade um ihn. Er war ein echter Parvenu, roh nach unten, kriechend nach oben. Er hieß der »große Muh« und glich übrigens ganz einem Mastochsen.
Es wird ein großer Handstreich bei Jalapa vorbereitet mit drei Eskadronen Ulanen, einer Kompanie Jäger und einer Batterie. Am 14. April soll der Angriff erfolgen. Ich begleitete am 6. April die Batterie mit 34 Husaren, den Kadetten Graf La Motte und Graf Zichy. Wir machten täglich 14 Leguas [ungefähr sechzig km]. Von San Ildefonso kehrten wir zurück.
Heute den *9. April* ist die Erstürmung von Chachapulco. Wir hören deutlich den Kanonendonner, wahrscheinlich wegen der reinen Luft des Hochplateaus.
Noch immer bin ich mit der Eskadron nicht ganz remontiert [mit genügend Pferden ausgestattet]. Die Adjustierung und Drillung der Truppen gibt viel zu tun.
Ich höre, daß bei Morolia dreihundert Belgier und hundert Einheimische unter Kommando eines belgischen Majors vom Feinde gefangen wurden. Sie hatten eben ohne jegliche Sicherheitsmaßregel abgekocht, als der Feind in die Stadt drang, jeden Widerstehenden nieder machte und die Übrigen gefangen nahm. Die mexikanischen Offiziere wurden allsogleich niedergeschossen. Die belgischen Offiziere befanden sich eben beim Essen. Manche wollten sich wehren, wurden aber niedergemacht, ebenso Dr. Lejeune, der mit mir in einer Kabine die Überfahrt gemacht hatte. Es klingt unglaublich, wie sich eine geschulte europäische Truppe in einer doch bedeutenden Anzahl von einem solchen Gesindel schlagen, ja aufreiben läßt, ohne die Waffe gebrauchen zu können.
Der Kaiser und General Thun begeben sich nach Perote, um die Operationen zu leiten.
Ich sandte Oberleutnant von Kavetzky mit zwölf Mann nach Tulancingo, um Gefangene abzuholen.

Kämpfe des belgischen Freikorps in Tacambaro im April 1865, die mit verheerenden Verlusten der Kaiserlichen endeten.

Die Franzosen führten eine schreckliche Strafe auch hier bei ihrer Truppe ein, sie lernten diese in Afrika anwenden: Der Delinquent wird in ein tiefes Loch heruntergelassen, dasselbe ist am Boden so enge, daß er sich weder setzen noch legen kann, aber die Mündung ist weiter. Oft wird er zwei bis drei Tage darin gelassen, seine Bedürfnisse darin verrichtend. Neulich hörte ich ein furchtbares Geheul von einem solchen Unglücklichen.
Die Regenzeit ist eingetreten. Der Regen ist noch gelinde, die Wege aber schon spottschlecht. Die Bäume belauben sich auf das prachtvollste.

Herberstein wird nach Puebla gebracht. Sein Schuß in der Brust ist sehr gefährlich, denn die Kugel steht ober dem Herzen. Er wird wohl so nicht lange leben können. Er wohnt bei mir.
Vorgestern ritten alle Rittmeister unseres Regimentes dem Kaiser nach Tlaxcala entgegen. Wir würfelten, wer den Regimentsdienst übernimmt, da wir drei Eskadronen Husaren hier vereinigt sind. Mich traf leider das Los.

Am 15. April begann wohl die Regenzeit ernstlich. Es regnete aus Strömen mit einer solchen Gewalt, wie man sich bei uns keine Vorstellung machen kann. Da nützt kein Regenschirm oder Gummimantel. Die engeren Straßen haben alle viereckige Steine in der Mitte liegen, damit die Fußgänger übersetzen können. Manchmal muß man aber große Umwege machen, wenn man sein Ziel erreichen will. An Durchwaten dieser Ströme ist nicht zu denken.
Der Kurier kommt in acht Tagen hierher. Er will sich zwei bis drei Tage in Puebla aufhalten.
Unsere Truppen haben in der Sierra (das sind die Gebirge um Jalapa) nichts erreichen können. Es ist dort der reine Urwald. Die Befestigungen, durch Terrainhindernisse verstärkt, sind beinahe uneinnehmbar geworden. Das Wetter und das Klima entsetzlich. Wir haben immer viele Verluste. Beim unsichtbaren Feinde kann man sie nicht feststellen [weil die Republikaner ihre Toten stets mit sich nahmen].
Unsere tägliche Beschäftigung ist der Dienst, das Zureiten der Pferde, die Abrichtung der Mulis, deren wir zwanzig Stück per Eskadron haben. Wir müssen sie stets mit dem Lasso herausfangen. Viele Husaren haben es auf der Puszta gelernt, wo dieses Gebaren üblich ist. Wir Offiziere üben uns auch fleißig zu Pferde darin. Nur muß man einen mexikanischen Sattel dazu haben. Denn sobald das Lasso geworfen ist, muß

das Ende eiligst um den tellerartigen Sattelknopf gewickelt und das eigene Pferd herumgeworfen werden, das sich dann gegen den Schock stemmt.

10. Mai 1865 Vorgestern ritt ich mit Rittmeister Graf Wikkenburg (er erschoß sich später nach der Rückkehr in Ungarn) der Diligeance entgegen. Seine Frau mit ihrem Sohne kommen von Europa. Was für ein Entschluß für eine Frau mit ihrem Kinde! So eine lange Reise und ein mexikanisches Offiziersleben!

Der Kaiser ist jetzt in Orizaba und kommt nach einigen Tagen hierher. Man spricht, daß er eine Hacienda dort kaufen will. Doch die böse Welt behauptet, daß dies wegen der Nähe von Veracruz sei [also zum Hafen, wo die europäischen Schiffe lagen].

General Thun scheint die Zwecklosigkeit seines Unternehmens eingesehen zu haben, da er nicht mehr weiter in der Sierra del Norte vordringt.

Die Amerikaner ziehen Truppen bei Monterey zusammen. Der Bürgerkrieg ist dort beendet. Ein Kaiserreich neben dieser heillosen Republik ist undenkbar. Welch ein Fehler Europas, daß es den Süden nicht beizeiten unterstützte!

Die Beendigung des amerikanischen Bürgerkrieges im April 1865 war für das Kaiserreich Mexiko von großer Bedeutung: Mehr denn je unterstützten die Vereinigten Staaten nun die Republikaner unter Juárez – einerseits mit Waffen, andererseits aber auch durch die öffentliche Meinung Amerikas, die sich eindeutig für eine Republik Mexiko aussprach und ein Kaiserreich unter einem europäischen Fürsten als Bruch der Monroe-Doktrin (»Amerika den Amerikanern«) auffaßte.

Die Kaiserlichen mußten nun die Möglichkeit eines amerika-

nischen Angriffes im Norden einkalkulieren. Bazaine befahl, die im ganzen Land verstreuten Truppen zusammenzuziehen, um einem Angriff gewachsen zu sein. Dazu mußten die Kaiserlichen allerdings sehr viele, unter großen Blutopfern eroberte Orte und Landschaften wieder aufgeben. An ihre Stelle traten sofort wieder die Juaristen, die an den zivilen Anhängern der Kaiserlichen oft blutige Rache übten.
In Frankreich wuchs der Unwille gegen das mexikanische Abenteuer. Eine der Voraussetzungen war ja die durch den Bürgerkrieg geschwächte Lage der Vereinigten Staaten gewesen. Die Chancen für Frankreich, in Mexiko einigermaßen erfolgreich zu werden, hatten sich nun seit der Konsolidierung der amerikanischen Politik drastisch vermindert. Von diesem Zeitpunkt an trachtete Napoleon III., sich aus Mexiko zurückzuziehen.

Heute früh sind vier Kompanien Jäger und eine Eskadron Ulanen nach Oajaca abmarschiert. Sie werden die künftige Garnison dieser Stadt bilden.
Neulich ist bei einer Affäre Oberarzt Unger gefallen. Diese Ärzte haben ihre Aufgabe schlecht aufgefaßt. Der Kaiser verlieh ihm nach seinem Tode den Guadalupe-Orden.
Glaube wohl, daß über uns ungünstige Gerüchte in Wien kursieren. Man sah diese Expedition mit scheelen Augen, und doch hat sich das Korps bis jetzt gut gehalten bei jeder Gelegenheit und jeder Begegnung, und deren waren gar viele, manche Offiziere fielen wie Helden, wir haben schon 350 tote Österreicher.
Zu meiner Eskadron kam neulich ein blutjunger Baron Spiegel zugeteilt als Kadett, ein Preuße. Er ist ein anständiger, gebildeter Mensch, war bei Düppel [Gefecht bei den Düppeler Schanzen im dänischen Krieg 1864] durch den Fuß

geschossen worden. Er hat die preußische Tapferkeits-Medaille.
Gestern Abends kam Oberstleutnant Zach hier an. Er wird das Sub-Divisions-Kommando übernehmen.
Es sollen die Gagen am 1. Dezember erhöht werden und jeder Eskadrons-Kommandant 180 Pesos monatlich erhalten. Das halte ich für zu viel, wird auch nicht lange dauern, wenn es überhaupt geschieht.
Die Hitze beginnt unerträglich zu werden. Im Kasernengarten reifen die Orangen und andere Südfrüchte. Kolibris fliegen in Menge herum.

16. Mai 1865 Heute müssen wir einen Offizier zu Quittierung zwingen, recht unangenehm. Doch es reinigt sich das Korps dadurch. Man muß besonders hier unerbittlich sein.
Das Avancement wurde in beiden Kavallerie-Regimentern zu einem verschmolzen. Das ist nicht gut, da die Ulanen nicht ungarisch verstehen und die Husaren selten polnisch. Ich hoffe nur, daß keine Transferierung der Offiziere stattfindet.
Das Material der Ulanen-Mannschaft besteht aus erstens vierhundert jungen Polen, die nach der polnischen Insurrektion nach Galizien übertraten. Es wurde ihnen der Eintritt in das Korps gestattet. Zweitens aus den nichtungarischen Kavalleristen, Deutschen, Böhmen, Italienern, etc.
Komische Geschichten hört man oft vom Kaiser, und der Arme gerät mit den hiesigen Flegeln manchmal in höchst sonderbare Situationen. Neulich kommt ein Mexikaner mit einer Bittschrift in Tlaxcala zum Kaiser, mit dem Sombrero auf dem Kopfe. Der Kaiser, der immer in Zivil geht, nimmt den seinigen herunter und fragt ihn aus, was er wolle. Da nahm der Mexikaner den Kaiser bei der Hand mit den Worten: »Bedecken Sie sich doch aber! Machen Sie keine Umstände.«, was natürlich den Kaiser anfangs verblüffte.

Maximilian zeigte bei jeder Gelegenheit seine Vorliebe für die Indianer, die er als wahre Mexikaner – im Gegensatz zu den Weißen pries. Doch waren die Indianer macht- und einflußlos und stellten im Ernstfall keinerlei Rückhalt dar. Ihre Bevorzugung entfachte nur den Unwillen und den Spott der Mächtigen, aber auch der Österreicher.

Beim Essen sitzt oft an seiner Seite Minister Ramirez. Dieser Mensch spuckt fortwährend herum, so daß der Kaiser sich oft den bespritzten Hals abwischen muß.

Zur Tafel werden oft während der Inspektions-Reise des Kaisers die Uralten des Ortes geladen, halbnackte Indianer. Die Kerle, die nie Messer und Gabel benützen, benehmen sich oft recht drollig. Doch sehen sie immer aufmerksam zu. Meistens endigt es aber damit, daß sie mit allen zehn

Fingern in die Schüssel und Teller fahren und die Knochen unter sich fallen lassen. Doch betrinken sich nie die Vollblut-Indianer. Neben dem Kaiser sitzt dann der Dolmetsch, ebenfalls ein Vollblut-Indianer. Denn die Puros sprechen selten spanisch, nur das Aztekische, das auch viele Spanier als Kinder von ihrer Umgebung lernen. Der Spanier verachtet den Indianer und nennt ihn »Hombre sin razón« (Mensch ohne Verstand), sich selber »Hombre con razón« (»Mensch mit Verstand«), hat aber sehr unrecht. Denn der Indianer ist hundertmal mehr wert als der Mestize, der sich weißblütig und so ungemein erhaben dünkt.

Dem Kaiser macht es den größten Spaß, seiner Umgebung während dieser Reise zu entwischen, was diese dann in gewaltigen Schrecken versetzt. Da findet man ihn in irgend einer Pulquería in Konversation mit den Bewohnern, oder im Walde allein spazieren.

Wir wurden aufgefordert, in unseren Briefen wenig über Politik zu schreiben. Manche Offiziere gerierten sich faktisch als Zeitungs-Reporter, lancierten übertriebene Geschichten in die Welt, strichen sich bei Gefechten heraus, trieben mit einem Worte diesen Unfug zu weit.

Jagd- und andere Exkursionen in der Umgegend sind bei der herrschenden Unsicherheit nur in großer Gesellschaft möglich. Wir machen übrigens recht hübsche Übungsmärsche von Puebla in die Umgegend. Ich lasse dann die Husaren auch im Freien abkochen, um sie daran zu gewöhnen.

20. Mai 1865 Heute ritt General Thun mit seinem Personal-Adjutanten Malortie, Major Baron Bertrand und Rittmeister Graf Fünfkirchen (bis auf Malortie alle schon tot) zum Kaiser nach Jalapa in der Tierra templada. Die Wege sind grundlos. Sie werden lange dahin brauchen. Heute übersiedelt auch meine Eskadron in ein anderes (Nonnen-)Kloster. Wir waren früher alle drei Husaren-Eskadronen beisammen. Doch wir hatten einen Teil durch den fortwährenden Regen unter Wasser, daher mußte ich hinaus.

22. Mai 1865 Puebla Wir machten einen hübschen Ritt nach dem vier Leguas [etwa 16 Kilometer] gelegenen Orte Cholula. Zu Cortés' Zeiten war es eine Stadt von 150 000 Einwoh-

Der Popocatepetl in Mexiko.

nern, jetzt ist es ein kleines Dorf, liegt in einer gut angebauten Ebene. Unmittelbar an dem Orte erhebt sich ein ziemlich hoher, noch von den Azteken erbauter Hügel aus Adobes (Luftziegel). Stiegen führen strahlenförmig hinauf, und ein Fahrweg windet sich in einer Spirale zur Spitze, wo sich eine mit einer Mauer umgebene Kirche befindet. Die schönste Aussicht genießt man von der Höhe: Die schneebedeckten gewaltigen Berge Popocatépetl, Ixtaccihúatl und Malinche sind sichtbar, in der Ebene sieht man das ferne Puebla, rundum viele saubere Haciendas und Ranchos. Der Ortsplatz ist ein regelmäßiges Viereck, daran eine riesige, im Renaissance-Stil gebaute Kirche. In dieser Ebene hatten die Franzosen vor der Erstürmung Pueblas ein großes Kavallerie-Gefecht zu bestehen.
Heute mußte ich 34 Husaren unter Oberleutnant von Kavetzky nach Rio Frio zur Postbegleitung und zum ständigen Aufenthalt senden. Das Ausrauben der Diligeance, die die Franzosen nie begleiten wollen, mehrt sich auf das Schrecklichste. Die Chasseurs d'Afrique werden abgelöst durch unsere Husaren. Auch kommt der Kaiser nächstens durch, und Kavetzky wird ihn bis Mexiko begleiten.
Kodolitsch, der unser nomineller Regimentskommandant ist, bekam von Thun endlich den Befehl, da er schon längst die Wade geheilt hat und sich nur unterhalten will, aus Mexiko einzurücken.
Es ist die Rede, daß Erzherzog Ludwig-Viktor hierher kommt. Ich glaube es aber nicht. Es wäre aber doch von Vorteil gewesen.

23. Mai 65 Puebla Eben ist Hauptmann della Sala angekommen. Er kommandiert in der Sierra 1500 Guatecomaken [ein Indianerstamm]. Er will mit Rittmeister Graf Carl Kurtzrock, der mit seiner Eskadron in Yucatán liegt, die Liberalen

angreifen, die in Ahuacatlan vier Leguas [etwa 16 km] von ihm sich verschanzt haben. Doch man will ihm die Erlaubnis dazu nicht geben, da sie viel zu schwach dazu sind. Die Liberalen haben über viel mehr zu verfügen.
Das österreichische Korps hat zur Überwachung das Gebiet von Oajaca bis Mexiko, von dort bis Cameron und Jalapa. Das ist eine Strecke wie Dreiviertel von Ungarn und für so geringe Kräfte beinahe unmöglich, noch dazu in Kriegszeiten einem viel stärkeren Feinde gegenüber.
Vorgestern kamen wieder dreißig Pferde aus Mexiko. Ich erhielt davon zehn Stück, habe zusammen achtzig Pferde. Sie sind alle schon zugeritten, leider passen sie in der Größe unseren Husaren, die alle große Leute sind, nicht sehr. Sie tragen aber gut und ausdauernd.
Der Kaiser machte bei der französischen Börse eine Anleihe. Hier verliert man aber bei jedem Napoleon [20 Francs im Gegenwert von vier Pesos] zwei Realen [1/4 Peso], was also bei mehreren Millionen ein großer Verlust ist.
[Die Anleihebedingungen waren wirklich verheerend schlecht: Für ein Nominale von 250 Millionen Francs gingen wegen des niedrigen Kurses nur 170 Millionen ein. Von diesem Betrag aber erhielt Mexiko nur siebzig Millionen – alles andere blieb schon in Frankreich in dunklen Kanälen hängen.[2]]

23. Mai 65 Puebla Heute werden wieder zwei Deserteure erschossen (Österreicher), da hier das Standrecht publiziert ist. Die Desertionen sind zwar nicht bedeutend, aber für unsere Verhältnisse immerhin nicht angenehm.
Die Kaiserlichen haben in der Sierra einen kleinen Waffenstillstand abgeschlossen. Er wird wohl schwerlich von Seite der Liberalen verlängert werden wollen.
Die Franzosen, die nach der Sonora eine Truppen-Abteilung

sandten (sowie auch eine nach Matamoros), nahmen Chihuahua ohne Schwertstreich, da sich die Juaristen weiter nach Westen zogen. Von den österreichischen Truppen in Yucatán hört man nichts, gewiß werden am Gelben Fieber viele sterben.

24. Mai 1965 Puebla Hier in der Nähe existiert eine Räuberbande unter dem pompösen Titel Liberales, auch Plateados genannt wegen ihrer massiven silbernen Schnallen, Sattelspangen, Steigbügel etc. Sie sind außerordentlich gut beritten und bewaffnet, daher schwer zu fangen. Sie verstümmeln ihre Gefangenen auf eine grauenvolle Weise. Dann hängen sie diese Unglücklichen. Sie bilden den Schrecken der Reisenden, besonders der Mexikaner. Vor kurzem raubten sie die Diligeance wieder total aus, die Reisenden ließen sie am Leben, doch kamen diese splitternackt im Hôtel de la Diligeance hier an. Wir sahen sie, es waren auch mehrere bereits bejahrte Frauen darunter, auch eine französische Modewaren-Händlerin. Man sagt, es gehören zu dieser Bande viele hiesige junge gebildete Leute. Auch soll man mehrere davon kennen, doch traut sich das liebliche Gericht hier ihnen nicht an den Hals.
Vor nicht langer Zeit hielt eine als Mann verkleidete junge Frau, allein, und nur mit einer ungeladenen Pistole bewaffnet, allwöchentlich die Diligeance zwischen Mexiko und Morelia an, bis sie sich ein hübsches Vermögen ergaunert hatte. Zuletzt eröffnete sie sich den staunenden Reisenden und ritt davon. Man hat niemals mehr etwas von ihr gehört.
Die Reisenden werden zum Aussteigen genötigt, müssen sich auf den Bauch legen und unter keiner Bedingung umherschauen. Man leert ihnen die Taschen. Falls junge Frauen oder Mädchen dabei sind, fallen sie natürlich diesem Gesindel zum Opfer. Briefe werden nie angetastet, da Papiergeld nicht

Überfall auf eine Postkutsche (»Diligeance«)

existiert und Wechsel oder Wertpapiere ihnen nicht von Nutzen sind. Bei den gewöhnlichen Diligeance-Räubern wird den sich nicht wehrenden Reisenden kein Leid zugefügt. Man kann hier nur die ausländischen Artikel teuer nennen, welche von der letzten Eisenbahnstation aus selten auf Wagen, sondern meist von Arrieros (Treibern) auf Muli-Rücken verfrachtet werden. Die Arrieros, die eine eigene Kaste bilden und treue, ehrliche Menschen sind, will ich hier nicht beschreiben. Man findet das Nähere in jeder Reisebeschreibung über Mexiko. Teuer ist das Waschen, das auf steinernen Platten mit hölzernen Klöppeln betrieben wird, elend ist und wobei alles zerrissen wird. Teuer ist alles, was Arbeit kostet, da der Mischling faul ist und keine Konkurrenz in Fabriken existiert.

25. Mai 65 Puebla Gestern kam hier Fregatten-Kapitän Kempt bei seiner Aufwartungsreise nach Mexiko durch. Er kommandiert die österreichische Korvette Dandolo, welche die Novara ablöste. Es ist jetzt kein Vergnügen für die Schiffsmannschaft, während der Zeit des Gelben Fiebers in Veracruz zu sein. Es soll jetzt stark grassieren. Hier in der Tierra fria hört man nichts davon. Es fährt auch ein französischer Admiral durch, um mit Bazaine über vieles Rücksprache zu halten. Ich glaube an keinen Krieg zwischen Nordamerika und Mexiko. Ein Zeichen dagegen wäre die neue Anleihe in Paris.

12. Juni 1865 Puebla Der Kaiser ist vor einigen Tagen hier angekommen, die Feste sind zahllos. Er erreichte Puebla schon um halb neun Uhr früh. Das ganze hier stationierte Offizierskorps ritt ihm entgegen bis zu einem freien Platze, wo die Truppen aufgestellt waren. Daran nahmen auch alle mexikanischen Offiziere und Generäle teil. Der Kaiser hatte in Amozoc übernachtet. Mit ihm kamen seine Adjutanten, eine halbe Eskadron Husaren und Florios-Reiter. Die ganze Eskorte belief sich auf 140 Mann, wenig für diesen so unsicheren Weg. Die Stadt hatte sich mit allen möglichen typischen Fahnen und Bändern geschmückt. Auch sah das Ganze recht hübsch aus, doch machte uns der fürchterliche Staub beinahe blind.
Der Kaiser sieht recht gut aus, sehr abgebrannt. Man hatte ihm im bischöflichen Palais das Hoflager aufgeschlagen. Der Kaiser trat zum Balkon und sah auf dem Hauptplatze der Defilierung der Truppen zu. Die Husaren und Ulanen zogen im Galopp mit Hurrah und Eljen vorüber. Die Musikbanden spielten den Kaisermarsch. Nachmittags 4 Uhr sammelten sich wieder alle Offiziere zu Pferde vor dem Palaste, und der Kaiser fuhr der Kaiserin entgegen. Die Stadt war wieder mit Triumphpforten und Blumen bedeckt, die Menschenmassen

ungeheuer, das Eviva-Rufen brausend, viel stärker als beim Einzuge des Kaisers.
Der Wagen war á la Daumont bespannt [mit reitenden Kutschern, den »Jockeys], und die Jockeys in Rot. Kaiser und Kaiserin sahen über diesen Empfang recht glücklich aus. Die Kaiserin bewarf man mit einer solchen Unmasse von Blumen und Gedichten, daß der Wagen davon gefüllt war. Die Menschenmassen drängten sich bis an den Wagen. Kaum konnten wir die Leute abhalten, den Wagen auszuspannen. Beide Majestäten sollen 14 Tage hier verbleiben. Die Kaiserin will die berühmten Schwefelbäder hier gebrauchen. Sie sah übrigens blühend aus. Sie ist eine imposante schöne Erscheinung.
Als Ordonnanz-Offizier des Tages hatte ich genügend Gelegenheit, das Benehmen der Herrn Mexikaner Seiner Majestät gegenüber kennenzulernen. Stolz und aufgeblasen wegen nichts, glauben sie die sogenannte republikanische Schroffheit mit der spanischen Grandezza so mengen zu können (ganz wie bei uns die Häupter der Liberalen), dabei aber gelegentlich einem Orden oder einer ähnlichen Auszeichnung immer sehr zugänglich.
Morgen geht eine Husaren-Eskadron unter Kommando des Rittmeisters von Czeke (auch schon tot) nach dem Innern 24 Leguas [knapp hundert km] weit. Rittmeister von Susani und ich bleiben mit unseren Eskadronen einstweilen noch hier, weil unsere Leute immer noch nicht alle beritten sind.
Alle Abende machen die permanente Platzmusik und die obligaten Feuerwerke den Leuten viel Spaß. Es ist immer voll zum Erdrücken. An Sonn- und Festtagen steigen Tag und Nacht Raketen und schwärmen auf. Das ist Landessitte. Auch pflegt die Bevölkerung mitten in den Gassen bei Nacht große Feuer anzuzünden. Wohl ist wegen der steinernen Häuser mit ihren flachen Dächern keine Feuersgefahr zu befürchten, trotzdem wundert sich natürlich der Fremde

anfangs sehr über die Toleranz der hiesigen Polizei. Oft wirbelt ein brauner Kerl seine Trommel bei dem Feuer, und ein Haufe gemeiner Weiber murmelt dazu Gebete – ob das nicht an die Heidenzeit erinnert!
In der Kirche sitzen die anständigsten Frauen am Boden, ohne sich auf ihre Röcke zu setzen. Sie scheinen die Verkühlung nicht zu befürchten. Stühle gibt es keine, aber kalte Steine.

23. Juni 65 Puebla Heute früh reisten der Kaiser und die Kaiserin nach Mexiko in ihr Gefängnis zurück, nachdem ihr Aufenthalt hier bei drei Wochen dauerte. Als ich zum letzten Male Ordonnanzoffizier bei Hofe war (wir wechselten als höhere Chargen alle 24 Stunden), frug mich der Kaiser, ob mein Vater als Naturforscher doch kein Interesse hier finden könnte? [Fürst Richard Khevenhüller war ein begeisterter Amateur-Botaniker und Zoologe, der auch einige Aufsätze in wissenschaftlichen Zeitungen veröffentlichte] Der Kaiser ist nämlich für alle naturwissenschaftlichen Studien sehr eingenommen. Natürlich versicherte ich ihm, so wie sich auch mein Vater äußerte, daß es sein größter Wunsch sei, Mexiko zu sehen, doch bis jetzt sei es unmöglich gewesen.
Es wird jetzt von einem Erkundungszug des größten Teils der hier stationierten Kavallerie gesprochen. Sie besteht aus 320 Mann, die unter Kommando des Ulanen-Majors Baron Bertrand gegen Morelia geführt werden sollen, dort wo die Belgier so heillose Schläge bekamen. Wenn nur die Regenzeit schon vorüber wäre!
Vor acht Tagen war die feierliche Einweihung unserer beiden Standarten, die der Kavallerie und der Infanterie. Die Kathedrale San Francisco war mit Waffen und Laub von unseren Soldaten recht hübsch dekoriert, beide Majestäten zugegen. Drei Husaren-Eskadronen, eine Ulanen-Eskadron, drei

Kompanien Jäger und eine Menge Volk füllten die Kirche vollständig aus. Eine Batterie, die die Salven geben mußte, war auf dem Hauptplatz postiert. Der Kaiser ergriff am Ende des Hochamtes unsere Standarte und hielt eine kurze, aber ergreifende Ansprache, worauf ein solches Eljen erscholl, daß die Kirche davon erzitterte. (Nun die Husaren zeigten, daß ihr Enthusiasmus ein wahrer, die Folge wird es lehren.)
Nach diesem schönen Feste war Defilierung, abends ein Ball im ständischen Hause, der bis sieben Uhr früh dauerte. Der Kaiser verweilte bis ein Uhr, worauf ein stehendes Souper serviert wurde. Der Saal war ebenfalls mit Laub, Fahnen und Waffen dekoriert. Die Frauen und Mädchen sind den österreichischen Offizieren gegenüber noch immer steif, werden aber gesprächig, wenn man sie eine halbe Stunde in der Habanera, einem langsamen, dem Csárdás ähnlichen Tanze, herumgedreht hat, den sie mit Leidenschaft lieben, der aber eigentlich ziemlich unanständig ist.
Jetzt beginnt der Regen täglich um 4 Uhr Nachmittag, endigt um 7 Uhr. Dann geht alles am Paseo, der mit schönen Mango-Bäumen bepflanzt ist, spazieren.
Hier ist jetzt die Durchfallkrankheit recht stark. Doch wenn man kein Obst ißt und einen Schal um den Leib trägt, hat man nichts zu befürchten.
Die Obstgattungen sind so mannigfaltig, daß man sich die Namen unmöglich merken kann: Aguacates, Mangos, Chirimoyas, Papayas, dann schlechte Äpfel, Duraznos, Kokosnüsse, Bananen, Agaven, Trauben, etc. Alle tropischen Früchte kommen aus der Tierra caliente, andere aus den gemäßigten Zonen, sowie auch die Orangen, massenhaft.
Gestern kam die Nachricht, daß unsere Österreicher in Yucatán den Liberalen ein glückliches Gefecht geliefert haben. Es herrscht große Freude darüber. Wir brauchen hie und da wohl gute Nachrichten. Die von den Franzosen sind zwar

häufig wie der Sand im Meere, doch wollen wir sie nicht mehr glauben, da wir zu oft angeschmiert wurden. Jede noch so kleine Affäre wird von ihnen in ihrer Ordenswut und Jagd nach billiger Gloire auf das Ungeheuerlichste übertrieben. Siehe des Marschalls Zug nach Oajaca.
Im Herzen Yucatáns leben vollkommen unabhängige Indianerstämme, zu denen noch ganz wenige Weiße gedrungen sind. Diese Indianer sollen Häuptlinge haben, welche als Könige regieren. Alle dortigen Reiter tragen Masken und die Pferde Lederdecken, um sich und ihre Tiere vor den Stichen der häufig giftigen Fliegen zu schützen.

10. Juli 1865 Puebla Es ist unglaublich, mit welcher Furcht die hiesigen Blätter erfüllt sind, daß Nordamerika einen Krieg mit Frankreich, England und Österreich beginne, in den Mexiko verwickelt würde. Das ist doch einer der kannibalsten Unsinne! Ich denke, daß diese Schreckensberger durch die Politik Europas wirkungslos verpuffen werden. Leider hat sich England schon mehrere Male von dem Phantome Amerika ins Bockshorn jagen lassen. Diese Kaufmanns-Seelen sind doch nur tapfer und kämpfen, wenn ein merkantiler Vorteil heraussieht!
Der jetzige Eskadrons-Stand ist 145 Pferde und 156 Mann. Ich bin zum Ausmarsche bereit. Die andern Husaren sind bereits ausmarschiert. Zwei Ulanen-Eskadronen sind hier mit Rittmeister Baron Tacco, Rittmeister von Schuckmann, Divisions-Kommandant Baron Bertrand.
Ein Fürst Wittgenstein vom Rhein dient hier als Rittmeister in einem ausländischen Regimente. Er war früher in einem russischen Regimente und hat den Kars-Feldzug unter Murawjew mitgemacht [im Krimkrieg 1855]. General Thun ist wieder in der Sierra zwischen Perote und Jalapa.
Neulich unternahm ich wieder einen Jagdausflug hinter den

Malinche [vulkanischer Berg]. Es gibt dort viele Virginia-Hirsche, auch Pumas, Jaguare und Luchse.

Puebla 14. Juli 1865 Gestern marschierte Rittmeister von Schuckmann mit einer Ulanen-Eskadron nach Tepipic, bin daher allein hier mit meinen Husaren. Ich übernahm das Husaren-Regiments-Kommando in Abwesenheit aller Stabsoffiziere (denn auch Kodolitsch ist noch immer von Mexiko nicht eingerückt), dazu die Pferde-Assentierung und den Vorsitz im Kriegsgericht, samt der Rechnungs-Kanzlei.
Thun hat drei inländische Kavallerie-Regimenter unter seinem Kommando. Wir hoffen, daß er sie von Grund aus ändern wird, denn von diesem Offiziers-Gesindel kann man sich wohl in Europa keinen rechten Begriff machen.
Wir haben täglich einzelne Abteilungen in Nacht-Bereitschaft wegen der vielen Straßenkrawalle.
In Fort Loretto hier in Puebla sitzt der feindliche General Profirio Díaz gefangen. Er ist ein anständiger Mensch.
Eben kommt die Nachricht, daß Thun die Liberalen in die Ebene von Zacatlan hinausmanövrierte. Hauptmann Baron Hammerstein ist mit einer halben Kompanie und vierzig Husaren eben aus Mexiko nachgeschickt worden.
Wir sind jetzt hier in Puebla: Meine Husaren-Eskadron, eine halbe Ulanen-Eskadron, und zweihundert Semitruppen. Mit diesen muß der ganze Dienst versorgt werden. Die vielen halbverfallenen Forts sind oft nur mit sechs Mann besetzt, die von einem Winkel zum andern rennen und »Halt wer da« rufen. Wir sind doch zu Wenige für ein so riesiges Terrain, das beinahe ganz insurgiert [von Aufständischen beherrscht] ist. Ich halte das ganze für unhaltbar, will kein schlechter Prophet sein, aber so kann es nicht fortgehen. Ich gebe der Monarchie keinen langen Bestand. Die Franzosen sind nur 16 000 Mann stark.

Die Regenzeit ist im Abnehmen begriffen. Alles ist in schönster Blüte. Die Mexikaner behaupten aber, daß stets noch kleine Nachgüsse während einigen Wochen nachkommen, die Wege daher nicht so schnell austrocknen können.

Puebla 6. August 1865 Wir haben einen großen Verlust zu beklagen. Rittmeister Graf Carl Kurtzrock ist in Ahuacatlan mit sechzig Ulanen erschlagen worden. Da ich mit ihm befreundet war und schon bei den Trani-Ulanen zusammen diente, ihn von Jugend auf kannte, so wollte ich mich selber von der ganzen Wahrheit überzeugen, und begab mich auch dahin. Es kam so:
Kurtzrock wurde durch seine Bravour hingerissen (eigentlich kann man es anders nennen), mit sechzig Ulanen, mit Piken und Pistolen bewaffnet, und achtzig Mann inländischer Fußtruppen den Ort Ahuacatlan am Fuße der Sierra nehmen zu wollen. Um 10 Uhr früh brach er auf und marschierte in die Sierra hinein. Dieselbe ist an der Grenze des tropischen Striches. Hohes Gebirge umgibt tiefe, mit dichter Urwald-Vegetation bedeckte Täler. Wege sind kaum kenntlich. Oft kann nur ein Mann hinter dem andern sich mühsam durchwinden oder an Leinen in die tiefen Barrancas herablassen. Drei Stunden stiegen sie herab über Steingeröll und umgestürzte Riesenbäume. Kaum im Tal angelangt, wurde Kurtzrock von einem heftigen Gewehrfeuer empfangen. Doch verfolgte er seinen Weg mutig fort, bis er die andere Seite der steilen Höhe erreicht hatte, wo er einen Lagerplatz machte. Die ganze Nacht dauerte das Feuern. Von Schlaf war natürlich keine Rede. Da beschworen ihn seine Offiziere Rittmeister Graf Sternberg und Leutnant Sega umzukehren. Aber Kurtzrock war wie verrückt. Der Gedanke, geschlagen umkehren zu müssen, schien ihm unerträglich. Hätte er doch bedacht, daß er so viele Menschenleben ohne Grund, nur um

seiner Eitelkeit zu fröhnen, auf die Schlachtbank führte! Ich halte das für unverantwortlich.

Bei Sonnenaufgang stürmten und nahmen sie den Ort San Francisco. Dann ging es wieder weiter. Die Liberalen hatten die Höhen besetzt und richteten ein ununterbrochenes mörderisches Feuer auf die im Tale marschierenden Ulanen. Die inländischen Truppen waren größtenteils bereits in der Nacht desertiert. Schon hatte die kleine Truppe bereits mehrere Tote und viele Verwundete, auch Kurtzrock war in den Schenkel geschossen, als sie den Turm von Ahuacatlan erblickten. Dorthin wollten sie sich durchschlagen und in der Kirche verschanzen.

Es gelang auch, und sie kamen erschöpft und außer Atem in die große alte Kirche, deren Eingang sie eiligst verrammelten. Nun liegt Ahuacatlan in einem tiefen Tale. Die Kirche ist am Ende des Ortes auf einer kleinen Erhöhung. Stufen führen von drei Seiten herunter. Hinter ihr erhebt sich knapp eine schroffe Lehne, von der man leicht auf das flache Dach springen kann, was der Feind auch tat. Der Sturm begann, die Dissidenten schossen durch die Kirchenfenster und durch das alte morsche Tor, so daß die Kugeln von den inneren Wänden abprallten.

Jetzt scheint erst Kurtzrock sein kopfloses Wagnis eingesehen zu haben, indem er seinen intimsten Freund Sternberg umarmte und ihm zuflüsterte: »Wir sind verloren«.

Noch einen Ausfall wollten sie machen, vielleicht gelänge ihnen der Durchbruch. Sie öffneten plötzlich das Tor und stürzten mit gefällter Pike heraus, kamen aber leider nicht weit. Sie wurden, nachdem Kurtzrock noch einen Schuß in die Seite, Sternberg einen in den Rücken erhalten, überwältigt und gefangen.

Jetzt kommt erst der schreckliche Teil des Dramas: Kurtzrock kam, gestützt auf zwei Unteroffiziere, umgeben von

Feinden, die Stufen langsam herunter, als ein Reiter-Anführer der Plateados, Perez genannt, der noch kurz vorher in Zacatlan dem Kurtzrock Pferde verkauft, aber wegen einer Kleinigkeit barsch angefahren worden, auf letzteren zugesprengt und fragte: »Bist du der Kommandant?« Worauf Kurtzrock ruhig antwortete: »Ich bin es«. Da zog der Kerl seinen Stutzen aus der Versorgung und schoß kaltblütig dem armen Carl durch den Kopf. Sternberg, der von diesen Vorgängen nichts wußte, sieht ihn plötzlich liegen. Als er sich nun bücken will, um den armen Freund zum letzten Male zu umarmen, stoßen ihn die Liberalen mit Kolbenschlägen nach vorwärts.

Auf einem kleinen Platze vor dem Hause des Anführers Zoza mußten sich alle in eine Reihe stellen, und es wurde ihnen bedeutet, daß sie allsogleich erschossen würden. Die acht treu gebliebenen Mexikaner mit ihrem Leutnant Luze (Mexikaner) rissen die Kerle bei den Haaren heraus und erschossen sie unmittelbar darauf. Dann mußten sie Gefangenen niederknien, die Augen schließen und die Hände erheben. Endlich wurden sie alle mit Kolbenstößen aufgetrieben und in ein kahles Zimmer gesperrt, wo sie ohne Nahrung und Pflege der vielen Verwundeten verblieben. Das sind die Menschen, die uns gegenüber standen! Das sind die sogenannten Liberalen, die fortwährend das Wort »Libertad« im vollen Munde führten, denen die Amerikaner Waffen und Geld lieferten, sie uns gegenüber als Herren des Landes anerkennen!

Die Verwundeten schmachteten Gott sei Dank nicht lange. Oberstleutnant Graf Fritz Wolff-Metternich kam an der Spitze der Österreicher, erstürmte Ahuacatlan. Die Dissidenten schleppten zwar die Gefangenen fort. Doch die Verwundeten (elf Ulanen, Sternberg und Kadett Graf Meraviglia) wurden gerettet. Das war am andern Tag. Abends verließen die Österreicher diesen unseligen Ort.

Als ich drei Tage später das Schreckliche erfuhr, nahm ich zwanzig meiner besten Husaren. Es gab mir keine Ruhe mehr, ich wollte meinem armen Freunde die letzte Ehre erweisen, sein Grab entdecken und die näheren Details erfahren, um die Wahrheit nach Hause zu berichten. Major Ghika, der damals in Puebla das Kommando übernommen hatte, erteilte mir dazu die nötige Erlaubnis.
Der Ritt war höchst beschwerlich. Noch dazu mußten wir große Umwege machen, um überhaupt den Schauplatz erreichen zu können, auch unsicher, denn während wir durch fünf Stunden lang den Abstieg bewerkstelligten, sahen wir fortwährend die Dissidenten auf den gegenüberliegenden Höhen. Doch beschossen sie uns nicht.
Glücklicherweise marschierte eben Hauptmann della Sala mit 1500 Guatecomaken in Ahuacatlan ein. Er hatte diese Mannschaft auf Befehl gebildet und kommandierte sie seit Monaten. Diese Vollblut-Indianer waren nur mit einem braunen Poncho bekleidet, umgürtet mit der Patronentasche und bewaffnet mit einem langen Steinschlag-Gewehr. Sie sollen sehr tapfer sein und liebten ihren Kommandanten sehr.
Die Kirche war noch voll Blutflecken und furchtbar zugerichtet. Viele Dissidenten waren auch gefallen. Kurtzrock und Sternberg hatten ihre Jagdflinten mit und erschossen mehr als 25.
Abends gruben wir die in einem großen Loche angehäuften Leichen heraus, darunter die Kurtzrocks, die wir an der feinen Wäsche erkannten, und bestatteten sie auf dem Kirchhofe. Es war eine schwere Arbeit. Mit dem Lasso wurden die Leichen herausgezogen. Aber die Verwesung war in dem tropischen Klima so vorgeschritten, daß das Fleisch von den Knochen meist heruntergezogen wurde.
Während dieser traurigen Arbeit zeigten sich mehrere größere Dissidenten-Haufen auf den Bergen, die sich langsam

uns näherten. Sala schickte ihnen seinen Unterkommandanten Morales (später in kaiserlichen Diensten gefallen, ebenfalls ein Indianer) mit seinen Leuten entgegen, worauf sie sich zuerst herumjagten, Morales den Feind aber bald vertrieb. Abends brannten die Indianer einige Häuser – darunter auch das des Zoza – nieder. Die ganze Nacht feuerte der Feind in den Ort hinein, traf aber nichts, doch fortwährend hörten wir das »Quién vive!« [wörtlich: »Wer lebt!« gemeint: »Halt! Wer da?«] worauf das Krachen der Gewehre erfolgte.
Das Grab am Friedhof ist mit Orangen und Platanenbäumen umgeben. Wir hatten einige versteckte Ortsbewohner aufgefunden, denen wir unter Androhungen befahlen, das Grab der Gefallenen, die doch auch Christen seien, zu schonen. Ein großes Kreuz wird aus Stein errichtet, worauf die Namen der Unglücklichen stehen werden.
Den anderen Tag zeitlich früh ritten wir nach Puebla zurück. Rittmeister Czeke, ein braver Freund, ist auch mit gewesen. Verschiedene Gerüchte entstanden später. Man behauptet vielleicht nicht mit Unrecht, daß Major Schönowsky den Befehl dem armen Carl dazu gegeben hatte, auch ihm versprochen hatte, zugleich mit ihm in Ahuacatlan zusammenzutreffen. Eine Untersuchung wurde zwar eingeleitet. Es kam aber nichts heraus wie immer.

Im September 1865 wurde die Nachfolge des auch nach achtjähriger Ehe noch kinderlosen Kaiserpaares geregelt. In einem Geheimvertrag adoptierte Maximilian die beiden Enkel des ersten Kaisers von Mexiko, des 1824 erschossenen Iturbide. Den damals noch nicht dreijährigen Agustin nahm er zu sich. Der Mutter des Kleinen, einer geborenen Nordamerikanerin, war die Einreise nach Mexiko verwehrt.
Allerdings gab es neben dem Iturbide-Plan noch einen anderen Versuch, die Nachfolge zu regeln. Im November 1865

fragte Graf Charles Bombelles im Auftrag Maximilians bei dessen jüngerem Bruder, Erzherzog Karl Ludwig an, der drei Söhne hatte (Franz Ferdinand, Otto und Ferdinand), ob er geneigt sei, »dero Einwilligung zu geben, daß einer Dero Söhnen adoptirt werde. Derselbe Prinz würde sogleich noch im Laufe des Jahres 1866 als Sohn und Erbe des Kaisers und der Kaiserin von Mexiko nach Mexiko reisen; und würde I.K.M. die Kaiserin Charlotte nach Wien kommen um ihn abzuholen. Ihre Majestät würde den nöthigen Hofstaat mitbringen, so daß von hier aus nur eine Kindsfrau und ein Arzt mitgingen. Sollten Kaiser Max noch ein Kind geboren werden, so würde der Prinz, mit einer seiner Stellung würdigen Apanage dotirt, nach Österreich zurückkehren«. Max unterbreitete seinem Bruder diesen Wunsch »in der berechtigten Hoffnung, die Früchte des Riesenwerkes eines Erzherzogs von Österreich für das Haus Habsburg nicht verloren gehen zu sehen«.[3]
Karl Ludwig wollte jedoch von diesem abenteuerlichen Plan nichts wissen und lehnte ab. Maximilian blieb nun auf die Familie Iturbide angewiesen, die ihm in der nächsten Zeit große Schwierigkeiten machen sollte.

Palmar 13. September 1865 Ich wurde nach Tehuacan mit der Eskadron geschickt, dann gleich nach Palmar, das an der Hauptstraße liegt. Die Kavallerie ist hier wegen der vielen Barrancas (vulkanische tiefe Einrisse) und Kaktus-Reihen, womit man die Felder umgibt, nicht gut zu verwenden. Auch ist uns das Glück nicht hold. Die Dissidenten stehen von hier auf wenige Leguas. Doch wird uns das Vorgehen nicht gestattet.
Unser General steht mit den Franzosen schlecht, hat ihnen schon zweimal die angesuchte Unterstützung durch Kavallerie versagt. Das werden sie mit der Zeit zu rächen wissen!
Der Dienst ist beschwerlich. Fortwährend verlangt der Zivil-

Gouverneur eine Menge Kommanden, was die Leute nur umsonst ermüdet. Doch die täglich verkehrende Diligeance sowie das ziemlich gute Diligeance-Hotel bieten uns Zeitvertreib.

Teotitlan 21. September 1865 Wir haben bereits die Feuertaufe erhalten, die Husaren standen beim Kugelregen wie die Mauern. Den 15. September abends erhielt ich in Palmar eine Depesche von General Thun, nach Tehuacan, das zwölf Leguas [etwa fünfzig km] von Palmar liegt, aufzubrechen. Nachmittags befand ich mich in Tehuacan, wo ich das Kommando von zwei Husaren-Eskadronen und einer Kompanie Jäger übernahm.
Ich ließ eine Eskadron in Tehuacan und marschierte auf einen zweiten Befehl des Generals mit den Jägern unter Hauptmann Lászlo und seinen Husaren nach dem 15 Leguas entfernten Teotitlan. Man sprach viel von großen Haufen Dissidenten, die sich mit Absichten um Teotitlan sammelten.
Letzteres Dorf liegt am Fuße eines gewaltigen Gebirgstockes, der die Abdachung von der Tierra templada in die Tierra caliente bildet und bereits ganz tropische Vegetation hat. Die Bevölkerung dieses kleinen Ortes besteht meistens aus Mischlingen von Negern und Indianern. Erstere mögen wohl noch aus der Sklaven-Zeit der spanischen Eroberer gestammt haben. Der Typus ist unverkennbar.
Die Einquartierung war mangelhaft, denn wir schliefen alle angekleidet auf dem Boden. Ich hatte einen alten wackligen Tisch glücklich erobert.
Um Gewißheit über die mir von den mexikanischen Behörden mitgeteilten Befürchtungen zu erhalten, unternahm ich den *14.* folgenden Erkundungszug:
Um 1/2 4 Uhr früh nahm ich hundert Mann meiner Eskadron mit den Oberleutnants Kavetzky und Farkas, Leutnant

Baron Kulmer und brach nach Teccomavacca auf, einem sechs Leguas von Teotitlan gelegenen kleinen Orte, den die Dissidenten jeden zweiten oder dritten Tag besuchen. Um 4 Uhr früh angekommen, hieß ich nach getroffenen Sicherheits-Maßregeln absitzen, requirierte gegen Bezahlung von den Weibern (die Männer waren spurlos verschwunden) mehrere Schweine und ließ die Pferde füttern. Wir waren eben im besten Abkochen, als ein Indianer die Meldung brachte, daß zweihundert feindliche Reiter auf dem jenseitigen Ufer des Rio Blanco bei Chiotepec wären und wegen dem hohen Wasserstande nicht herüber könnten.

Da die wirklichen Indianer nie eine falsche Meldung brachten, ließ ich aufsitzen. Wir ritten gegen den nur zwei Leguas entfernten Fluß, brauchten etwa dreiviertel Stunden zum Ufer. Der Weg endigte zwischen zwei hohen kahlen Hügeln. Der Fluß, durch die Regengüsse angeschwollen, war reißend, etwa hundert Schritte breit und sehr tief, weshalb von einem Durchreiten abgestanden werden mußte. Ein einzelner Reiter patrouillierte drüben hin und her. Als er uns erblickte, galoppierte er auf ein vielleicht zweitausend Schritte entferntes Dorf, wie wir es mit dem Gucker sehr gut ausnahmen, und kehrte dann später im Schritt langsam zurück. Es war hübsch anzusehen, wie der Reiter auf seinem schönen Pferd immer vor uns herum karakollierte [Ausdruck aus der mittelalterlichen deutschen Reiterei: ganz nahe an den Feind heranreiten], dabei den Sombrero schwenkte, uns einladend, herüberzukommen.

Es sammelten sich immer mehr Reiter. Schon waren über sechzig am anderen Ufer, als sie uns plötzlich eine Salve gaben.

Doch sämtliche Kugeln flogen uns über die Köpfe, und nun begann ein gegenseitiges Feuern, wobei wir drüben einige Reiter herunterschossen. Ich bestieg den linken Hügel und zeichnete inzwischen die Befestigungen des gegenüberliegenden Ortes. Eljen-Rufe der Husaren begleiteten jeden glücklichen Schuß. Als mich der Feind bemerkte, nahm er mich als Zielscheibe seiner Schüsse. Doch konnte ich die Zeichnung vollenden, sammelte meine Husaren und trat ohne einen Verwundeten den Rückmarsch nach Teotitlan an, wo ich um 9 Uhr abends ankam. Die Stellung war eruiert, der Zweck vollkommen erreicht. Ich sandte die Meldung darüber an General Thun.

29. September 1865 Tehuacan Die Stadt Tehuacan ist ein großes Konglomerat von meist ebenerdigen Häusern mit flachen Dächern, zwei großen Plätzen, worauf zwei große schön gebaute Kirchen stehen. Sie liegt in einer riesigen Ebene, die im Süden von den Hügeln Teotitlans begrenzt ist. Befestigungen fehlen gänzlich. Die Straßen sind ungemein breit, aber nicht gepflastert. Das Leben während der Wochenmärkte ist ungemein interessant, die Felder gut bebaut, das Klima halbtropisch. Mit den Behörden stand ich immer schlecht. Es ist ein käufliches erbärmliches Gesindel, das stets je nach den politischen oder kriegerischen Begebenheiten sich entweder kriechend oder arrogant benimmt, echte Mestizen.
Ich war noch mit Husaren und der Kompanie Jäger in Teotitlan, als ich den 22. September um vier Uhr nachmittags durch die treuen Indianer die Nachricht erhielt, daß der Dissidenten-General Figueroa mit vierhundert Kavalleristen und zweihundert Mann Infanterie bei Teccomavacca stehe. Ich schwieg über das Erhaltene, ersuchte aber Hauptmann Lászlo, mit vierzig Jägern vor Teotitlan eine feste Stellung zu nehmen, um im Falle, daß ich mich zurückziehen sollte, doch sicher zu sein.
Um Mitternacht ließ ich still die Eskadron satteln, und wir

marschierten lautlos mit den Jägern ab. Die Nacht war wundervoll. Das südliche Kreuz leuchtete uns in seiner ganzen Pracht am sternenbesäten Himmel entgegen. Leuchtkäfer schwärmten in Unmassen um uns herum. Die Coyotes (wilde Hunde oder kleine Wölfe) lärmten. Um 3 Uhr früh kamen wir in eine Zuckerfabrik (Zuckerrohr), die unter riesigen Gummibäumen malerisch versteckt liegt und San Juan de Juez heißt. Hier hielten wir an. Wir hatten beiläufig vier Leguas hinter uns. Dort nahm ich Lászlo auf die Seite, und wir wurden einig, daß er an diesem Punkte die feste Stellung einnehmen werde.

Die Augen aller meiner 150 Husaren waren auf mich gerichtet, was ich wohl unternehmen werde. Ich hatte ja niemandem auch nur eine Andeutung von meinem Vorhaben gegeben. Da erhob sich ein grelles Licht auf einer Bergeshöhe. Es wuchs, und ein magisches Licht ergoß sich über das ganze breite Tal. Wir waren alle überzeugt, es sei ein von den Dissidenten angezündetes bengalisches Feuer, um uns zu avisieren – doch nein: Der Morgenstern, der in den Tropen eine ungeheure Größe erreicht, erhob sich majestätisch in die dunkle Höhe.

Nun gab ich der Eskadron das Zeichen des Abmarsches, und lautlos trabten wir dem Feinde entgegen. Wieder fünf Leguas ritten wir so fort, als es immer heller wurde und wir an eine breite Barranca kamen, immer noch am linken Ufer des Rio Salado. Da bekam ich durch den Husaren Lenkey von der Avantgarde die Meldung, daß der Feind die andere Seite der beiläufig hundert Schritt breiten Barranca besetzt habe. Ich ließ, nachdem ich das Terrain bereits kannte und keine Befestigungen sah, enger anschließen, begab mich an die Spitze, und wir stiegen die Barranca herunter.

Kaum unten angelangt, empfing uns eine mörderische Salve, und der ganze Berg schien sich zu beleben. In diesem Augenblicke schrie mein Seconde-Rittmeister Dolezel: »Visza« (Zurück)! und schon begannen die Husaren, durch diesen scheußlichen Ruf erschreckt, ihr Tempo zu mäßigen. Wir wären rettungslos verloren gewesen, wenn nur einen Moment noch gezögert worden wäre. Da rief Zsiga Zichy auf ungarisch: »Lasset den Rittmeister nicht sitzen! Verlaßt Euren Rittmeister nicht!« Und mit »Eljen a Császár« [Hoch dem Kaiser] stürmten die wackeren Husaren mir nach. Es war höchste Zeit, denn oben angelangt, hatten mich die Kerle umringt, und obwohl ich den Kommandanten Suzman mit einem Hieb übers Gesicht unschädlich gemacht hatte, so hätten sie mir doch bald den Garaus gemacht. Wie ein Schatten fuhr es da plötzlich an mir vorüber, und mein braver Trompeter Naghy machte mir bald mit einigen wuchtigen Hieben Luft. Es war mir wohl heiß geworden!

Das Gemetzel begann, die Husaren gaben keinen Pardon. Kurtzrocks grauenvolles Ende schwebte ihnen noch vor Augen! In wenigen Augenblicken hatte uns der Feind den Rücken gekehrt, und der Boden war mit Leichen bedeckt. Die Flucht des Feindes war so wild, daß die Kavallerie sich noch in den zwei Leguas entfernten Rio Blanco stürzte und sechs Mann ertranken, so meldeten die Indianer, die Infanterie aber zwei Tage nicht aus dem Gebirge herauszubringen war. Bei der Verfolgung machten die Husaren noch manchen nieder.

Wir ließen die toten und verwundeten Feinde durch die getreuen Indianer sammeln. Es wurden vierzig Tote gezählt, sowie bei fünfzig Verwundete, die eingebracht wurden. Wir hatten zwei Tote und zwei Schwerverwundete. Die vielen von leichten Säbelhieben Verwundeten behielten wir bei uns. Sie wollten nicht ins Spital. Das Korpskommando bewilligte dreißig Tapferkeits-Medaillen. Die goldene

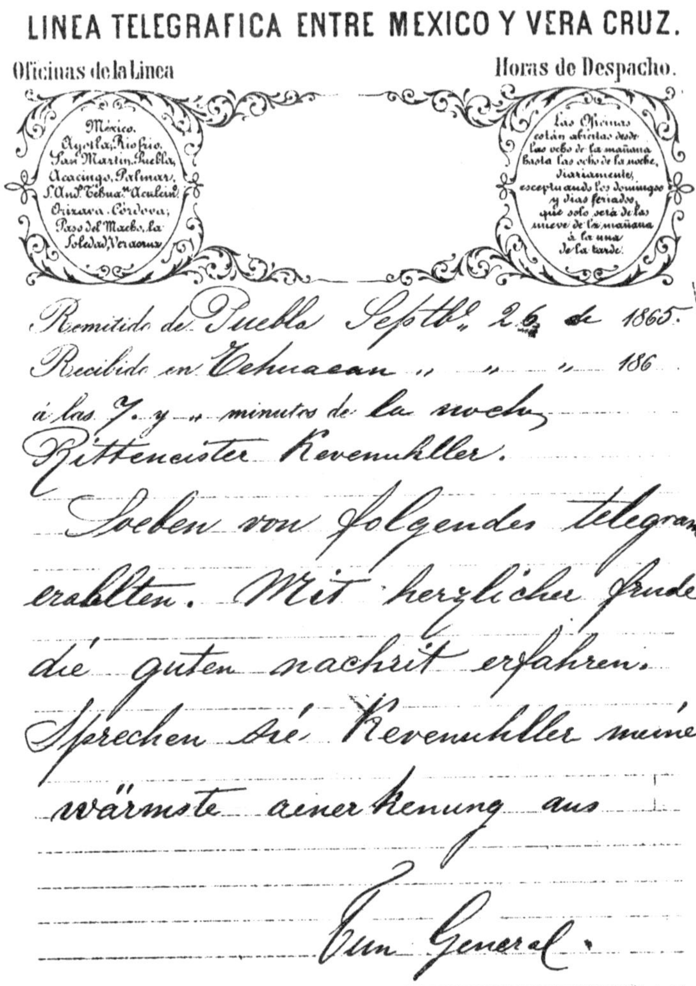

LINEA TELEGRAFICA ENTRE MEXICO Y VERA CRUZ.

Oficinas de la Linea

México, Ayotla, Rio frio, San Martin, Puebla, Acacingo, Palmar, S. And^s Tehuac^n Aculcin, Orizava, Córdova, Paso del Macho, la Soledad, Veracruz.

Horas de Despacho.

Las Oficinas están abiertas desde las ocho de la mañana hasta las ocho de la noche, diariamente, exceptuando los domingos y dias feriados, que solo será de las nueve de la mañana á la una de la tarde.

Remitido de Puebla Septbre 26 de 1865.

Recibido en Tehuacan " " " 186

á las 7. y " minutos de la noche

Rittmeister Kevenuhller.

Soeben von folgendes telegram erhalten. Mit herzlicher freude die guten nachricht erfahren. Sprechen Sie Kevenuhller meine wärmste aenerkenung aus

Vom General.

Telegraphische Anerkennung für Khevenhüller für die erfolgreiche Schlacht gegen General Figueroa.

Medaille erhielten Zichy und Trompeter Naghy. Variassy wurde zum Leutnant befördert.
Nach zwei Tagen wurden wir wieder nach Palmar beordert, doch kaum acht Tage dort anwesend, kehrten wir wieder nach Tehuacan zurück, da der Feind gegen die Stadt rückte.

In der immer schwieriger werdenden politischen und militärischen Lage warfen die Franzosen dem Kaiser zu große Nachgiebigkeit gegenüber den Feinden vor. Schließlich überredeten sie den Widerstrebenden zum Dekret vom 3. Oktober 1865: danach durfte jeder Feind der Monarchie binnen 24 Stunden nach der Gefangennahme ohne Prozeß erschossen werden. Auch angesehene Heerführer der feindlichen Seite wurden nun wie Räuber nach der Gefangennahme niedergemacht.
Daß Max dieses Dekret nur widerstrebend unterschrieb, wissen wir aus vielen Quellen, so auch von Pater Dominik Bilimek, der in Mexiko die naturwissenschaftlichen Sammlungen des Kaisers betreute. Bilimek erzählte, in der Nacht vor dem 3. Oktober sei der Kaiser zu ihm in das Biwak gekommen, habe mit ihm in der hellen Mondnacht einen Spaziergang ins freie Feld gemacht und ihn gefragt: »Pater Bilimek, Sie sind ein treuer christ-katholischer Priester, und als solchen richte ich eine ernste Frage an Sie. Man sagt mir, es sei meine Pflicht als Christ, mit voller Strenge zu handeln und jeden mit der Waffe in der Hand Gefangenen als Rebellen erschießen zu lassen. Ich frage Sie als Priester, ist das meine Pflicht?« Erschreckt und ergriffen antwortete der Pater: »Die christliche Religion ist die Religion der Liebe und nicht des Hasses oder der Rache. Was hier Ew. Majestät geraten wird, ist das Gegenteil von Christentum. Dann beschwor ich den Kaiser, bei allem was ihm auf Erden oder im Himmel heilig, diesen Rat abzuweisen«.[4]

Doch Max ließ sich wie so häufig gegen sein Gewissen zu Härte überreden, und es half ihm wenig, daß er diesen Schritt bis an sein Lebensende bedauerte. Dieses Gesetz schürte den Haß der Parteien und wirkte sich noch in Maximilians letzten Stunden gegen ihn aus: Denn Juárez wandte eben dieses Dekret vom 3. Oktober nun gegen den gefangenen Kaiser selbst an und ließ ihn gnadenlos erschießen.

In der Nacht vom 22.–23. Oktober hatten wir die Meldung, daß der Feind in ziemlicher Stärke bei der Stadt vorüberzöge. Wir hielten gut Wache, und er hätte uns gewiß nicht à la belge, wie es damals hieß, überrascht. Aber den andern Tag hatten wir ihn gewiß zu erwarten. Es kam aber anders.
Unsere Guardia Rural meldete um 3 Uhr früh, daß die feindliche Kolonne, statt uns in Tehuacan in der Nacht anzugreifen, weiter gegen Teotitlan marschiert. Um 3 Uhr früh verließen wir die Stadt – meine 140 Husaren, 120 Ulanen unter Rittmeister Bythel, einem Engländer (starb später in Tulancingo an einer Verwundung am Knie) und dreißig Mann berittener Guardia Rural. Der Rio Salado war beiläufig vier Leguas von der Stadt entfernt. Der Feind, der eben vor uns marschierte, war im Begriffe, den Fluß, der zwar reißend, aber nicht tief ist, zu durchkreuzen. Dort wollte ich ihn angreifen. Er besaß sechshundert Reiter und bei tausend Mann Infanterie. Ich gab das Signal zur Attacke, als wir seine Arrièregarde erreicht hatten, und wir fielen über die Nichtsahnenden her.
Das Gefecht im Flusse war mörderisch. Wir zerschmetterten die ganze feindliche Kolonne, erschlugen 130 Mann und elf Offiziere. Der Feind hatte mehrere Carrés gebildet, die wir total sprengten und überritten. Wir jagten sie dermaßen in die Flucht, daß der feindliche Kommandant General Figueroa, begleitet von einem einzigen Offizier, in Hemdsärmeln in der oben erwähnten Zucker-Fabrik fliehend ankam. Über hun-

dert Blessierte sollen in den Ortschaften herumliegen, ebenso in der Sierra. Wir erbeuteten sechzig Pferde, 130 Gewehre sowie die feindliche Standarte. Unser Verlust war für solche Erfolge nicht hoch: drei Tote und 15 Verwundete, sechs Pferde tot, 25 verwundet. Leider fiel auch mein bester Offizier, Oberleutnant von Kavetzky. Er erhielt einen Schuß ins Herz, während er eben mit seinem Revolver mitten in der Barranca haltend einen Fliehenden von der Anhöhe herunterschießen wollte.

Ich stürzte mitten im Gefechte, denn mein Pferd hatte einen Schuß in den Fuß bekommen. Meine Husaren retteten mich, als eben einige Kerle mit dem Bajonett auf mich zusprangen. Das Pferd war mir auf die Brust gefallen, und ich mußte den Tag darauf im Bett bleiben. Von dem Siegesrausche unserer Soldaten kann man sich keine Vorstellung machen. Die Offiziere wurden im Triumphe herumgetragen, was Oberleutnant Mocker meiner Eskadron, der einen Bajonettstich in den Schenkel erhalten, nicht sehr angenehm berührte.

Es war Zeit, daß einige glückliche Affären die gedrückten Gemüter des österreichischen Korps wieder aufrichteten. Major Klein von den Ulanen war nach einem unglücklichen Gefechte nur mit 16 Ulanen entkommen. Oberstleutnant Zach wurde geschlagen. In der Sierra kommt man auch nicht vorwärts.

Palmar 7. November 1865 Wir standen bereits drei Monate vor dem Feinde. Die Eskadron war von dem anstrengenden Dienste schon ziemlich auf der Decke, die Pferde und die Ausrüstung desolat. Es war Zeit, daß man uns Ruhe gönnte. Vom Feinde sah und hörte man auch nichts mehr.

Wir wurden beordert, die Kaiserin, die durch Palmar am Wege nach Yucatán sich befand, dort zu empfangen, da Ihre Majestät den Husaren die ihnen zuerkannten Dekorationen

eigenhändig anheften wollte, die für die Gefechte von Rio Salado, Rio Blanco und Ajalpam vergeben waren.
Um drei Uhr nachmittags kam die Kaiserin an. Die Stadt war recht hübsch dekoriert. Es wurden viele Raketen, obwohl bei Tage, verpufft. Der Staub grimmig, ebenso die Hitze. Die Kaiserin sah trotz des geschlossenen Wagens wie eine Müllerin aus. Bald nach ihrer Ankunft ließ sie die Mannschaft und die Offiziere antreten und heftete jedem die Dekoration eigenhändig an die Brust. Dolezel, der sich bei Ajalpam wirklich sehr brav gehalten und seinen Mut wiedergefunden hatte, erhielt den Guadalupe, Mocker ebenfalls, Variassy und La Motte die silberne und bronzene Medaille. Ich erhielt das Offizierskreuz des Guadalupe und die bronzene Medaille. Kulmer den Guadalupe und die Medaille. Wir Offiziere wurden zur Tafel beordert, auch hiesige Würdenträger, die wie Affen aussahen.
Die Kaiserin hatte als einzige Hofdame eine Mestizin mit. Sie ist kaffeebraun und soll ein direkter Abkömmling Montezumas sein, ist sehr lebhaft, aber durchaus nicht hübsch, besonders im ausgeschnittenen Kleide. Abends war ein kleiner Ball arrangiert, zu dem aber die Kaiserin nicht erschien. Den andern Tag reiste sie um fünf Uhr früh nach Veracruz, wo sie sich nach Yucatán einschiffen will. Eloin ist eigenartig. Was er dort nützen will, ist mir ziemlich rätselhaft.
Die Kaiserin soll zwei Monate in Yucatán verbleiben. Es ist undenkbar. Das Klima ist schrecklich, und nur der Weg zwischen Campeche und Merida frei. Alles ist sonst vom Feind besetzt.

Maximilian hatte damals den Plan, das Schwergewicht seines Reiches mehr nach Mittelamerika, mit dem Zentrum Yucatan, zu verlegen. Denn der Norden war inzwischen fast völlig in republikanischer Hand und durch die Nähe zu den USA auch nicht zu halten. In einer Geheiminstruktion an seine Frau unterstrich Maximilian die Bedeutung Yucatans für ein zukünftiges zentralamerikanisches Großreich, das er immer noch erträumte. Was Charlotte auf dieser Reise erreichte, wissen wir nicht. Viel kann es jedoch nicht gewesen sein. Denn statt der geplanten zwei Monate blieb sie kaum zwei Wochen auf der Halbinsel, die zu dieser Zeit nicht nur höchst unsicher, sondern auch von Tropenkrankheiten verseucht war.

Den 10. November 1865 ritten wir wieder nach Tehuacan zurück, ich hatte dort den Rest meiner Eskadron zurückgelassen. Es ist die Umgegend nun ganz beruhigt, da Figueroa für den Augenblick ganz unschädlich geworden. Die Zuckerfabriken, die meistens dem spanischen General Prim gehören, sind wieder im Gange, und die wenigen Aufständischen zogen sich nach der Provinz Songolica zurück, die sie noch immer im Besitze haben. Ebenso ist Guerrero noch nicht gewonnen, daher der Landweg nach Yucatán unmöglich. Zwanzig Husaren unter Second-Rittmeister Dolezel sowie sechzig Jäger kamen wieder nach Teotitlan.
Matamoros wird eben von den Dissidenten belagert. Es liegt am Rio Grande del Norte und an der Grenze von Texas. Zur Verstärkung der dortigen Garnison schickte man zwei Kompanien Jäger und eine Gebirgs-Batterie unter Kodolitsch dahin. Diesen Secours expedierte Thun per Schiff. Zu Land wäre es unmöglich und zu weit.

[Kodolitsch schrieb über seinen Einsatz in Matamoros: »Matamoros ist eine reine Prestigesache. Solange die Kaiserlichen dort sitzen, können sie den Amerikanern beweisen, daß die Macht des Imperiums nicht auf die Hauptstadt beschränkt ist, wie die Dissidenten behaupten. Und da sich Mejía allein nicht halten kann, müssen halt nun wieder wir einspringen, auch wenn es uns nicht paßt«.[5] Das gesamte Hinterland um Matamoros war republikanisch. Die verlustreichen Kämpfe unter General Mejía dauerten bis zur Übergabe der Stadt an die Republikaner am 23. Juni 1866.]

Tehuacan 24. November 1865 General Thun war einige Tage hier. Er inspizierte die Truppen und verteilte mehrere Dekorationen, deren bei meiner Eskadron schon fünfzig sind.
General Figueroa hat seine Unterwerfung angetragen, aber solche Bedingungen gestellt, daß man sie nicht annehmen will. Vielleicht sind Schweinereien dahinter. Es ist schade. Denn er ist ein tapferer Kerl. Der Präfekt vor Oajaca kam neulich hier durch, um sich für Figueroa zu verwenden, er (der Präfekt) soll ein Schuft sein.
Die Post nach Puebla ist so unsicher, daß wir unsere Briefe mit einem Indianer nach Orizaba senden müssen.

26. November 1865 Tehuacan In Veracruz kamen 2800 Zuaven und 300 Chasseurs d'Afrique von Europa an.
Die Regiments-Kommanden haben beim österreichischen Korps aufgehört, und die Stabsoffiziere übernahmen Distrikte. Major Klein übernahm Orizaba, Major Baron Bertrand – Puebla, Major Hotze – Oajaca. Kodolitsch hat ein Kolonnen-Kommando in Matamoros, Major Polak (jetzt Pókay genannt) ist im Kabinett. Oberstleutnant Zach ist Chef der Kanzleien in Puebla, jetzt aber leider wieder Kolonnenführer in der Sierra. Schönowski auch leider Kolonnenführer in Tetela del Oro.
Der Dissidenten-Führer Francisco hat daselbst Unterwerfungs-Anträge gestellt, auch einen Waffenstillstand bejaht, der ihm gleich auch gewährt wurde, was ein Unsinn war. Polak als außerordentlicher Diplomat wollte die Gelegenheit

nützen, um den Hauptsitz Juan Franciscos, nämlich Tlapacoyan einzuschließen und falls der feindliche Führer sich nicht gleich unterwirft, einen Hauptschlag auszuführen. Er soll sich nur in acht nehmen, denn Zach wurde letzthin mit bedeutenden Verlusten zurückgeschlagen.

[Juan Francisco, der Führer der Guatecomaken, erklärte sich nicht nur zu diesem Waffenstillstand bereit, sondern schloß auch mit General Thun ein Schutz- und Trutzbündnis, in dem er sich verpflichtete, sein ganzes Kriegsmaterial auszuliefern. Als Gegenleistung schenkte Thun ihm tausend Stutzen und ließ sich sein Wort geben, daß aus diesen Stutzen nie ein Schuß gegen kaiserliche Truppen abgefeuert würde. Das Bündnis währte freilich nur knapp ein Jahr: Als General Thun Mexiko verließ, fühlte sich Juan Francisco nicht mehr an seine Zusage gebunden und proklamierte wiederum die Unabhängigkeit der Guatecomaken.[6]]

Wir machten neulich einen Ausflug zu einer Hacienda, wo ein sogenannter Indianerball stattfand: die »Peones« (in der Hacienda lebende Arbeiter, deren es dort mehr als dreihundert gibt) versammelten sich abends zu einem Feste, wo mehr getrunken und gesungen wird als getanzt. So ein Fest folgt meist einer »Matanza« [Schlachtung], das heißt, nachdem viele hundert Ziegenböcke umgebracht und abgehäutet wurden. Das Fleisch wird in langen Streifen getrocknet und heißt »charqui«. Die Häute kommen in den Handel. Zu diesem Feste erschienen alle benachbarten Hacienda-Besitzer samt Frauen und Töchtern.
Morgen früh fahre ich nach Puebla mit der Diligeance, um 16 Mann Infanterie, die mir für die Verluste zugeteilt werden, umzurüsten. Zweimal wurden bereits reisende Offiziere auf der Diligeance ausgeraubt. Sie schliefen! heißt es. Ich hätte sie

einfach davon gejagt, um so mehr als sie Geld transportierten. Die Fahrt nach Puebla dauert von 9 Uhr früh bis 6 Uhr abends. Der Weg ist wie überall entsetzlich schlecht. Die Straße ist unsicher.

Am 10. Dezember 1865 starb König Leopold I. von Belgien, der Vater der Kaiserin Charlotte. Er war in Europa eine der stärksten Stützen des mexikanischen Kaiserreiches gewesen und hatte sich immer wieder tatkräftig für »seine Kinder« Max und Charlotte eingesetzt. Sein Tod isolierte das Kaiserpaar weiter und machte Napoleon III. mutiger, seine schützende Hand aus Mexiko abzuziehen.

Tehuacan 14. Dezember 1865 Eloin ist also nach Europa! [Der belgische Baron Felix Eloin war Kabinettschef bei Maximilian. Er sollte mit Napoleon III. und dem neuen belgischen König über Hilfsmaßnahmen für Mexiko verhandeln, wurde aber von Leopold II. überhaupt nicht empfangen, und auch Napoleon ging nicht auf die mexikanischen Wünsche ein.]
Ein junger Leutnant Auersperg ist in Tlapacoyan gefallen. Er hat zwei Kugeln in den Unterleib bekommen und lebte unter furchtbaren Schmerzen noch zwei Tage. Ebenso fiel der mittlere der drei Brüder della Sala [Ulisse della Sala, bei seinem Tod noch nicht 18 Jahre alt, war allerdings der jüngste von vier Brüdern aus dem alten lombardischen Adelsgeschlecht, die in Mexiko kämpften. Die drei älteren Brüder quittierten nach Ulisses Tod den Dienst, verzichteten auf ihre österreichischen Dienstgrade und gingen nach Italien zurück.[7]]
Ich kehrte nach einigen Tagen nach Tehuacan zurück.

Tehuacan 18. Dezember 1865 Vorgestern kam Baron Lago, der österreichische Legationsrat, hier durch. Er reist zu seinem Vergnügen nach Oajaca und bekam Eskorte!

10 *Kaiser Maximilian im Ornat, rechts die Kroninsignien*

11 Benito Juárez – der gewählte Präsident der Republik Mexiko und unbeugsame Gegner Maximilians

12 Porfirio Díaz – republikanischer General gegen die kaiserlichen Truppen. Präsident der Republik Mexiko von 1877–1880 und 1884–1911

13–18 Diese um 1862 entstandenen Fotos von mexikanischen Händlern brachte ein Mitglied des österreichischen Freikorps mit nach Hause

19 (links) Prinzessin Agnes Salm, die einen Fluchtplan für den gefangenen Kaiser in Querétaro ausarbeitete

20 (unten) Der General des Freikorps Graf Franz Thun (Mitte) mit österreichischen Freiwilligen in Mexiko, ausgestattet mit Sombreros und einer Serapa

21 Fotos aus der letzten, unglücklichen Phase des Kaiserreichs: Das Kaiserpaar mit den drei Generälen Mejía (links), Miramón (rechts) und Mendez. Mejía und Miramón wurden mit Maximilian hingerichtet, Ramon Mendez einen Monat früher erschossen

22 *Ansicht der Stadt Mexiko um 1862 (links die Kathedrale)*

23 *Hauptplatz und Kathedrale, vom Nationalpalast aus gesehen*

Gestern Ausflug nach der Hacienda del Carnero, wo Día de Campo war: Hahnenkämpfe, Stiergefechte. Bei ersteren werden große Wetten geschlossen. Um 9 Uhr abends war erst das Diner beendet, und man führte die Tänzerinnen in den Ballsaal, der wie landesüblich mit Ziegeln gepflastert war. Jeder von den männlichen Gästen hatte etwas mitgebracht, wir Offiziere den Wein. Wir hatten nämlich immer sogenannten »Korpswein«, einen leichten ungarischen Wein zur Verfügung, den wir in den größeren Städten von unserer Intendanz fassen, aber auch bezahlen konnten. Das Mitbringen der Lebensmittel ist auch Landessitte. Man tanzte Habanera bis 7 Uhr früh. Glücklich, dem Staube und der Hitze entkommen zu können, ritt ich um 3 Uhr früh weg. Der Heimritt durch die wundervolle Tropennacht war herrlich. Um 5 Uhr war ich zu Hause.
Heute ging ein großer Gewehr-Transport nach Oajaca. Er ist für ein neu aufgestelltes mexikanisches Bataillon bestimmt. Ich schickte dreißig meiner Husaren mit.
Täglich sind Puma- und andere Tigerfelle bei den vorüberziehenden Indianern zu kaufen, oft um einen lächerlichen Preis.

Am 27. Dezember 1865 setzte sich Maximilian in einem Kraftakt gegen die Konservativen und die Kirche durch: Bei Anwesenheit des päpstlichen Nuntius in Mexiko bestätigte er die Konfiskation der Kirchengüter durch Juárez und erlaubte außerdem die freie Ausübung aller Religionsbekenntnisse. In einem bemerkenswerten Brief an die Bischöfe erklärte er seine Haltung: »Doch wie ich ein guter Katholik bin, so werde ich auch ein gerechter und liberaler Fürst sein«. Er warf der mexikanischen Kirche vor, sich in die Politik zu mengen: »es existieren beklagenswerthe Dokumente, welche klar beweisen, daß selbst die Würdenträger der Kirche an der Revolution theilgenommen haben, und daß eine Partei des Klerus einen sehr lebhaften Widerstand gegen den Staat ausübte. Gestehen Sie nur, meine verehrten Prälaten, daß die mexikanische Kirche durch ein trauriges Geschick viel zu sehr in die Politik und in die weltlichen Händel gezogen wurde und darüber den katholischen Unterricht ihrer Heerde vernachlässigte.« Das Volk brauche, »daß man es unterrichte, daß man ihm die Sakramente spende, wie das Evangelium es will, unentgeltlich«.[8] Der Klerus wollte ja auch die von Juárez abgeschaffte Unsitte, hohe Gebühren für jeden Dienst der Kirche einzuheben, wieder einführen und auch auf diesem Weg seinen Reichtum mehren – ein Reichtum, der dann nur zu oft für politische Zwecke eingesetzt wurde.

Maximilian hatte gute Gründe zu diesem Schritt. Die riesigen, einst von Juárez konfiszierten Kirchengüter waren inzwischen längst an eine Vielzahl von Privatleuten verkauft, die Klöster in Privatwohnungen umgewandelt. Alle diese Menschen hätten nun aus ihrem rechtmäßig erworbenen Besitz wieder vertrieben werden müssen zugunsten der Kirche, die dann wieder wie vor den Reformgesetzen den Großteil des Grundbesitzes in ihrer Hand vereinigt hätte. Zwar hatte Max in Unkenntnis der wirklichen Verhältnisse 1864 in Miramare der Rückgabe der Kirchengüter zugestimmt, nun in der Praxis war aber diese Zusage nicht zu erfüllen. Empört verließ der Nuntius Mexiko. Maximilian hatte seine Hauptgefolgschaft verloren, die Sympathien der Liberalen aber keineswegs gewonnen: Denn diese waren selbstverständlich nach wie vor Republikaner und Gegner des fremden Kaisers.

Juárez mußte in dieser Entscheidung Maximilians ein Schwächezeichen sehen. Er überblickte nur zu gut die schwierige politische Lage seines Gegners und verstärkte den Kampf.

Die Zukunftsaussichten für das mexikanische Kaiserreich waren alles andere als rosig, die militärische Lage schwieriger denn je. Carl Khevenhüller schrieb sich am 19.12.1865 in einem Brief an die Mutter seinen Unmut von der Seele: »Am meisten würde es mich anziehen, nach Brasilien zu gehen und dort den Krieg gegen Paraguay und Uruguay mitzumachen, da die hiesigen elenden Verhältnisse mich anekeln. [K. bezieht sich offensichtlich auf den sogenannten »Krieg der Tripelallianz« – Argentinien, Brasilien und Uruguay – gegen Paraguay. Auf welcher Seite bzw. gegen wen er kämpfen wollte, wird freilich nicht ersichtlich.] Es ist so gar keine Festigkeit, und ein ewiges Schwanken in allem, die Abhängigkeit von den Franzosen in allem sichtbar, und es gehört wirklich ein guter Magen, um sich durch diese Erbärmlichkeiten zu winden. Doch erzähle meine Ansichten nicht weiter. Man würde in Österreich zu sehr frohlocken und uns nur bedauern. Letzteres habe ich mir nie gewünscht«.

1866

1. Jänner 1866 Tehuacan Wir feierten den Neujahrstag alle zusammen. Hauptmann Lászlo ist abmarschiert. Dafür wird Rittmeister Baron Tacco mit seiner Ulanen-Eskadron ankommen. Wie viele werden noch in einem Jahre bei diesen Verlusten hier sein? Doch traurige Gedanken dürfen den Soldaten nicht lange beherrschen. Also Prosit Neujahr!

Das neue Jahr beginnt schön! Wir sitzen bei Hauptmann Krickl, der vorgestern mit seiner Kompanie einmarschierte. (Krickl wurde bei der Heimkehr im Angesicht Triests auf dem Schiff vom Schlag gerührt und war tot). Wir menagierten bei ihm. Es war ½ 7 Uhr abends und noch ganz licht, als wir ein sonderbares Rollen verspürten. Es währte drei bis vier Sekunden. Plötzlich fing alles im Zimmer herum zu fliegen an, dazu ein hirnbetäubendes Rollen und Zittern, daß wir uns auf den Sesseln nicht mehr halten konnten und entsetzt (wir waren ebenerdig) in den Hof sprangen, wo wir uns in der Mitte an Lattenzäunen und an den Oleanderbäumen festhal-

ten wollten. Umsonst, es schleuderte uns herum wie Ballen. Die Erde wackelte auf eine unbeschreiblich gräßliche Art. Kaum war dieses fürchterliche Schauspiel vorüber und wir unserer Sinne wieder mächtig, stürzten wir auf die Gasse, um die Mannschaft zu finden. Ein ergreifendes Schauspiel bot sich unseren Augen dar: Die ganze Bevölkerung lag am großen Platze auf den Knien, schrie, betete und weinte laut. Wir liefen in die alte Carmen-Kirche, die unsere Leute beherbergte. Ein Teil der Kirche war eingestürzt, wie durch ein Wunder aber niemand erschlagen, doch drei Pferde verschüttet, die wir später tot herauszogen. Mein Haus in der Stadt war unbeschädigt geblieben. Von der Pfarrkirche ist die Kuppel eingestürzt, in meinem eigenen Stalle eine ganze Wand. Mein Zimmer war durcheinander geworfen, und alles lag am Boden. Im Hause gegenüber ist ein Mädchen narrisch geworden, ein anderes weiter unten erschlagen worden.
Wir sowie die ganze Mannschaft schliefen im Freien, ebenso die Bevölkerung. Man behauptet, es wiederhole sich stets am dritten Tage, aber es wäre dann schwächer. Die Aufregung und Nervosität der Gemüter ist, wie alle Mexikaner mir gegenüber behaupten, nach einem Erdbeben oder -zittern stets einige Tage andauernd. Auch wir empfanden dies. Die ältesten Leute erinnerten sich nicht an ein so starkes Erdbeben. Es schien von Osten nach Westen zu gehen. Das ganze dauerte ungefähr eine Minute seit dem ersten Rollen, gewiß vom Berge Orizaba ausgehend. In Orizaba soll es furchtbar gehaust und viele Menschenleben gekostet haben.
Also ein Erdbeben erlebten wir auch hier, was kann man sich noch wünschen? Es ist ein unbeschreibliches Gefühl, so unter sich diesen unterirdischen Donner zu hören, diesen gräßlichen. Man steht hilflos gegen die rasenden Elemente. Dabei dieses entsetzliche Geheul und Geschrei der Einwohner, der Staub der einstürzenden Gebäude und das Gekrach dersel-

ben! Das alles zusammen macht einen übernatürlichen Eindruck, den man nicht mehr vergessen kann. Des Nachts oft und später nachher fuhr ich auf und glaubte, es wieder zu hören.

Tehuacan 6. Jänner 1866 Hier hat sich alles beruhigt. Kleine Abteilungen des Feindes stehen zwar auf acht Leguas von hier in den Bergen, aber sie scheinen nach den letzten Schlägen genug zu haben, da sie sich nicht rühren. Der Garnisonsdienst, den ich wieder streng einführte, mundet den Husaren wenig. Das wilde Lagerleben ist ihnen weit lieber. Es muß wieder Zucht und Ordnung in die Mannschaft kommen. Der Exzesse sind genug und besonders während der Wochenmärkte, sie müssen strenge bestraft werden. Das Material der Husaren ist keines für den Frieden. Die Ulanen sind viel ruhiger. Sehr viele gebildete junge Leute befinden sich unter diesen Ulanen. Sie haben meist falsche Namen, wie z.B. Malachowski, der ein Graf ist.
Die Beförderungen sind in den untern Offiziers-Chargen ziemlich vorteilhaft, bei den höheren geht es gar nicht.
General Thun schrieb mir, ich solle zwischen den Garnisonen Puebla und Orizaba wählen. Ich war um eine Änderung eingekommen, da die Pferde- und Kleiderausrüstung meiner Eskadron dringend einer Auffrischung bedurfte. Ich wählte Puebla, die Quelle der Stiefel, Röcke und Pferde.
Ich erhielt einen Second-Rittmeister Hauska, einen Siebenbürger, ein armes kleines Mandl, statt dem II. Rittmeister Dolezel, der ein Bramarbas war, hinter dem aber auch nicht viel steckt.

Tehuacan 15. Jänner 1866 Die ewigen Sicherheits-Maßregeln, Patrouillen, Kommandos, nehmen die Truppen sehr her. Sie sind eigentlich beinahe unnütz. Denn der Feind hat

sich in lauter kleinen minimalen Horden aufgelöst, die immer ziemlich weit von hier auftauchen, um gleich wieder zu verschwinden. Es wäre mehr die Sache der Lokalbehörden, die Guardia Rural ist dazu da. Aber die Behörden trauen ihren eigenen Truppen nicht. Bin von meinem Sturze mit dem verwundeten Pferde im letzten Gefechte wieder ganz hergestellt. Auch der Kolbenschlag auf die Brust ist vergangen.
Hier wird viel von dem Heimmarsche der französischen Truppen gesprochen, ebenso daß ein amerikanischer Konsul an Juárez abging. Auch sagt man, daß der französische Konsul in New-York abreisen soll. Das sind trübe Aussichten. Die französischen Offiziere sollen auf die Nachricht ihrer Rückberufung in ein wahres Entzücken geraten sein. Übrigens sind die Franzosen im Lande durch ihre Präpotenz und der Marschall wegen seiner Arroganz grimmig gehaßt. Ich kann dies den Mexikanern aber nicht übelnehmen. Das Land wird von den französischen Behörden systematisch ausgesogen. Die ganzen Staatseinnahmen fließen in den französischen Säckel. Die herumziehenden französischen Generäle legen den Städten kolossale Kontributionen auf, die rücksichtslos eingetrieben werden. Aber trotzdem ist von Ruhe oder Sicherheit, schon gar nicht von pekuniärer Ordnung die Rede, und es ist begreiflich, daß die Mexikaner die frühere Anarchie einer solchen Beglückung durch die »Grande Nation« vorziehen.

Tehuacan 23. Jänner 1866 Rittmeister Baron Tacco löst meine Eskadron mit seinen Ulanen ab. Er marschiert übermorgen hier ein. Seine Offiziere sind Oberleutnant Malburg und Karl Herberstein.
Heute rückt Leutnant von Variassy von meiner Eskadron aus Huajuapan, wo er mit einem Pulvertransport war, hier ein. General Thun ist zur Einnahme von Papantla herunter. Ritt-

meister von Susani und Hauptmann Schauer, ersterer mit seiner Eskadron Husaren, der zweite mit seiner Kompanie Jäger, haben daselbst dem Feinde ein Gefecht geliefert. Susani, den ich sehr gern hatte – ein schöner Mann mit langem schwarzen Barte – fiel mit acht Husaren und 18 Hilfs-Indianern. Der Sieg blieb aber unser. Der arme Susani war ein Neffe des Kardinal Rauscher. Er wollte in Österreich heiraten, Rauscher gab es aber nicht zu, und deswegen trat er in mexikanische Dienste. Papantla soll aber eingenommen werden.
Porfirio Díaz ist aus dem Gefängnisse in Puebla entwichen. Man behauptet, daß Oberleutnant Csismadia von den Husaren, durch Geld bestochen, ihn durchgelassen habe. Porfirio ist mit fünfhundert Reitern eine halbe Legua vor Huajuapan gestanden, als Variassy mit seinem Zuge dort übernachtete. Wenn nicht zufällig eine Kompanie Jäger denselben Abend dort eingetroffen wäre, so hätte der gute Variassy eine lustige Nacht gehabt!

Tehuacan 26. Jänner 1866 Morgen rückt Tacco mit den Ulanen hier ein, übermorgen marschiere ich mit 130 Husaren, dreißig Jägern und mehreren Kranken nach Puebla.

Puebla 8. Februar 1866 Mein Abmarsch hat eine Verspätung durch die Nachricht erhalten, daß tausend Dissidenten sechs Leguas von Tehuacan stünden. Ich nahm meine Husaren, die Eskadron Ulanen und vierzig einheimische Reiter und marschierte um 2 Uhr nachts ihnen entgegen. Ich ließ durch Reiterpatrouillen dabei die ganze Gegend durchstreifen und erfuhr, daß sie bereits das Weite gesucht hätten. Die Behörden übertreiben die feindlichen Kräfte immer aus lauter Angst um ein beträchtliches. Ich bin überzeugt, daß nicht mehr als vierhundert Dissidenten da waren.
Ich marschierte also den andern Tag nach Puebla, und rückte

den *4. Februar* hier ein. Der Empfang war sehr schön. Die Musik und alle dienstfreien Offiziere der Garnison waren uns entgegengeritten. Die Musik spielte den Rakoczy-Marsch, wozu die Husaren ununterbrochen Éljen riefen. Der Stadtkommandant la Vigne zog den Hut, als wir vorüberdefilierten, um seine Achtung vor der tapfern Eskadron zu bezeugen. Abends war großes Festessen, Toaste ohne Ende.

Am 14. Februar 1866 geschah ein Verbrechen, das weltweites Aufsehen erregte und dem Ruf des mexikanischen Reiches immens schadete: Die belgische Deputation, die Kaiser Max die Thronbesteigung von Charlottes Bruder als König Leopold II., angezeigt hatte, wurde auf der Rückreise von Mexiko in den Wäldern von Rio frio bei Puebla überfallen und ausgeraubt. Baron Huart, erster Adjutant und Günstling des Grafen von Flandern, wurde getötet, mehrere andere verwundet.
Um diese Zeit traf in Mexiko der Brief Napoleons III. vom 15. Januar ein, worin er das mexikanische Kaiserreich endgültig jeder Hilfe beraubte und als letzten Termin für den Abzug der französischen Truppen den Februar 1867 nannte. »... der Abgang unserer Truppen wird zwar eine momentane Schwächung darstellen können, aber den Vorteil haben, den Vereinigten Staaten jeden Vorwand für eine Intervention zu benehmen«.[8] In seiner Thronrede bekräftigte Napoleon III. seinen Willen, die Truppen nach Frankreich zurückzuholen, vor der Öffentlichkeit.

16. Februar 1866 Puebla Unsere Eskadron wird die 2. Eskadron unter Micolits in der Kaisergarde in Mexiko ablösen. Also Palastdienst! Der Kaiser verlangte mich und meine Husaren direkt, was von ihm wirklich viel ist und eine große Auszeichnung für die »Fünfte«. Bin recht froh, daß mein verwundeter Schlachtengaul ebenso wie sein Herr wieder hergestellt ist.

Oberst Graf Carl Bombelles, Palst-Kommandant des Kaisers Max, ist aus Europa vor zwei Tagen hier durch. Er scheint wieder sehr gerne nach Mexiko zurückzukehren und hat dort ein Verhältnis mit einer Doña Morales, deren Mann angestellt bei Hof ist. Bombelles, der bei den Husaren und dann bei der Marine in Österreich gedient hat, war dort schon Adjutant des Kaisers Max und in der Marine Korvetten-Kapitän gewesen. Die beiden österreichischen Hofdamen Gräfin Melanie Zichy und Gräfin Kolonitz (die später den Eloin heiratete) sind schon voriges Jahr und vor meiner Ankunft nach Hause gereist.
Mit Bombelles kam der neue Kommandant der »Dandolo« hier durch, Greaves, ein Engländer von Geburt.

27. Februar 1866 Puebla Es geschehen in diesem Lande wohl unglaubliche Dinge. Gestern kam ich von einem Streifkommando zurück, der Grund war dieser: Es erschien ein zerlumpter Kerl namens Sanchez mit achtzig halb bewaffneten Dissidenten in Tlaxcala, einem Städtchen acht Leguas von hier, nahm den dortigen Militär-Kommandanten namens Ormachia samt seinem Sohne gefangen, legte eine starke Kontribution auf, und nachdem er noch die dortige Umgebung ausgeraubt hatte, verschwand er spurlos. Die elenden Behörden avisierten erst acht Stunden später den Vorfall.
Obwohl ich mit der Eisenbahn 25 Leguas in einer Tour machte, war ich doch nicht im Stande, diese Räuber einzuholen. Sie zogen sich ins Gebirge mit ihrer Beute zurück. Die mexikanischen Behörden sind doch aus lauter Spitzbuben zusammengesetzt. Wie kann die Bevölkerung in solche Menschen Vertrauen hegen, die sie so schlecht beschützt! Übrigens ist es auch ein recht schönes Zeugnis für eine Stadt von über 4000 Einwohnern.
Gestern war hier wieder einmal ein Krawall angesagt, doch es wurde nichts daraus.

Es befindet sich hier eine französische Operngesellschaft. Sie kam aus Mexiko und geht nach Havanna. Die alte Salzer sang auch in mehreren Opern. Eine mexikanische Sängerin ist auch dabei und hat ungemein viel Applaus. Sie ist unförmig dick und heißt Peralta.
Unsere Infanterie rückt allmählich aus der Sierra hier ein. Man spricht von neuen Unternehmungen. Doch befürchte ich einen andern Grund: Sie wird wahrscheinlich aufgegeben – die Sierra Gorda und Jalapa, die uns so viel Blut und Geld gekostet! War das ein Unsinn, seine wenigen Truppen auf eine so ungeheure Distanz zu éparpillieren und sich unter total unfähigen Führern fortwährend schlagen zu lassen!
Ich erwarte stündlich meinen Abmarsch-Befehl nach der Hauptstadt von General Thun, der sich dort befindet. Der Kaiser ist auf seiner Villa in Cuernavaca. Micolits, der die Husaren-Eskadron bei ihm kommandierte, geht als Kurier nach Europa. Es ist Balsam auf seine Wunde – einrücken zu müssen. Der Kerl hat mit seinen Leuten ohnehin noch gar nichts gemacht, als in der Hauptstadt herumgelungert. Es ist recht, daß dieser Salon-Baatz auch einmal Pulver riecht und die Eskadron vor dem Feinde ihre Schuldigkeit tut.

Mexiko 28. März 1866 Der Marsch von Puebla wurde von uns in vier Tagen vollendet. Kaum dort angelangt, mußten wir schon den andern Tag nach Cuernavaca, wo wie gesagt der Kaiser und die Kaiserin sich aus der Stadt hinflüchteten. Am 20. März kamen wir dort an. Der Kaiser ließ mich (es war unmittelbar vor seinem Essen) in sein Kabinett rufen und sagte mir, er wolle sich bei mir persönlich für die Leistungen bedanken, die meine Eskadron und ich vollbrachten. Das war mir wohl mehr als alle Dekorationen, die er mir hätte verleihen können. Tränen standen mir in den Augen! Seine Worte

werden mir ewig im Herzen eingeprägt verbleiben, der arme gute Herr!
Den nächsten Tag gab der Kaiser meiner Eskadron im Freien ein Abendfest. Er hielt an die Husaren eine ungarische Ansprache. Der Jubel wollte kein Ende nehmen.
Cuernavaca ist eine kleine saubere Stadt in der heißen Zone. Die Villa des Kaisers liegt mitten in einem herrlichen Garten, der alle tropischen Bäume und Pflanzen enthält. Ebenso umgibt die schönste Vegetation das saubere Städtchen. Es ist auch dort ein ehemaliges prachtvolles Palais oder Schloß des Cortés, das jetzt eine Kaserne ist. Man marschiert zwei bis drei Tage dahin aus Mexiko.
Den 27. rückten wir mit dem Kaiser wieder hier in Mexiko ein oder eigentlich nach Tacubaya, das unmittelbar an dem vom Kaiser bewohnten Schlosse Chapultepec liegt. Dieses früher verfallene Schloß ließ Seine Majestät von seinem Hofarchitekten E.G. Kayser aus Wien herstellen. Man behauptet, Cortés habe es früher als Residenz erbaut, was ich nicht glaube. Es liegt auf einem hohen Hügel und beherrscht die ganze Gegend. Vielhundertjährige Zypressen stehen im Park. Es besitzt wirklich eine feenhafte Fernsicht. Wir wurden wie immer in einem alten Nonnen-Kloster einquartiert. Es führt eine Pferdebahn von Mexiko heraus.
Gesandter Graf Guido Thun führt ein sehr angenehmes Haus. Alle Abende beinahe versammeln sich bei ihm französische Generäle und hohe Offiziere, ich lernte ihrer viele kennen. Politik wurde viel diskutiert. Die Meinung über den Marschall war eine sehr schlechte. Ich sah, daß der Mann gehaßt war. Er verdiente es auch im hohen Maße. Sogar gegen seine Landsleute benahm er sich stolz und aufgeblasen. Bei Thun wurde auch viel und hoch Monte und Whist gespielt.
Meine Eskadron ist von der letzten Kaiserbegleitung etwas

ermüdet. Wir machten 14 Leguas in fünf Stunden, dazu fortwährend bergauf und im scharfen Trabe.

Tacubaya 10. April 1866 Der Kaiser verleiht folgende Orden: I. den Adler-Orden, ein silberner oder goldener Adler, je nach dem Grade an einem roten und grünen Bande. Er besteht aus dem Ritterkreuze (Silber), dem Offizierskreuze (Gold), welches eine Rosette am Bande hat, dem Kommandeur-, dem Großkreuze, das nur Regierende besitzen. Der Kaiser verleiht diesen Orden, so lange die Franzosen hier sind, niemandem. Der Grund ist zu erraten.
II. Den Guadeloupe-Orden, der um eine Kategorie mehr hat, nämlich das Großoffiziers-Kreuz. Es ist ein minderer Orden. Das Band ist lila und rosenfarb. Er entstand unter Iturbide.
III. Die Militär-Verdienst-Medaille, Bronze (auch für Offiziere) Silber, Gold, wird an einem roten Bande getragen. Diese Medaillen haben auf einer Seite das Bild des Kaisers, auf der anderen »Al mérito militar« (»Für militärische Verdienste«). Nur Soldaten erhalten sie, Franzosen aber nie.
Der Gesandte Graf Guido Thun kehrt nächster Tage nach Österreich zurück. Der Kaiser liebte ihn nicht. Aber es wäre doch ein großes Glück für uns gewesen, wenn er hier geblieben wäre, ebenfalls für den Kaiser. Thun hatte schon in seiner ersten Audienz dem Kaiser als Annehmlichkeit mitgeteilt, daß er seinen Urlaub nach zwei Jahren Aufenthalt bereits in der Tasche hätte, dies ärgerte Maximilian sehr.
Heute ist der Jahrestag der Thronbesteigung des Kaisers. Vormittags große Rezeption bei Hofe. Es dauerte viele Stunden. Ich bewundere die Ausdauer des Kaisers. Wir vom Hofe konnten kaum mehr stehen. Der Kaiser sprach ununterbrochen die ganze Zeit und mit jedem. Es war ein entsetzliches Gedränge. Jeder Hiesige will seine Loyalität an den Tag legen. Doch ist alles erlogen, glaube nicht ein Sterbenswort davon.

Im Mai 1866 mußte Maximilian seinen finanziellen Bankrott erklären. Er wußte keinen anderen Ausweg aus der finanziellen Misere, als die Franzosen zu bitten, die Besoldung des Freikorps aus der französischen Kriegskasse zu bezahlen (die es freilich wiederum aus den mexikanischen Zolleinnahmen finanzierte). Damit war es mit der Selbständigkeit des Freikorps gänzlich vorbei. Unter dem Titel »Division auxiliaire étrangère« (Division fremder Hilfstruppen) kam es unter den Befehl des französischen Generals Baron Neigre.
Die Enttäuschung, ja die Wut über diese Entwicklung brachte viel Unruhe in das österreichische Korps.

Mexiko 3. Mai 1866 Es geht mit unserem Korps sehr bergab. Wir sind oft nicht im Stande gewesen, der Mannschaft die Löhnungen auszuzahlen. Seit 1. Mai stehen wir unter Kommando des französischen Generals Baron Neigre, eines gutmütigen, aber höchst beschränkten dicken alten Mannes. Wir sind also französische Auxiliares mit dem Titel »Österreichisch-belgische-Auxiliartruppen«. Es ist weit mit uns gekommen! Dafür haben wir uns gerauft und totschießen lassen, um französische Söldlinge zu werden! Viel könnte ich darüber schreiben. Aber ich bin gewitzigt geworden und werde mich hüten, solche Dinge nach Hause zu berichten. Denn meine Briefe sind auf der französischen Post geöffnet worden. Der Umschlag schützt doch zu wenig. Ein gutes Ende kann aber aus all dem nicht werden.
Der General Thun ist krank vor Ärger. Doch fehlt ihm die Macht, gegen die Perfidie der Franzosen auftreten zu können und unsere Rechte geltend zu machen. Mit einem Worte, wir sind diesen Verrätern durch die entsetzliche Armut der kaiserlichen Kassen in die Hände gespielt worden.
In Puebla hielten die österreichischen Offiziere Versammlungen. Es wird dadurch auch nichts erreicht werden. Die

Mannschaft ist auf einen solchen Punkte der Aufregung gelangt, daß wir Befürchtungen hegen, es kommt zu einem Aufstande. Wer weiß, ob General Thun nicht seine Quittierung verlangen wird? Er würde nur recht tun, denn er am wenigsten darf uns den Franzosen überantworten – was hat er uns in Österreich versprochen? Er kann dem General Neigre nicht untergestellt werden, das hieße abdanken. Eine so sekundäre Stellung, einem französischen unfähigen Brigade-General untergestellt zu werden, ist unwürdig. Eben erfahre ich, daß er [Thun] sich krank gemeldet hat! Er übergab einstweilen das Korps-Kommando dem Obersten Zach. Wir sind verloren.

Mexiko 14. Mai 1866 Man ist sehr besorgt in Mexiko, da die Regenzeit eingetreten ist. Durch die Nachlässigkeit und das Raubsystem der Behörden sind die Dämme des Tezcoco und Chalco-Sees sehr beschädigt. Der Damm, der von Ayotla nach der Stadt Mexiko führt, ist durchgerissen, und man muß jetzt einen sieben Leguas weiten Umweg über San Ildefonso machen.
Ein alter Indianer erbot sich, die Löcher der ehemaligen aztekischen Abzugskanäle aus den Seen zu zeigen. Jedoch gibt er das Geheimnis nur unter der Bedingung her, daß man ihm die Wasserbauten allein überläßt. Die kaiserlichen Ingenieure, lauter Franzosen und Gauner, wollen ihre Kontrakte nicht aus der Hand lassen, obwohl sie unfähig sind, etwas gegen die Überschwemmung zu tun. So sind die hiesigen Verhältnisse! Ja es geht alle Tage mehr bergab.

24. Mai 1866 Mexiko Der Hof schränkt sich ungemein ein. Das Kaiserpaar geht nie in ein Theater, fährt nie spazieren, außer nach Chapultepec. Ich halte das für unrichtige Maßnahmen. Der Herrscher soll gesehen werden, sonst vergißt man ihn.

Ein Wiener Industrieller kam im Auftrage mehrerer »Wiener-Häuser« hier an und wollte eine österreichische Kunst-Ausstellung eröffnen. Man kann sich die Schikanen nicht vorstellen, die ihm die Franzosen schon bei der Ausschiffung seiner Waren verursachten, der Marschall an der Spitze. Für letzteren war es begreiflich, da er selber Konkurrent war, ja es ging so weit, daß er ihm die Landung seiner Gegenstände verbieten wollte. Ritter von Maurer (»zu den drei Husaren«, Kohlmarkt Graben), so hieß er, soll bei seiner Ausstellung große Kapitalien verloren haben. Und doch wäre die Ausstellung nicht nur Österreich, sondern auch Mexiko von großem Vorteile gewesen, da Mexiko bis jetzt nur französische Ausschußware bezog.

Neulich ritt ich in neun Stunden auf Postpferden mit Bombelles zu einer dieser Offiziers-Versammlungen die 36 Leguas. General Thun wurde wieder besänftigt, und es bleibt beim Alten. Wie lange es noch dauern kann, weiß kein Mensch.

Dreimal die Woche spielt eine französische Militär-Musik auf der Alameda, und dies recht schlecht. Trotz der frühen Stunde von 9–10 Uhr Vormittag ist das ganze elegante Frauengeschlecht dort versammelt. Unsere Korps-Musik, die auch hier ist, hat dreimal die Woche auch ihre Stunde und um 8 Uhr abends auf dem Hauptplatze vor dem Palaste. Jetzt regnet es aber wenigstens um diese Zeit, so daß Musik und Bevölkerung eiligst den Rückzug antreten müssen.

Wie wenig Achtung ein mexikanischer Offizier hier im Lande genießt, zeigt folgendes: Eine mexikanische Dame fragte den Rittmeister Graf Sternberg, welches Handwerk er in Europa betrieb. Mir sagte eine andere, ich solle doch nicht auf der Gasse in Uniform gehen, es schade mir doch sehr. Die österreichischen Offiziere sind aber doch weit beliebter als die Franzosen, die man wegen ihrer Habgier und Arroganz nicht ausstehen kann.

Die Alameda in der Stadt Mexiko zur Zeit der Militärmusik

Mexiko 9. Juni 1866 Gestern wurde eine Eisenbahn-Station dem Verkehre übergeben. Es ist die Strecke von Tacubaya nach San Angel. Das Ganze ist von Mexiko 2 ½ Meilen und die Strecke nach Cuernavaca. Diejenige von Puebla soll in einem oder zwei Monaten eröffnet werden. Es wäre zur Pazifikation des Landes von unberechenbarem Vorteil. Auch würden die ewigen Ausraubungen der Diligeance endlich einmal aufhören.

Den 8. Juni war als Tag der Landung des Kaisers eine magere Illumination samt Feuerwerk. Doch die Menschenmenge kolossal trotz der bärenhaften Hitze. Die Indianer sind wie die Wiener für jede Hetze sehr eingenommen.

Kodolitsch soll Ende dieses Monates von Matamoros einrükken. Er fährt per Schiff, während seine österreichischen Truppen per Land den gefährlichen Weg unternehmen müssen. Es ist begreiflich, denn er ist nicht so dumm, dem sichern Abfangen entgegenzugehen. Auch halte ich ihn für wenig tapfer. Zugleich wünscht er, sobald als möglich die Fleischtöpfe Mexikos zu erreichen. Bis jetzt waren sie sieben Monate an der amerikanischen Grenze.
Wir erwarten sehnsüchtig die Truppen, die aus Österreich kommen sollen. Es werden fünftausend Mann sein, darunter zweihundert Husaren, worauf der Eskadrons-Stand wieder auf 120 Gemeine, 16 Chargen und sechs Offiziere gebracht wird, dazu 23 Füßler. Jetzt haben wir nur 135 Mann per Eskadron.

Die so sehnsüchtig erwarteten österreichischen Truppen waren zwar in einem Abkommen vom 15. März 1866 von der österreichischen Regierung zugesagt, sie kamen aber nie in Mexiko an. Die Vereinigten Staaten intervenierten und drohten mit dem Abbruch der Beziehungen zu Österreich, das sich in dieser Zeit in schwieriger politischer Lage befand: es war zwei Monate vor der Schlacht von Königgrätz. Die bereits in Triest eingschifften und auf Kaiser Maximilian vereidigten österreichischen Freikorps-Truppen wurden wieder ausgeschifft.

12. Juni 1866 Mexiko Der Kaiser ließ mir heute durch Graf Bombelles sagen, daß es sein ausdrücklicher Wunsch sei, ich möchte in dem von Bombelles projektierten einheimischen Husaren-Regimente als Major eintreten wegen der Bildung und Drillung dieses Regimentes. Ich erwiderte, daß des Kaisers Wunsch mir Befehl sei. Nur bitte ich, mit meiner ganzen Eskadron hinüber zu gehen und mir die Offiziere und Chargen zusammenzustellen. Meine Offiziere werden um einen

Grad erhöht, die Kadetten und Unteroffiziere werden Offiziere. Heute noch stellte ich dem Kaiser ein Memorandum zusammen, worin ich in 13 Punkten meine Bedingungen aufschrieb. Das war die schwierigste Arbeit, weil ich niemanden dabei zu Rate ziehen durfte. Es sollte das strengste Geheimnis sein. Der Kaiser war entzückt.
Dieser Schritt kostete mich wohl eine große Überwindung. Es war einer der schwersten Augenblicke meines Lebens. Doch sollte es noch lange nicht dazu kommen und unter ganz anderer Form. Wäre es doch gewesen! Der Kaiser wird es wohl anerkannt haben, denn ich wollte ja eigentlich nach Europa zurück! Dies und das schlechte Beispiel, das ich den andern gegeben hätte, hinderten meine Abreise.

Mexiko 16. Juni 1866 Unsere Stellung den Franzosen gegenüber ist eine der kritischsten, die man sich denken kann. Ich hatte auch neulich einen Auftritt mit dem französischen Major Loisillon, dem Adjutanten des General Neigre. Der General war entrüstet, daß ich den Husaren-Korporal Jenö, der bei ihm als Ordonnanz war, ablösen ließ, da ich doch diesen Mann nicht fortwährend bei ihm lassen konnte. Neigre selbst sprach mich deswegen an, aber ich habe mich gut gehalten, und der andere Korporal blieb.
General Thun ist zu einem französischen Brigade-General herabgesunken. Diesen Titel führt er auch. Es ist eine Schande für eine österreichische Truppe, sich so treten lassen zu müssen! Die ganze Geschichte kann keinen Halt haben. Dazu werden die Truppen-Ergänzungen aus Österreich ausbleiben. Da ist wieder Amerika dahinter – es ist eine Misere. Gehen die verruchten Franzosen aus dem Lande, bricht die Revolution an allen Ecken und Enden los. Die Minister, die den Kaiser umgeben, sind Verräter oder alte Waschlappen. Die Franzosen werden so lange im Lande bleiben, bis sie es

aufgezehrt haben. Das wird nächstens vollendet sein, dann gehen sie lachend ab.
Ich höre, daß Oberstleutnant la Vigne und Major Zillich quittieren. Gott segne ihre Gebeine, die sie hier nicht lassen wollen.
Bedaure den armen Kaiser, von diesen Kujonen von Franzosen umgeben zu sein. Er kann aber nichts dagegen tun, da sie sämtliche Einnahmsquellen des Staates in Händen haben. Wir sind von diesen Spitzbuben verraten.
Die Stimmung im Korps ist gräßlich. Kaum daß wir die Franzosen grüßen. In Puebla ist es noch ärger. Thun ist wegen einer Besprechung hierher berufen worden. Es soll eine Unternehmung gegen Tulancingo, wo sich der Feind in großer Anzahl gezeigt, unternommen werden, ein Unsinn! Die Besprechungen basieren aber auf einer Aufstellung einheimischer Kavallerie mit österreichischen Offizieren.
Graf Oswald Thun ist hier angelangt. Er hat zuerst Nord-Amerika von New York bis San Francisco im Stage-Coach [Postkutsche] durchkreuzt. Damals gab es noch keine Zentral-Railway. Dann fuhr er nach Peru und von dort mit einem einzigen Kerl bis Rio, teils in Schinakln [volkstümlicher Ausdruck für kleine und schlechte Schiffe], teils auf Maultieren, im fortwährenden Rausche. So kam er dann nach Veracruz und Mexiko. Er sah mit seinem langen grauen Barte wie ein Wilder aus, dazu zerrissen und zerlumpt. Es ist eine ungeheure Tour, die ihm niemand so leicht nachtut.
Seit der hier eingetretenen Franzosen-Herrschaft nehmen die Dienstschreibereien kein Ende. Auch eine Errungenschaft.

Mexiko 10. Juni 1866 Wir sind auf dem Sprunge, entweder aufgelöst, metamorphisiert oder nach Hause geschickt zu werden. Was hat wohl Napoleon oder vielmehr Bazaine, dieser tückische Mensch, mit uns vor?
Bazaine haßt mich wegen meiner freien Rede. Ich wurde schon

mehrere Male darauf aufmerksam gemacht, besonders von französischen Offizieren. Er hat mich nicht weniger als dreimal von der Liste zur Ehrenlegion gestrichen. Ich kann nur stolz darauf sein, von einer solchen Hand *nicht* dekoriert zu werden. Der Kaiser scheint mir doch sehr gedrückt und herabgestimmt. Ich denke, er hat alle Ursache dazu. Auch die österreichischen Korps-Verhältnisse greifen ihn sehr an, so höre ich, insbesondere daß alle Nachschübe aus Österreich sistiert sind. Unter solchen Verhältnissen kann das mexikanische Kaiserreich nicht länger als ein Jahr dauern.
Gestern sprach man, daß das österreichische Korps der mexikanischen Armee einverleibt werden soll. Jeder Offizier und Mann soll einzeln gefragt werden. Ich bin überzeugt, daß Dreiviertel des Korps nach Hause gehen wird, obwohl der französische General Osmond, der dieses Projekt ausarbeitete, mit gegenüber behauptet, daß jeder Österreicher das Geld zur Heimreise, das ihm vorgestreckt wird, schleunigst verausgaben und dann hier bleiben muß. Eine schöne Falle! General Thun hat jeden Einfluß bei Hofe verloren. Jeder Schreiber hat mehr.
Oswald Thun kehrt nächster Tage wieder nach Hause zurück. Er war anderthalb Jahre aus gewesen.
Ich reite mit der Kaiserin nach Ixacualco, habe 25 Husaren dazu. Es ist nur die schwarze Hofdame mit.

Diese »schwarze Hofdame« scheint auf Khevenhüller besonderen Eindruck gemacht zu haben. Denn auch in seinen Briefen nach Wien erwähnte er die »schwarze Hofdame, die eine der letzten Nachkommen Montezumas ist und Varella heißt... Diese Varella ist dunkelkaffeebraun und höchstens zwanzig Jahre alt, eine echte Indianerin. Ihre Abkunft ist bewiesen von Montezuma, groß und schlank, aber nicht besonders hübsch«. (Mexiko, 19.6.1866)

Mexiko, den 3. Juli 66 Der Ritt mit der Kaiserin ist sehr interessant gewesen. Ich schlief alle Nacht vor ihrer Türe mit dem Revolver in der Hand, stellte Vorposten aus wie vor dem Feinde. Der Weg führte durch Urwälder und Ebenen, in Ortschaften, die wohl selten einen Europäer sahen.
Die Kaiserin wurde überall überaus herzlich empfangen. Die Indianer knieten nieder an ihrem Wege. Die Behörden, lauter Mischlinge und dunkle Indianer, aßen stets mit uns am Tische der Kaiserin. Ja, diese schöne Frau in ihrer halb-mexikanischen Tracht übte einen Zauber auf diese halbwilden Menschen aus, der sich wirklich oft in eigentümlicher Art zeigte und wiedergab. Jedesmal küßten sie ihr die Hand mit Gewalt. Die Geistlichen, auch meistens Indianer, segneten sie an der Spitze ihrer Gemeinden. Rührend waren die Gespräche, die sie mit der Kaiserin führten. Wie leicht könnte man die Menschen regieren, wenn der sogenannte »gebildete Teil« nicht Kanaille wäre! Da ich fürchte, daß diese Zeilen einst in unberufene Hände kommen könnten, so enthalte ich mich, vieles aufzuzeichnen – es ist besser so.

3. Juli 1866 Mexiko Ich kam beim Kaiser um einen dreimonatigen Urlaub ein. Er wurde mir rund abgeschlagen. Es ist hart, nach eineinhalbjähriger schwieriger Arbeit nicht eine so kurze Zeit, wo das meiste auf die Reise aufgeht, sich ausruhen zu dürfen.
Die Kolonne von Matamoros ist vollständig vernichtet. Die Offiziere teils tot, teils gefangen. Von dreihundert Mann Österreichern sind nur 14 nach Veracruz gekommen. Kodolitsch, der die Kolonne allein gehen ließ, hatte sich in Matamoros eingeschifft, entkam also – er, der sich wirklich aus allen Gefahren herausschwindeln kann. Doch sieht ihn hier auch gewiß niemand an. Seine Bagage und fünf Pferde sind aber dem Feinde zur Beute gefallen. Dies

geschieht ihm recht. Nähere Details fehlen noch über diese Katastrophe.

10. Juli 1866 Mexiko Heute früh ist die Kaiserin nach Europa abgereist. Meine Eskadron begleitet sie bis Rio Frio. Ich bin mit Rheumatismus im Bette und kann leider nicht mit. Bombelles ist mit ihr. Sie gehen zuerst nach Paris, wo ihnen Napoleon seine letzten Ratschläge geben will. Was werden diese wohl den Armen nützen, wenn nicht sichtbare Zeichen gegeben werden! Er wird sie eben so weiter betrügen, als er es früher getan.
Der Kaiser will in ihrer Abwesenheit energische Mittel ergreifen. Ich glaube, es ist zu spät.

Die damals 26jährige Kaiserin Charlotte wollte auf dieser Reise von jenen Hilfe fordern, die das mexikanische Abenteuer einst veranlaßt und unterstützt hatten, vor allem Napoleon III. und seiner Gemahlin Eugénie, dann aber auch vom Papst. Es ging um politische, militärische, vor allem aber finanzielle Hilfe in Form einer neuen Anleihe. Wie katastrophal die finanzielle Lage Mexikos war, kann man daraus ersehen, daß Charlotte noch nicht einmal das Reisegeld für Europa hatte. Sie mußte es dem Fond entnehmen, der Gelder für Überschwemmungshilfe in Mexiko angesammelt hatte.
Charlottes Reise, immerhin ein höchst ungewöhnlicher Schritt, wurde im offiziellen Journal »El Diario del Ymperio« folgendermaßen erklärt: »Ihre Majestät die Kaiserin reist morgen nach Europa. Ihre Majestät wird mexikanische und verschiedene internationale Fragen regeln. Diese Mission, welche unser Souverän mit wahrem Patriotismus erfaßt hat, ist der größte Beweis von Selbstverleugnung, den der Kaiser seinem neuen Vaterlande hat geben können, um so mehr als

Und so sah ein zeitgenössischer Zeichner die Tragödie des mexikanischen Kaiserpaares: Maximilian steht einsam unter seinen Kriegern in Mexiko, Charlottes Sinn aber verdunkelt ein barmherziger Engel mit dem schwarzen Schleier des Wahnsinns.

die Kaiserin an der Küste von Veracruz der in der Regenzeit so großen Gefahr des gelben Fiebers sich aussetzt. Wir geben diese Nachricht, damit das Publikum den wahren Zweck der Reise Ihrer Majestät kenne«.[9]

Die leidenschaftlichen Hilferufe Charlottes blieben ohne Wirkung: Das französische Kaiserpaar zuckte ebenso verlegen die Achseln wie Pius IX. Im Vatikan schließlich brach bei Charlotte ein Verfolgungswahn aus. Sie mußte unter der Obhut von Irrenärzten nach Miramare gebracht werden. Bis zu ihrem Tod 1927 wurde sie nicht mehr gesund.

Auch das österreichische Korps ließ die Hoffnung sinken. Khevenhüller schrieb am 3. Juli 1866 an seine Familie in Österreich: »Hier sieht man den Kreis sich immer mehr und mehr um das Ganze zusammenziehen und die Unmöglichkeit eines Fortbestehens unter solchen Verhältnissen und daß alles Ringen und Sich-Abmühen umsonst ist«.

Matamoros ist bereits gefallen. Der Süden ist im vollen Aufruhr. Der Norden ist es nicht weniger. Geld ist gar keines da. Unsere Gagen werden ungemein unregelmäßig ausbezahlt. Seit sieben Tagen stehen zum Beispiel jetzt die Löhnungen aus. Ich ersetze sie einstweilen. Aber wie lange kann man das aushalten? Die Offiziere geraten durch solche Unregelmäßigkeiten natürlich in Schulden und können sich nicht mehr herausarbeiten.

Mich ekelt diese mexikanisch-französische Wirtschaft furchtbar an. Doch der Kaiser tut mir aus dem tiefsten Herzen leid. Er kann nichts dafür. Napoleon und Bazaine sind ganz gemeine Gauner, die französischen Generäle nicht ums Haar besser. Es wird mir dienstlich mitgeteilt, daß vom 1. August an ein bedeutender Gage-Abzug vorgenommen wird. Mir ist es wohl gleichgültig, aber die armen Leutnants!

Mexiko 26. Juli 1866 Drei Wochen ließ man uns jetzt auf Gagen und Löhnungen warten, das ist hart! Die Verhältnisse des Korps sind derart, daß es so nicht weiter bestehen kann, wenn der Kaiser das Ungeheuerlichste nicht erleben will. Niemand kann die Zukunft voraussehen, aber zu einer Katastrophe kann es kommen. Ein kaiserliches Manifest erlaubt, in die mexikanische Armee überzutreten. Bis jetzt meldeten sich, wie ich es voraussah, äußerst wenige. Meistens sind es solche, die ihre Rückkehr nach Europa verwirkten, also Desperados. Einige von uns kamen beim General Thun ein, er möge uns den Rücktritt in die österreichische Armee erwirken. Wir haben ja nur denselben nach sechsjähriger Dienstzeit, also gehört eine spezielle Erlaubnis dazu. General Thun wies unser Ansinnen in einem sehr scharfen Schreiben zurück. Die Entrüstung darüber war groß. Wir erklärten darin, daß wir die uns beim Eintritte gestellten Bedingungen für gebrochen erklären. Darauf wurde Major Bernard, der hier Distrikts-Kommandant war, nach Huajuapan versetzt. Doch mir getrauten sie sich nicht, etwas anzutun. Ich hätte gleich meine Quittierung eingereicht. Wir drei waren auf der Erklärung unterschrieben. Thun ist zu bedauern.

Wie sehr ist uns um den Gesandten Thun leid, der nach Hause reiste! Es war ein charmantes Garçonhaus, und er war stets bereit, seinen Landsleuten zu helfen. Lago ist ein Strumpf.

Der General Thun steht mit dem Kaiser äußerst schlecht, mit den Franzosen schon gar. Die Mexikaner mögen ihn als Ausländer nicht. Ein Adler ist er auch nicht, also ist er verloren.

Der mexikanische Staat zahlt jetzt die Offiziere des Korps nachträglich. Daher verlieren wir eine Monatsgage – hübsche Art! Daß man uns im Vorhinein zahlte, war ein Unsinn. Doch man hätte die Einführung früher machen sollen, oder nach und nach.

Wir Offiziere in der Hauptstadt versammelten uns. Ich stellte den Antrag, daß wir die Entscheidung des Kaisers betreff des Österreichischen Korps abwarten wollen, mein Antrag ging durch.

Mexiko 10. August 1866 Eine schwere Zeit ist über uns herangebrochen, und immer näher rücken die Dissidenten gegen Mexiko. Alle Häfen, Veracruz ausgenommen, sind bereits Dank der infamen Franzosen und ihrer verräterischen Politik in ihren Händen. Die französischen Generäle haben, so äußern sich dieselben öffentlich, vom Marschall Bazaine den Befehl bekommen, alle Städte, festen Plätze, etc. dem Feinde zu übergeben. Sie machen es so: es wird dem feindlichen General angezeigt, daß der französische Kommandant um eine bestimmte Stunde den Ort verläßt. Darauf marschiert der Feind, oft zur selben Zeit, als die Franzosen herausgehen, ein.
Falls kaiserliche Truppen vorhanden sind, müssen selbe, da sie meist sehr schwach sind, natürlich eiligst das Weite suchen. Die Behörden werden dann meistens abgefangen und viele erschossen, wie es auch in mehreren größeren Städten geschah. Falls sich Kriegsvorräte vorfinden, nimmt sie der Feind als gute Beute. Oft verkauft sie der französische Kommandant an den Meistbietenden. Doch das Geld sieht man nicht mehr.
General Dupin, der berüchtigte Verwüster des kaiserlichen Palastes in Peking [während der Expedition Napoleons III. gegen China] kommandierte in Mexiko die Contreguerilla. Er ließ Menschen ohne Grund hängen, um sie zu berauben – also auch meist einen reichen Mexikaner, der einen mit Edelsteinen besetzten Hut aufhatte, welcher dem General in die Augen gestochen hatte.[10]
Alle Husaren sind hier konzentriert. Ich denke wohl wegen einer plötzlichen Abreise nach Veracruz. Auf uns kann er [Maximilian] noch rechnen. Jetzt kann man die Sache des Kaisers nicht mehr aufgeben. Ein Schuft, der ihn in einer solchen

Lage verläßt. Ich halte alles für verloren, wenn das ganze System nicht geändert wird. Zuerst müssen diese Franzosen hinaus. Ihr Benehmen ist ein Schandfleck in der Geschichte.

18. August 1866 Mexiko General Thun reist ab. Er hat seine Quittierung eingereicht. Er nahm hier Abschied von den versammelten Offizieren. Er tut mir leid – eine gefallene Größe, das heißt, der viel war oder vorstellen sollte. Er frug mich beim Hinausgehen: »Habe ich recht getan?« Ich antwortete: »Ja, unter diesen Verhältnissen, wenn man den Boden unter sich verloren hat, kann man nur gehen.«
Wir hatten vor einigen Tagen eine Offiziers-Versammlung in Puebla. Ich war dorthin geritten. Es war beinahe das ganze österreichische Korps versammelt. Thun kommandierte noch. Doch die Aufregung war unter den Österreichern derart gestiegen, daß wir eine Katastrophe befürchteten. Abends war die Offiziers-Versammlung, in der es furchtbar stürmisch zuging. Ich ergriff das Wort und hielt dem Oberstleutnant Zach vor, daß wir den Franzosen verkauft wären, die Bedingungen seien gebrochen, wir beinahe vogelfrei. Darauf entstand ein furchtbarer Lärm. Zach zog sich als Vorsitzender zurück und schloß die Versammlung.
Eine Stunde später sammelten sich bei viertausend Österreicher vor dem General-Quartier. Sie verlangten, daß sie nicht unter den Franzosen stehen sollten, schrien: »Tod den Franzosen!«, brachten Fackeln und wollten durchaus den General sehen. Ich trat auf den Balkon, und die Truppen, mich erkennend, brachen aus in: »Hoch Khevenhüller!« Mit Mühe brachten wir die Leute zur Besinnung, da sie gegen die in der Stadt weilenden Franzosen losgehen wollten – die Meute war da. Es blieb nichts über, als den Leuten Versprechungen zu machen, von denen wir wußten, daß wir sie nicht halten konnten. Die Franzosen, vielleicht fünfhundert Mann, waren

in ihren Kasernen bereitgehalten. Sie bekamen furchtbare Ängste, und ihre Offiziere beschworen den General, alles wegen ihrer Sicherheit zu tun.
Was konnte Thun aber unternehmen, wenn *wir* nicht Ordnung machten? Damals hätte ein Wort an uns genügt, alle Österreicher zu gewinnen. Sie wären alle in die mexikanische Armee getreten, und mit sechstausend Mann Kerntruppen wäre viel zu unternehmen gewesen. Der Moment verrann auf unwiederbringlich, und die Franzosen trieben dann leichtes Spiel mit der kopflosen Masse.

Anfang Oktober 1866 kam Charlottes Brief aus Paris vom 22. August an mit dem Eingeständnis, »daß ich nichts erreicht habe«. Ein Brief Napoleons III. bestätigte diese schlechte Nachricht: Die Zeit der halben Maßregeln sei nun vorüber, er könne Mexiko unmöglich auch nur einen Taler oder einen Mann mehr geben. Wenn Maximilian meine, sich mit eigenen Kräften halten zu können, so würden die französischen Truppen vereinbarungsgemäß noch bis 1867 bleiben. Im Falle der Abdankung riet Napoleon III. zur Einberufung einer Nationalversammlung noch bei Anwesenheit der französischen Truppen, um eine neue Regierung wählen zu können.[11]
Einige Tage später traf die Nachricht ein, daß Kaiserin Charlotte dem Wahnsinn verfallen war. Maximilian, wieder einmal durch eine Krankheit geschwächt, verfiel in Depressionen und faßte den Entschluß, abzudanken und nach Europa zurückzukehren. Reisevorbereitungen wurden getroffen, auch für die Angehörigen des ehemaligen Freikorps. Maximilian gab den Auftrag, die österreichischen Geschütze, die sein Privateigentum waren, zu verkaufen und mit dem Erlös die Invaliden des Freikorps zu unterstützen. Das kaiserliche Geheimarchiv wurde an Bord eines im Hafen von Veracruz ankernden österreichischen Kriegsschiffes gebracht (und gelangte auch

tatsächlich nach Wien, wo es heute noch die Hauptquelle zum zweiten mexikanischen Kaiserreich bildet). Maximilian willigte nun auch ein, daß sein Thronerbe, der kleine Agostín Iturbide, seiner Mutter zurückgegeben und nach Europa gebracht wurde. In einem Telegramm nach Wien kündigte er seine wahrscheinliche Rückkehr im Dezember 1866 an.
Zunächst mußte er zur Wiederherstellung seiner Gesundheit für einige Tage nach Orizaba reisen, das sich sowieso auf dem Weg nach Veracruz und also näher bei den wartenden Schiffen befand. Wie unsicher die Lage inzwischen war, mag man daraus ersehen, daß ihm in einer Nacht sämtliche sechs Maultiere gestohlen wurden, die seinen Wagen zogen. Die Reise dauerte – wegen Maximilians Krankheit immer wieder unterbrochen – sieben Tage: Zeit genug, daß jene, denen an einem Bleiben des Kaisers gelegen war, in Orizaba einen glänzenden Empfang vorbereiteten. Nur zu gut war Maximilians Schwäche gegenüber Volkesjubel und Ergebenheitsadressen bekannt.
Aber nicht nur Mexikaner, auch Khevenhüller und Kodolitsch drangen hier in Orizaba auf den Kaiser ein, »um Himmelswillen ... doch einen letzten Versuch zu machen und doch nicht wie ein Bettler das Land zu verlassen, doch als Kaiser wegzugehen«. (Orizaba, 31. 10. 1866). Daß rein private Gründe – die Liebe zu Leonore – ihn zu diesem Schritt veranlaßten, gesteht Khevenhüller im folgenden reumütig ein. Leonore gehörte ja einer prominenten kaisertreuen Familie der Hauptstadt an, und die Zukunft für die Kaisertreuen war unter Juárez düster genug, wie man dachte. Khevenhüller an seine Mutter am 22. November 1866: »Auch tut der Kaiser nicht recht, so viele Familien, die sich für das Kaiserreich kompromittierten, so zu verlassen und ohne für sie gesorgt zu haben«.
Khevenhüller war jedenfalls gefaßt, Mexiko verlassen zu

müssen und beschrieb in seinem vermeintlich letzten Brief aus Mexiko seiner Mutter die Parteienkämpfe rund um Maximilian: »Die konservativen Mexikaner haben eine Heidenangst vor der Abfahrt des Kaisers, indem sie von den Liberalen wenig Gutes zu erwarten haben werden und nun den Kaiser zurückzuhalten versuchen. Es ist aber zu spät, und diese Aufwallungen von Patriotismus sind deplaziert. Hätten sie früher gezahlt, so wäre das für uns alle bedeutend vorteilhafter gewesen«.

Tatsächlich wurde Maximilian bald wieder schwankend. Jene treuen Ratgeber, die ihm zur Abdankung rieten (»Fort, fort aus diesem Lande, das in wenigen Wochen der Schauplatz der blutigsten Bürgerkriege wird«) fielen in Ungnade. Ehrgefühl und die Rücksicht auf seine in Mexiko zurückbleibenden Anhänger hielten den Kaiser zurück, sicherlich aber auch das Gefühl, in Österreich unerwünscht zu sein. Seine Zukunft in Europa war ja, nach Verlust seiner Stellung als Habsburger, mehr als ungewiß.

Orizaba 31. Oktober 1866 Wir sind im vollsten Rückzuge begriffen. Schon am 18. Oktober, als ich in Chapultepec beim Kaiser aß, sprachen mehrere der Hofherren von einer Abreise des Kaisers nach Europa. Ich wollte diesen Geschichten keinen Glauben beimessen. Es konnte mir nicht gefallen, daß der Kaiser den Franzosen so blindlings folgen würde, ja als Werkzeug Napoleons auf seinen Befehl allsogleich das Land, das er mit so großen Hoffnungen betrat, verlassen. Doch es wurde zur bittern Wahrheit. Den 21. Oktober zeitlich früh brachen wir von Chapultepec auf. Wir waren drei Eskadronen Husaren mit dem Kaiser. Um den Franzosen keinen Alarm zu geben, mußten wir einen Umweg rund um die Stadt machen.

Jetzt wird es wohl aber nötig sein, zurückzugreifen, um

meine ganze Handlungsweise und Denkungsart zu präzisieren:
Schon die letzten Monate fand ich durch einen mir befreundeten Mexikaner namens Boves Gelegenheit, das Haus Leonorens zu besuchen. Öfters brachte ich meine Abende dort zu, spielte ihr Klavier oder las ihr spanische Werke vor, die ich von Europa hatte kommen lassen. Trotzdem sie gut einsah, wie es in meinem Innern stand, verriet keine Miene, kein Blick, ja nichts, daß sie an mir Anteil genommen, und oft wankte ich wie verrückt aus dem Hause. Aber ich konnte mich nicht losreißen. Immer zog es mich magisch wieder hin. Wenn sie mich mit ihren kalten großen Augen ansah, glaubte ich vergehen zu müssen. O hätte ich sie nie gekannt!
Da kam mein Abmarsch mit dem Kaiser nach Puebla, so unerwartet, so schnell, daß ich nicht einmal Zeit hatte, ihr die Hand zu drücken, und das konnte ich nicht überwinden. Kaum zu Ayotla angelangt, sprang ich auf ein Postpferd, und noch am selben Nachmittag war ich wieder in Mexiko. Die Hitze, der Staub, hatten mein Gesicht gerötet, und meine Augen funkelten, als ich ihr zurief: »Wir gehen weg! Der Kaiser kehrt nach Europa zurück.« Sie stand wie eine Säule, auch sie konnte es nicht glauben! und brachte nur heraus: »Das kann nicht sein. Verlassen Sie mich nicht!«
Ich wußte genug. Da trat der Mann herein, und ich konnte ihr nur zurufen: »Ich will tun, was ich kann!« und fort stürmte ich, und abends war ich wieder im Hoflager von Ayotla.
Dieses unglückselige Wort von mir! Wie habe ich es tausend und tausendmal bedauert und betrauert! Aber wie viele hätten es anders gemacht? Ich war gar so jung!
In Mexicalcingo wurde gerastet, jedoch nur für einen Augenblick. Denn die Mittagsrast war erst in Ayotla, wie ich oben erwähnte. Der Kaiser expedierte einen Offizier meiner Eskadron, Leutnant Graf La Motte, einen jungen Ungarn, mit

Depeschen nach Mexiko. Wir übernachteten in Sociapan, einem kleinen Orte. Den andern Tag am 22. waren wir mittags in Rio Frio, abends in der Hacienda Mohiro de Guadeloupe. Der Kaiser fuhr in seinem mit sechs Mulis bespannten Wagen. Den 23. abends gelangten wir zur Hacienda Molino del Puente ganz nahe von Puebla. Den 24. hielten wir Rasttag.

Der Kaiser war krank. Er litt an Fieber. Dazu die Aufregung dieses Schrittes, und er wußte ja bereits seit einigen Tagen, daß die arme Kaiserin den Verstand verloren hatte! Er saß bleich und abgemagert in seinem Wagen, den Kopf gesenkt. Ich ritt an der Türe seines Wagens. Hie und da sprach er mit Dr. Basch, der mit ihm saß oder frug mich, ob die Husaren nicht allzu müde wären, was ich natürlich verneinte. Wir wären ja mit ihm bis an das Ende der Welt gegangen!

Den Tag nachher sprach ich mit Reisenden, die aus Europa kamen. Sie sagten, in Veracruz hieße es, Napoleon hätte die Kaiserin nach einer furchtbaren Szene mit einem Glase Zukkerwasser vergiftet. Wer wird je den Schleier dieser Tragödie lüften können, und wäre es auch gut, wenn es geschähe? Die Landbevölkerung kam uns scharenweise entgegen, dem Kaiser standen öfters bei diesen Zeichen der Sympathie die Tränen in den Augen. Leider waren es nur arme Indianer.

Den 27. Oktober abends waren wir in Orizaba. Als die französischen Offiziere der Garnison uns entgegen geritten kamen, fingen unsere Husaren auf ungarisch zu fluchen an. Es bedurfte eines energischen Wortes von mir. Man konnte es ihnen aber nicht verargen. Der Haß unserer Truppen war gegen diese Räuber zu groß.

Die Franzosen (denn unsere Truppen, die früher die Garnison inne hatten, waren in Puebla konzentriert) empfingen den Kaiser unter Kanonendonner. Alle Glocken läuteten. Doch wehe war es mir ums Herz. Ich dachte an die arme

Kaiserin, an ihn den Verfolgten. Das läßt sich nicht wegläuten und wegschießen. Heuchelei, Lüge!
Mehrere Tage waren wir bereits in Orizaba, als Kodolitsch, der von Mexiko aus mit uns gekommen war, zu mir trat und mich aufforderte, mit ihm zum Kaiser zu gehen und ihn zu beschwören, er möge nicht von den Franzosen im Schlepptau alles im Stiche lassend, nach Europa zurückkehren. Anfangs wollte ich nichts davon hören, denn ich sah ja, daß es für ihn ohne Soldaten, ohne Geld, ganz unmöglich wäre, sich zu behaupten. Da dachte ich an sie; ich kann sie wiedersehen, an die letzten Worte, die wir tauschten, nein es kann nicht sein! ich kann nicht weg, auf immer, auf ewig!
Kodolitsch hatte mein Wort, ich ging mit ihm. Er hatte den Kampf, den ich innerlich führte, ganz gut gesehen. Was ihn aber dazu bestimmte, erfuhr ich nie. War es die Hoffnung auf eine künftige große Rolle? War es was anderes! Das weiß Gott.
Der Kaiser empfing uns sehr herablassend. Ihm sowie uns standen die Tränen in den Augen. Er reichte uns die Hand. Jedes seiner Worte war gefühlvoll. Ja, er sprach zum Herzen, so wahr. Wir waren erschüttert. Wir sind überzeugt, daß er denkt, wie er sprach, daß »ihn Mexiko, das Land seiner Hoffnungen, zu verlassen, mit Schmerz erfülle, doch der passive Widerstand der Franzosen, des Marschalls Bazaine, mache ihm das weitere Hierbleiben zur Unmöglichkeit.« Wir drangen nun in ihn, das Land doch nicht auf eine solche Weise zu verlassen, auf Befehl Napoleons oder Bazaine's. Da unterbrach er uns mit den Worten »Ich gebe Ihnen mein Wort, daß ich Mexiko nur mit Ehren verlassen werde. Die Zukunft wird Ihnen das zeigen. Geschehe, was da wolle. Ich kann und darf nicht weiter reden.«
Heute schickte mir der Kaiser den Adler-Orden. Bis jetzt hat ihn nur Kodolitsch, der ihn mit mir zugleich empfing. Kodo-

litsch wurde nach Mexiko geschickt. Ich übernahm das Kommando der Husaren. Der Kaiser will, wie ich höre, mich zum Adjutanten machen. Ich möchte meine braven Husaren aber nicht verlassen.
Die Dissidenten stehen trotz der französischen Truppen zwischen hier und Puebla. Der englische Gesandte, der auch das Weite in diesem Debakel sucht, fuhr uns in der Diligeance nach. Er fand sie [Republikaner] unterwegs und – sie tauschten Visitkarten gegenseitig aus! Herrlich! Sollen sich sehr anständig benommen haben. Der Chef erwähnte, er mache nur den Franzosen den Krieg!
Es wird von der Stadt Mexiko alles in Bewegung gesetzt, damit der Kaiser zurückkehre. Das Ayuntamiento trug ihm zwei Millionen Pesos an, die Geistlichen ebenso!
Miramón und Márquez kommen von Europa zurück. Ich sah sie. Miramón scheint mir ein Haudegen zu sein. Doch dem schiefen Gesichte des Márquez traue ich nicht. Miramón ist ein ziemlich großer, junger, sehr hübscher Mann, spricht laut, geht gerade, sieht dem Ansprechenden ins Auge. Márquez ist ein alter kleiner Mann, hat einst einen Schuß ins Gesicht erhalten, was ihn nicht verschönert. Dazu hat er ein scheues unruhiges Wesen, überhaupt ein unheimliches Äußeres. [General Miguel Miramón, der frühere konservative Gegenpräsident gegen Benito Juárez, hatte nach dem militärischen Sieg der Liberalen Mexiko verlassen müssen und lebte seither im Pariser Exil. Sein engster Mitkämpfer aus dieser Zeit, der wegen seiner Grausamkeit berüchtigte General Leonardo Márquez, war bisher kaiserlich mexikanischer Gesandter in Konstantinopel gewesen. Beide stellten sich nun in den Dienst Maximilians, um ihn zum Bleiben zu bewegen.]
Jeder dieser Generäle, ebenso Mendez und Mejía, verbürgten sich dem Kaiser gegenüber, daß sie ihm aus ihren angestammten Departements Truppen zuführen werden. Der Kriegsmi-

nister behauptet sogar, daß er monatlich eine halbe Million Pesos den Truppenkommandanten zur Verpflegung geben könne. Ich glaube das alles nicht.
Der Kaiser empfängt niemanden. Er reitet in die Umgebung mit Dr. Basch und dem alten Kapuziner und Naturforscher Bilimek. Mir verursacht dieses Herumwandern kein geringes Entsetzen. Jedesmal reite ich im mexikanischen Kostüme auf eine gewisse Entfernung ihm nach – unbemerkt – aber wohl bewaffnet. So kann ihm ja doch einmal etwas zustoßen.
Bazaine ist mit den Dissidenten wirklich wie im Einverständnis. Die Dissidenten wachsen wie die Pilze aus der Erde, und die Pronunciamentos der kaiserlichen Truppen mehren sich auf das Schauerlichste.
Eben kam ein österreichischer Jäger hier an, der bei der unglücklichen Kolonne von Matamoros gefangen war. Er brachte sich über Amerika und Veracruz nach Orizaba durch. Ich sprach mit ihm, und er schwor, daß zwei Neger-Regimenter, amerikanische, an dem Kampfe gegen unsere Truppen Teil genommen hätten. Amerikanische Kanonen und Waffen sind in Masse beim Feinde. Daß Juárez mit Geld von den Vereinigten Staaten unterstützt wird, ist für niemanden ein Geheimnis hier, ebenso daß der amerikanische Konsul, der bei den Juaristen accreditiert ist, offen die Revolution predigt. Er ist jetzt in der Stadt Mexiko. (Der Jäger, der dieses Bravour-Stück ausführte, heißt Zampani, ist ein Italiener.)

Orizaba 22. November 1866 Hier wimmelt es von Ministern, Gesandten, Abgeordneten, Ordensjägern und ähnlichem Gelichter. Jeder will noch vor dem allgemeinen Debakel etwas aufschnappen. Gestern sind mehrere Offiziere von Jalapa hier eingetroffen. Sie haben sich mit achthundert Mann gegen mehrere tausend Feinde längere Zeit verteidigt. Nachdem aber die Franzosen wie immer und auf die dringendsten

Bitten der Österreicher sich wieder nicht rührten, obwohl sie auf wenige Meilen standen, mußten sie sich ergeben. Die Kapitulation war mit freiem Abzuge, jedoch mit Hinterlassung aller Pferde, Waffen und Munition. Dieses hat uns wirklich einen Schrei der Wut und Entrüstung entrungen. Diese erbärmlichen Wichte, die sich hier feist gemästet hatten!
Vor drei Tagen wurde ich in meiner Tour zum Majoren ernannt, zugleich Babarczy und Wickenburg bei den Husaren. Das Korps soll nur mehr viertausend Mann betragen. Alles übrige tot, gefangen, den Strapazen erlegen. Da wird wohl die Repatriierung nicht sehr teuer zu stehen kommen. Bis es dahin kommt, werden noch viele auf eine so elende Art umkommen wie die Kolonne von Matamoros!
Hier ist alles auf das Äußerste gespannt. Wir gehen mit den Franzosen nicht um. Es kam ohnehin schon zu unangenehmen Auftritten, und das wollen wir in Zukunft vermeiden. Neulich sind dreihundert Franzosen auf einen Brief eines Dissidenten-Chefs allsogleich davongelaufen, dies vier Meilen von hier. Er drohte ihnen, sie zu hängen, falls sie nicht augenblicklich den Ort verließen.
In Tulancingo sind vierzig Österreicher gefangen, erschossen und dann verbrannt worden. Uns wird nächstens dasselbe blühen, falls die Franzosen-Wirtschaft noch länger dauert.
Heute ist ein großer Teil von Ayuntamiento aus Mexiko hier angekommen. Sie fuhren in der Diligeance. Der Kaiser erklärte ihnen, daß er sie nur unter der Bedingung empfange, daß sie ihm nicht von Politik reden – also vom Wetter! Ich wundere mich, daß diese Kerle von den Liberalen nicht abgefangen wurden. Es wäre wahrlich kein Schade um diese Gesellen.

Auf Drängen der Konservativen und eines Votums des nach Orizaba berufenen Staatsrates entschloß sich Kaiser Maximilian am 28. November 1866, in Mexiko zu bleiben. Er nannte aber Bedingungen. Freilich waren es eben dieselben Bedingungen, die er seit Jahren vergeblich durchzusetzen versuchte und deren Erfüllung zu diesem Zeitpunkt unwahrscheinlicher denn je war:

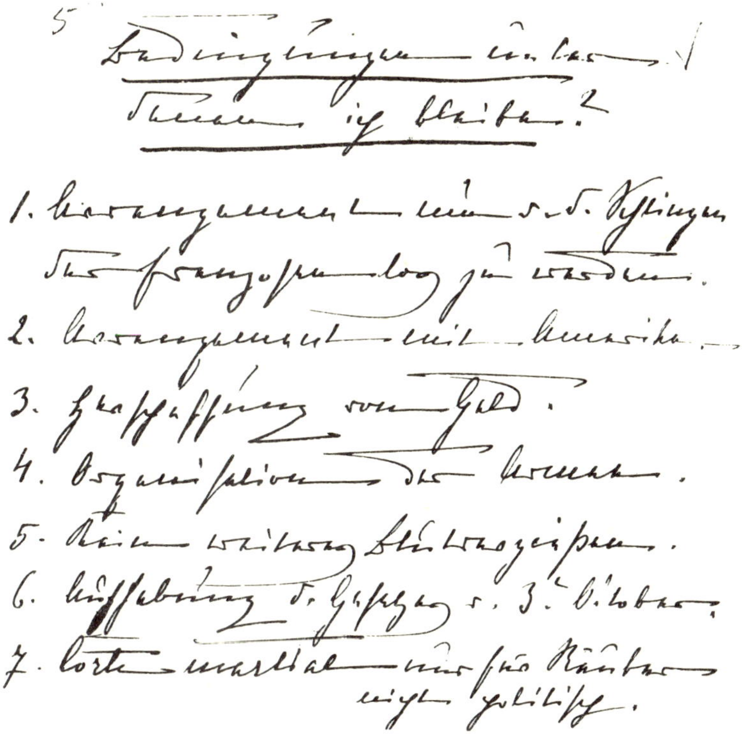

Bedingungen unter denen ich bleibe?

1. *Arrangement um von den Schlingen der Franzosen los zu werden.*
2. *Arrangement mit Amerika.*
3. *Herbeischaffung von Geld.*
4. *Organisation der Armee.*
5. *Kein weiteres Blutvergießen.*
6. *Aufhebung der Gesetze v. 3. October.*
7. *Corte martial (Kriegsgericht) nur für Räuber, nicht politisch.*

Die Öffentlichkeit wurde mit folgendem persönlichen Aufruf über den Entschluß Maximilians informiert:
»Mexikaner!
Umstände, welche durch häusliche Unfälle noch größere Dimensionen annahmen und mit dem Wohl Unseres Vaterlandes im Zusammenhang stehen, haben in Uns die Überzeugung hervorgebracht, daß Wir euch die Uns anvertraute Gewalt zurückgeben sollten.
Der von uns zusammenberufene Minister- und Staatsrath hielt jedoch dafür, daß das Wohl Mexiko's noch Unser Verharren in der Macht erfordere. Wir haben es somit für Unsere Pflicht erachtet, dessen inständigen Bitten nachzugeben, gleichzeitig Unsern Willen kundgebend, einen National-Congreß zu berufen, an welchem alle Partheien Theil nehmen sollen, um zu entscheiden, ob das Kaiserreich noch fernerhin zu bestehen haben wird, und im bejahenden Falle zur Bildung der Grundgesetze für Consolidierung der öffentlichen Institutionen des Landes beizutragen.
Zu diesem Behufe beschäftigen sich gegenwärtig Unsere Räthe mit dem Vorschlag der nöthigen Maßregeln; gleichzeitig wird das Geeignete verfügt werden, damit alle Parteien zur Regelung auf dieser Basis beizutragen vermögen.
Bis dahin, Mexikaner, auf euch alle ohne Unterschied der politischen Färbung zählend, werden Wir Uns Mühe geben, mit Muth und Beharrlichkeit das Werk der Regeneration fortzusetzen, welches ihr anvertraut habt eurem Compatrioten
Maximilian
Orizaba, 1. Dezember 1866«.[12]

Maximilians Mutter, Erzherzogin Sophie, die sich stets gegen das Mexiko-Unternehmen ausgesprochen hatte, billigte trotz aller ihrer mütterlichen Sorgen nun doch Maximilians Ent-

schluß, in Mexiko auszuharren. Sie schrieb am 12. Januar 1867 in ihr Tagebuch, nachdem Graf Charles Bombelles in Gibraltar vergeblich auf die angekündigte Ankunft Maximilians gewartet hatte: »Glücklicherweise bringt Max seinem Land das Opfer zu bleiben. Das war eine dringende Notwendigkeit im Moment, wo das Land die Beute der Parteien-Anarchie werden kann, wenn Max es verlassen würde, sei es auch nur für kurze Zeit. Er schrieb mir kürzlich, daß das Interesse und die Zuneigung, die man ihm bezeugt, rührend sind. Indem er bleibt, hält er sich mit Ehren gegenüber dem schlechten Vorgehen Louis Napoleons. Und wenn er eines Tags dem Drängen der Vereinigten Staaten weichen und sein Amt verlassen muß, so wird er sich mit Ehren entfernen ...« [13]
Es ist anzunehmen, daß Sophie diesen ihren Ehrenstandpunkt ihrem Sohn auch in einem Brief mitteilte und ihn auf diese Weise bestärkte.
Daß es für Max um Leben oder Tod ging, war ihr sicher nicht bewußt.

Puebla 20. Dezember 1866 Den 11. abends erhielten wir den Befehl des Kaisers – wir Husaren –, ihn den andern Tag früh in seinem Palais, das ist in einem alten großen Hause am Hauptplatze, abzuholen. Wir gehen nach Mexiko zurück. Wir hatten schon mehrere Tage vorher diesen Entschluß des Kaisers erfahren. Ich wußte ihn bedeutend früher, da Pater Fischer und Herzfeld mir gegenüber keine Geheimnisse hatten.
Pater Fischer (1888 gestorben als Pfarrer in Mexiko) war ein Mann, der mit dem Aussehen eines Hünen die Sanftmut selber war. Er ist viel vermögend beim Kaiser, repräsentiert das konservative Element bei Hofe. Alle Beteuerungen der mexikanischen Bischöfe werden von ihm dem Kaiser hinterbracht, aber Geld sahen die Pfaffen keines. Ich glaube, daß er

dem Kaiser attachiert ist. Ob seine Regierungsweise und Ansichten ersprießlich sind, wird die Folge lehren. Ich hege Befürchtungen für die Zukunft des armen Kaisers. Denn hier fehlt alles – Geld, Mannschaft, Wahrheit. Nur eiserne Energie, rücksichtsloses Vorgehen, könnten in diesem Lande noch Wunder wirken, dem Kaiser sein gesunkenes, gefährdetes Prestige retten. Gott gebe seinen Segen dazu.
In Acalcingo wurde mittags Station gehalten. Wir machten eigentlich kapitale Ritte: Ich denke, daß in Europa wohl schwerlich eine Kavallerietruppe von mehreren hundert Mann im Trabe acht deutsche Meilen (etwa sechzig km) machen wird, ohne eine Minute unterwegs zu halten, dies noch dazu oft im tiefen Sande oder gegen steile Höhen wie die Cumbres von Acalcingo.
Palmar war unsere nächste Station. Wie traten mir alle die Triumphe der frühen Zeit vor Augen, die Dekorierung meiner Eskadron durch die Kaiserin! etc. – und jetzt!
Wir kamen den 14. abends in Houaca, einem schloßartigen Gebäude unmittelbar vor Puebla an. Die Pferde waren durch den wahnsinnigen Ritt übermüdet, wir selbst ziemlich abgespannt. Hier war aber der Teufel los. Der Kaiser verblieb einige Zeit hier, obwohl die vielen Menschen, die täglich und stündlich ihre Wanderungen hierher unternahmen, ihm dabei zuletzt lästig wurden. War ja doch dies alles nur Komödie. Wie wenige meinten es ernst mit der Rückkehr des Kaisers!
Ich wurde zu Castelnau, dem französischen General, geschickt, um ihn zur Audienz zum Kaiser vorzubereiten. Der ist wohl ein nichtssagender Hofmann, erfüllt von der wichtig sein wollenden Mission Napoleons, aufgeblasen in der Idee, ein gewaltiger Diplomat zu sein, ein lächerlicher Wicht. Übrigens glaube ich, daß der Glanz seiner Nägel sowie die Richtung seiner Schnurrbartspitzen ihm wichtiger erscheinen als die politischen Fragen Mexikos.

Mir sagte er in seiner französischen Zungenfertigkeit: »Der Kaiser muß abreisen, was will er denn mit diesen Schweinen von Mexikanern machen, wenn Frankreich seine Hand zurückzieht?«
Ich erwiderte ihm darauf: »Also unser Kaiser kann sich wohl nur mit französischen Bajonetten halten? Napoleon hätte das im voraus wissen können.«
Die Antwort blieb er mir schuldig. Doch konnte ich mich nicht zurückhalten, ihm noch zu versetzen: »Ihr Kaiser ebenso wie Bazaine haben sich gegen Maximilian wie Kanaillen benommen«.
Da sprang der gute Mann wie ein Hanswurst vom Kanapée auf und rief mir zu: »Mein Herr, Sie vergessen, mit wem Sie reden«.
Worauf ich wieder gelassen antwortete: »Mein Herr, regen Sie sich nicht auf. Sie wissen das genau so gut wie ich«.
[General Graf François Castelnau, Flügeladjutant Napoleons III. hatte den Auftrag, Maximilian zur Abdankung zu bewegen und den Übergang in eine neue Regierung zu organisieren.[14]]
Auch Danô, der französische Gesandte, erschien. Dieser gute Mann hat das Aussehen eines Schusters, klein, dick und gemein mit einem glattrasierten Gesichte. Er spielte die ganze Zeit eine Doppelrolle und war ein williges Werkzeug des Marschalls. Der Mund überfloß stets von Freundschaftsbezeugungen. Doch es war nicht schwer, in diesem ungereimten Zeug die Wahrheit herauszufinden. Der Kaiser haßte ihn.

Am 6. Dezember 1866 wurde das österreichische und belgische Freiwilligenkorps aufgelöst. Die meisten (3600 Mann) hatten sich für die Rückreise nach Europa entschieden. Nur achthundert willigten ein, in die mexikanische Armee überzuwechseln.

Nach beiläufig sieben Tagen mußten wir mit dem Kaiser nach Puebla. Gestern ließ mich der Kaiser rufen und sagte mir: »Sie wissen, daß die Repatriierung des österreichischen Korps nächster Tage vor sich gehen wird. Ich ließ Sie daher rufen und geben Ihnen den Auftrag, mir aus den abziehenden österreichischen Truppen von dem für die Kavallerie tauglichen Material ein Husaren-Regiment zu errichten. Ich hege in Ihre Bereitwilligkeit wie in Ihre Fähigkeiten mein vollstes Vertrauen. Sie haben mir schon genügend Proben davon gegeben. Ich bau auf Sie und weiß, daß ich mit solchen Männern der Zukunft sicher entgegen gehen kann.«

»Euer Majestät werden an meiner unbegrenzten Anhänglichkeit gewiß nicht zweifeln. Mein Leben lege ich Euer Majestät zu Füßen, aber Euer Majestät gestatten, daß ich die Propositionen aufsetze, die mich zur Errichtung des Regimentes berechtigen.«

Ich ging, was soll ich machen? Allein, ohne Geld! Angefeindet werden meine Bestrebungen gewiß allerseits, und ich weiß doch, daß nur wir den Kaiser einst aus dieser Hölle retten können. Ich verzweifelte. Doch Gott verläßt den Deutschen nicht. Das Recht muß siegen, habe ich doch dem Tode so oft ins Auge geschaut. Stolz war ich, das Vertrauen des Kaisers in so überaus hohem Maße zu besitzen. Aber so jung noch, eine so schwere Verantwortung, das Leben und die Zukunft so vieler Menschen in meiner Hand!

Ich ging an der Kathedrale vorüber. Der Chorgesang tönte mir entgegen, und ich trat hinter eine der gewaltigen Säulen. Es war spät abends. Der Weihrauch stieg mit den Choralgesängen gegen die hohe Wölbung, und mancher Augenblick verrann, bis meine sich überstürzenden Gedanken, die wild in meinem armen Kopfe tobten, sich allmählich zu einer geregelten Reihenfolge ordneten. Da erscholl des Priesters »Non desparavit in Domino!« Gewaltig drang es mir zum

Herzen und laut rief ich aus: »Ja ich will nicht verzweifeln, meine Pflicht ist auszuharren, wenn Gott will auch zu sterben! Jetzt gilt es, mit aller Kraft ans Werk zu gehen.«
Den andern Tag unterbreitete ich dem Kaiser meinen Aufsatz. Er war damit vollkommen einverstanden. Die Punkte waren folgende:

I. Das Husaren-Regiment »Hussaren del Emperador« steht unmittelbar unter dem Befehl Seiner Majestät.
II. Der kaiserliche Major Khevenhüller wird mit der Errichtung dieses Regimentes betraut.
III. Der Kommandant hat das Recht der Ernennung bis zum Majoren.
IV. Jeder aus dem Korps austretende Offizier oder Kadett oder Unteroffizier steigt um einen Grad.
V. Die Besoldungen sind dieselben wie im österreichischen Korps.
VI. Der Kommandant erhält das Recht der Werbung im ehemaligen österreichischen Korps.
VII. Sämtliche Abteilungs-Kommandanten des österreichischen Korps haben den Kommandanten nach Kräften zu unterstützen.
VIII. Sämtliche Waffen und Pferde sowie das Kriegs-Material werden dem Kommandanten übergeben.
IX. Der Kommandant erhält das Recht Jus-Gladii.
X. Der Kommandant erhält für die Errichtung 12 000 Pesos.

Als ich nun zu den einzelnen Truppen-Kommandanten mit dem Handbillet des Kaisers trat, geriet alles in einen förmlichen Aufruhr. Die Rittmeister und Hauptleute rotteten sich zusammen, erklärten, natürlich mir nicht in's Gesicht, daß falls meine Werber oder ich mich bei ihnen zeigte, sie uns in Ketten legen lassen. Dies soll auch Rittmeister Graf Geldern öffentlich ausgeschrien haben, der gute Bramarbas! Was hatte er denn in Mexiko geleistet? Man hat nicht einmal seinen Namen dort nennen gehört. Es wurde der Mannschaft auf das strengste verboten, ihre Kasernen zu verlassen. Es war nichts, was diese Menschen unversucht ließen, meinen ehrlichen Bestrebungen einen Damm zu setzen.

Und doch erreichte ich teilweise mein Ziel. Die Mannschaft dachte edler als diese versauerten Offiziere. Ja, diese Herren bildeten sich ein, in Österreich werde man ihnen Triumphpforten bauen, sie mit Vivatgeschrei empfangen, Feste arrangieren! – dafür daß sie den armen Kaiser auf eine hundsföttische Weise im Stich ließen! Bei ihrer Rückkehr fing man sie an den Grenzen ab, und sie wurden in ihre Heimat abgeschoben. Es gibt noch Gerechtigkeit auf Erden. Dies hielt mich auch aufrecht.

Meine Eskadron-Offiziere von der alten »Fünften« erklärten, sie lassen mich nicht im Stich. Die Tapfern von Rio Salado, Ajalpan blieben die Alten. Beinahe meine ganze ehemalige Eskadron trat zu mir über, die Rittmeister Baron Kulmer, von Variassy, von Almassy, von Kalmucky, Thom, Graf Zsiga Zichy – sie waren mit den spätern Majoren Berger und Maschek die Stützen meines Regimentes. Mit ihnen stellte ich fünfhundert Husaren, vierzig Offiziere, vierzig Mann Regiments-Musik zusammen, ungerechnet die Professionisten und den Stab. Ich hatte, obwohl ich statt 12 000 Pesos nur 2000 Pesos erhalten, mein Regiment auf siebenhundert Mann gebracht. Mich kostete es aus meiner Privatkasse 35 000 Gulden, die mir niemand ersetzte. Wir arbeiteten wie mit Dampfkraft zur Einübung der Mannschaft, zur Adjustierung der Leute und Pferde. Denn es waren auch viele Infanteristen darunter.

Endlich wanderten die Überbleibsel des Korps nach Österreich. Den letzten Streich spielten sie mir doch; viele, besonders die Ulanen, übergaben mir keine Waffen. Sie nahmen sie nach Veracruz mit, wo sie der Stadt (!) übergeben wurden. Niemals kamen sie wieder zum Vorschein, denn die Dissidenten bewaffneten sich damit. So endete das Korps. Ohne Sang und Klang marschierten die übrigen 4500 Mann nach Veracruz, wo ihrer die Transport-Schiffe warteten. [Laut einer Aufstellung reisten vorerst nicht 4500, sondern 3600 Mitglieder des ehemaligen österreichischen Freikorps mit den Franzosen ab. Etwa tausend Mann befanden sich zu diesem Zeitpunkt noch in Gefangenschaft und schifften sich erst zu einer späteren Zeit ein.]

Im Dezember 1866 begannen die Abtransporte der fremden Truppen aus Mexiko: 26000 Franzosen (hier bei der Einschiffung in Veracruz), etwa tausend Belgier und 3600 Österreicher verließen auf französische Kosten das Land. Ihnen schlossen sich auch zahlreiche Zivilpersonen an, die durch ihre Parteinahme für das Kaiserreich kompromittiert waren und sich in Sicherheit bringen wollten, aber auch viele hohe Staatsbeamte.

Hier glaubt man allgemein, Kaiserin Charlotte sei tot. Wenn es wahr ist, erleidet das Kaiserreich wieder einen herben Verlust. Sie war ein starker Charakter, unbeugsam im Unglück, voll Leben und Kraft. Doch der Unredlichkeit und der Niederträchtigkeit eines Napoleon mußte sie erliegen: Er hat sie, wenn nicht physisch, doch moralisch umgebracht.
In Mexiko soll ich mein Regiment auf tausend Mann hinaufbringen, dies durch Mexikaner. Doch muß ich dann unbedingt mexikanische Offiziere hineinnehmen, sonst gibt es Unruhen, die ich mir nicht verlange und wünsche.
Ich erklärte dem Kaiser, daß wenn mein Regiment nur einen Tag unbezahlt bleibt, ich augenblicklich eine Razzia in der Umgebung mache. Ohnehin zahlen nur Veracruz, Orizaba, Puebla, Mexiko. Eine Wegstunde davon ab sind Steuern nicht mehr einzutreiben. Also täte ich Recht.

Puebla 7. Jänner 1867 Den 3. Jänner reiste der Kaiser nach Mexiko zurück. Ich bin noch nicht fertig. So ein ganzes Regiment vom nichts ins Leben zu rufen ist eine große Arbeit. Doch es geht alle Tage um etwas vorwärts, und ich werde hoffentlich bald fertig werden.
Täglich marschieren französische Truppen hier durch und nach Hause, diese Elenden – man sieht ihnen übrigens »die Schmach ihres Erfolges« an. Ich mache mir stets ein Vergnügen, sie bei mir vorüberdefilieren zu lassen. Meine Offiziere begleiten mich stets, und wenn uns bekannte Offiziere vorüber kommen, hat noch bis jetzt kein einziger seine Gefühle mir gegenüber verhehlt. Die Anständigen schämen sich. An der Mehrzahl der Unanständigen liegt mir sowieso nichts.
Die Husaren sind rot, rote Bluse, roter Dolman, grauer Hut mit Federn, rote Hose. Ich hatte kein anderes Tuch, da das

blaue, grüne und graue gewiß von der abziehenden Intendanz unterschlagen wurde. Ich muß deshalb meine Leute wie Scharfrichter zu Rosse steigen lassen.

18. Jänner 1867 Mexiko. Ich marschierte auf des Kaisers Befehl den 10. nach Mexiko ab. An der zweiten Station – Rio Frio – mußte ich eine Rekogniszierung von zwei meiner Eskadronen unter Major Berger gegen Tezcoco unternehmen lassen. Der Feind, mehrere hundert Mann Kavallerie, floh allsogleich bei Annäherung meiner Husaren, worauf dieselben mich vor dem Tore San Antonio-Abad Mexikos wiederfanden.

Eine Überraschung erwartete mich jedoch noch vor meinem Einrücken. Wir gelangten zur Griseta del Paseo. Meine Avantgarde kam an das Tor. Da erklärte der wachhabende französische Offizier, er könne meine Truppen ohne spezielle Erlaubnis des Marschalls nicht hereinlassen. Auf diese Meldung meiner Leute sprengte ich vor und erklärte, daß ich ihm eine halbe Stunde Zeit gebe, wenn dann der Befehl nicht erfolge, werde ich schon für das weitere sorgen »und mich nicht den Teufel um Euren Marschall wie um seine ganze Clique scheren«.

Der Unglückliche beeilte sich wie natürlich, das Nötige zu veranlassen und richtig, binnen kurzer Zeit rückten wir ein. Doch bekamen wir kein Quartier in der Stadt, sondern der Kaiser schickte uns nach Tacubaya, was freilich ganz nahe von Mexiko liegt.

Nach drei Tagen kam der Kaiser uns visitieren. Als er die wilden Husaren mit Hurrah und Eljen an sich vorüber galoppieren sah, wie sie freudig ihre Säbel schwangen, da kehrte sich der Kaiser mit glänzenden Augen gegen mich, reichte mir die Hand und sprach: »Sie haben mir viel Freude gemacht. Sie übertrafen meine Erwartungen glänzend. Ich werde es Ihnen nie vergessen.«

Das Regiment war aufmarschiert. Der Kaiser ritt vor die Front und rief mit klangvoller Stimme auf ungarisch: »Kinder, ich rechne auf Euch, Euer Kommandant wird Euch wie immer zum Siege führen, zur Ehre Mexikos, und Ihr werdet den alten Ruhm der Husaren stets bewahren. Ich danke Euch, daß Ihr mir treu verbliebet.«

Noch einmal reichte er mir die Hand vor allen Husaren, die in ein donnerndes Eljen ausbrachen. Viele riefen: »Wir sterben für unseren Maximilian«, und Hüte und Säbel flogen in die Luft.

Jetzt begann zwischen mir und den Franzosen ein unterirdischer Krieg, der mit allem Hasse, Benützung der kleinsten Vorteile und unerbittlicher Konsequenz fortgeführt wurde.

Einst gab mir der Kaiser den Befehl, die mexikanischen Kriegsmaterialien, die sich noch in den Forts befanden, zu sammeln und in die Stadt zu führen, wo sie dann an die verschiedenen Abteilungen verteilt werden sollten.

Ich kam nach dem Fort San Antonio-Abad, wo die Artillerie-Vorräte sein sollten. Was sah ich zu meinem Entsetzen? Große Feuer brannten lichterloh in den Höfen. Was war das Heizmaterial? Lafetten, Protzkästen, Riemzeug! Die Kanonen wurden eben in den angrenzenden Sumpf geworfen, das Pulver folgte nach. Lachend zeigte mir der wachhabende Offizier dieses entsetzliche Schauspiel: »Der Marschall hat mir den Befehl dazu gegeben. Es ist nichts mehr hier. Alles ist weg«.

Entrüstet begab ich mich zum Kaiser, was konnte der arme Herr gegen den allmächtigen Marschall tun?

Um diese Zeit zwang Bazaine die Stadt, das ihm vom Kaiser einst geschenkte Palais um ein rasendes Geld zurückzukaufen, denn es war so vom Kaiser versprochen worden. Der Staat, der dem gemeinen Manne den Sold nicht auszahlen konnte, tat es. Am Ende hätte Bazaine noch das ganze Ayuntamiento eingesperrt.

Mexiko 12. Februar 1867 Endlich kam der Tag: Bazaine fuhr ab mit seiner Horde. Die Franzosen stellten sich auf dem Hauptplatze auf und verschwanden darauf, nachdem sie vor dem Dickwanst defiliert hatten. Beim Abmarsch rief mir ein französischer Offizier und Kommandant zu: »Es ist eine Schande, einer Fahne zu folgen, die derartig mit Kot beschmutzt ist!« Das war ein Charakter, deren es leider nur wenige gab. Es war so zeitlich früh, daß es auf uns den Eindruck machte, als wenn er sich von dem Platze seiner Schandtaten davonstehlen wollte.
Márquez wurde Stadt-Kommandant. Er begann mit lobenswerter Strenge, doch wie konnten wir Erfolg haben, nachdem alles durch die Niederträchtigkeit Bazaines zu Grunde gegangen war! Wir hatten ja nichts. Es fehlte an allem, an Waffen, Pferden, Riemzeug, Decken und Kanonen. Die besten hatten die Franzosen gesprengt und in die Sümpfe geworfen. Wie ohne Geld sich dies alles verschaffen?
Miramón mußte, nachdem er Zacatecas eingenommen und Juárez samt seinen Kanaillen von Ministern beinahe gefangen hatte, zuletzt aber der Übermacht weichen, wobei er zwei Drittel seiner Mannschaft verlor.
Escobedo, ein Haupthund, der feindliche General, ließ sämtliche Offiziere sowie 109 gefangene, früher in die mexikanische Armee übergetretene Franzosen erschießen. Diese Armen, als sie dort eintraten, hatte der Marschall aller Rechte beraubt. Die übrigen im kaiserlichen Heere Dienenden richteten an den Marschall eine Inschrift, worin sie ihm dies vorwarfen. Der Marschall – diese Hyäne – antwortete: »Ihr seid keine Franzosen. Ihr seid Mexikaner«. Allgemein behauptete man, daß Bazaine und Escobedo im Einverständnis gehandelt hätten. Von diesem Vorwurfe wird er sich nie reinwaschen können.

Abzug Bazaines aus der Hauptstadt

13. Februar Mexiko Früh hatten wir eine sogenannte »kleine Bereitschaft«. Um 6 Uhr ließ ich das Regiment im Hofe des Palastes aufmarschieren, wohin wir die letzte Zeit gezogen waren. Baron Hammerstein, der die österreichische Infanterie kommandierte, ebenfalls. Dieser, ein Hannoveraner, der auch in Österreich als Hauptmann diente, hatte beiläufig 350 Mann. Auch er hatte so wie ich einst den Befehl zur Errichtung erhalten. Wir wußten beide nicht, was das bedeuten solle, obwohl mir Gerüchte von einer Abreise des Kaisers schon zu Ohren gekommen waren. Ich zweifelte aber an dem unsinnigen Schritte. Es sollte nur zu wahr sein!

Da erschien der Kaiser mit Dr. Basch, Pater Fischer und anderen Hofherren. Er trat auf Hammerstein und mich zu und sagte: »Die Pflicht gebietet mir, das Kommando meiner Armee zu übernehmen. Ich gehe nach Querétaro, wo sie mich erwartet. Ihnen beiden vertraue ich, daß Sie unsere Sache gut führen werden. Sie bleiben mit den Österreichern zurück.«

Sprachlos standen wir da. Endlich ermannten wir uns mit dem Aufschrei: »Majestät, wir können, wir dürfen Sie nicht verlassen. Sie sind verloren! Diese Generäle hintergehen Sie! Es ist unsere heiligste Pflicht, Ihre Person zu beschützen. Das kann nicht sein, deswegen blieben wir ja zurück, keine Macht der Welt hätte es sonst von uns verlangen können!«

»Nein«, erwiderte der Kaiser uns unterbrechend, »Ich will es. Sie sind hier nötiger als in Querétaro. Sie bleiben, es ist Mein ausdrücklicher Wille«.

Das war also das Resultat dieser unglücklichen Rückreise! Er war und mußte inmitten dieser Verräter verloren sein. Diese paar tausend Mann mexikanischer Truppen können ihn nicht gegen die gewaltige Übermacht der Dissidenten, welche offen von Amerika und den Franzosen unterstützt wurden, schützen. Wir sahen, daß alles aus sei. Es waren die letzten Worte, die Er mir zurief: »Ich vertraue Ihnen – Adieu.«

Ja. Er konnte auf uns rechnen bis in den Tod, doch wird ihm auch unser Tod, unsere Aufopferung frommen? Wir waren vom Gegenteil überzeugt.

Nachmittags kam ein kaiserlicher Befehl an mich, ich solle dem General Vidaurri (wurde später füsiliert), einem braven tapfern Mann, eine halbe Eskadron Husaren für die Weiterreise zum Kaiser geben. Es riß mich, das ganze Regiment aufsitzen zu lassen, aber die kaiserlichen Worte tönten mir entgegen: »Ich will«. Ich war ja Soldat, an Gehorsam gewöhnt, und alle Österreicher mitnehmen, hieße die Stadt dem Feinde überliefern. Also ich suchte fünfzig meiner besten Husaren aus, gab das Kommando dem II. Rittmeister v. Pawlovsky, einem Ungarn, und er marschierte ab.

Am 17. Februar 1867 stellte sich Maximilian in Querétaro an die Spitze der neu gebildeten, nun nicht mehr von Frankreich abhängigen Armee:
»Unsere Pflicht bedingt es jetzt, für die beiden heiligsten Principien des Landes zu kämpfen, für seine Unabhängigkeit, welche von Männern bedroht wird, deren Selbstsucht sie sogar National-Eigenthum verkaufen ließ, und ebenso für die Wiederherstellung der innern Ordnung, welche Wir täglich zum Nachtheil Unserer friedlichen Bürger in der gröbsten Weise verletzt sehen. Frei in Unsern Handlungen von jedem Einflusse, von jedem fremden Drucke, werden Wir danach trachten, die Ehre Unseres glorreichen National-Banners hoch zu halten ...
Vertrauen wir auf Gott, der Mexico beschützt und beschützen wird und schlagen Wir Uns tapfer in Unserem heiligen Beruf.
Es lebe die Unabhängigkeit! Maximilian«.[15]
Hier in Querétaro war der Kaiser fast ausschließlich von Mexikanern umgeben, um auch den kleinsten Eindruck zu widerlegen, er wolle mit fremden Söldnern das Land erobern. Er setzte sich hier in den Kämpfen ständiger Lebensgefahr aus und suchte, was manche Augenzeugen bestätigten, ganz offensichtlich den Tod auf dem Schlachtfeld.
Andererseits aber versuchte er, mit Juárez zu einer Vereinbarung, ja wenigstens zu einem Gespräch zu kommen – freilich vergeblich. Immer noch erhoffte er sich von einem allgemeinen Kongreß die Lösung der Differenzen und die Beendigung des Bürgerkrieges: »noch immer halte ich die Congreßidee als einzige Lösung zur Gründung einer dauerhaften Zukunft

und als Basis aufrecht, um die Parteien, welche Schuld am Unglück unseres Vaterlandes tragen, einander zu nähern. Mit dieser Idee trug Ich Mich schon bei Meiner Ankunft im Lande; doch so lange die Franzosen das Zentrum des Landes besetzt hielten, gab es keine Möglichkeit, an einen Congreß mit freier Berathung auch nur zu denken«, schrieb er im März 1867 in Querétaro und bekräftigte: »Der von der Nation gewählte Congreß, als wirklicher Ausdruck der mit der ganzen Summe der Macht und Freiheit ausgestatteten Majorität, ist das einzig sichere Mittel, dem Bürgerkrieg ein Ende zu machen und dem so traurigen Blutvergießen Einhalt zu tun.«
Maximilian war über die starre Haltung der Republikaner zutiefst enttäuscht: »Die Männer, welche stets von Fortschritt reden, wollten sich einem solchen Urtheil [eines nationalen Kongresses] nicht unterordnen; sie antworteten mit Erschießen loyaler und ausgezeichneter Bürger, sie verschmähten die Bruderhand, welche den Frieden unter Brüdern wollte, oder besser gesagt, jene blinden Parteigänger wollten ausschließlich nur mit dem Schwert in der Hand dominieren. Auf welcher Seite steht nun der nationale Wille? auf welcher Seite ist die Sehnsucht nach wahrer Freiheit!«.[16]
Alle Versöhnungsversuche gingen ins Leere: Juárez wollte den vollständigen Sieg, der ja jetzt so nahe war.
Die kaiserliche Armee konnte für die Republikaner kaum noch furchterregend wirken. Der chronische Geldmangel, der trotz aller Versprechungen der Konservativen weiter bestand, erlaubte keine regelmäßige Besoldung, ja noch nicht einmal eine regelmäßige Ernährung der Truppen. Die drei Generäle Miramón, Márquez und Mejía waren uneins und in ständigen Rivalitäten gegeneinander befangen.
In kürzester Zeit – am 12. März – war Maximilian in Querétaro eingeschlossen. Der Weg nach der Hauptstadt war so gut wie unpassierbar.

Wir waren allein, auf uns angewiesen, unter Kommando des Generals Tabera, eines alten unfähigen Mannes. Unser Brigadier war General O'Horan. Er stammte aus einer irländischen Familie, war hier geboren, ein kleiner Mann mit einem Fuchsgesicht, der aber eine böse Vergangenheit hinter sich hatte. Er hatte bei jedem Regierungswechsel sich stets dem Stärkeren zugewendet, ein Mensch ohne Moral, dabei ein Schwätzer ohnegleichen.

Unser Divisionär General Andrade war ein Haubenstock, ein kleiner dicker Kerl, eine lächerliche Erscheinung. Man sah ihm die Angst an, die ihn in den jetzigen Verhältnissen beherrschte.

Die Zeit, die bis jetzt verronnen, wurde mit steten Anstrengungen ausgefüllt, die Truppen bei gutem Humor zu erhalten. Wir Offiziere arbeiteten ohne Unterlaß. Die Mannschaft wurde in allem geübt. Wir machten kleine Exkursionen in der Gegend, doch sahen wir nie was vom Feind. Ich sah und hörte nichts von unsern Generälen.

Vom Kaiser hörten wir, was im »Diario del Imperio« stand, lauter ausgezeichnete Nachrichten, die bestimmt waren, das Dulce Jubilo in der Stadt nicht ausgehen zu lassen.

25. März 1867 Mexiko Abends erhielten wir Befehl, uns beim Tore San-Antonio-Abad zu stellen. Ich hatte mein ganzes Regiment bei mir, und wir marschierten beiläufig eine Stunde auf der Straße, als wir Staubwolken aufsteigen sahen und General Vidaurri und Márquez und beiläufig achthundert Mann Kavallerie, darunter das Regiment Quiroga unter ihrem jungen Obersten Quiroga, gegen uns herankamen.

Was macht Márquez hier? fragten wir uns. Doch gewiß, um uns zum Kaiser zu führen? Er schwieg, musterte unsere Reihen. Wir rückten ein.

General Márquez, über den sich Khevenhüller hier so abfällig äußert, hatte bei den liberalen Mexikanern den Beinamen der »Hyäne von Tacubaya«: Er hatte 1859 in Tacubaya acht Ärzte standrechtlich erschießen lassen, die gefangen wurden, als sie Verwundete der feindlichen Armee verbanden. Er war es auch, der 1860 mit Gewalt die Kasse des englischen Konsulates in der Hauptstadt ausraubte.[17]
Kaiser Maximilian vertraute dem bei Freund und Feind berüchtigten General Márquez und gab ihm im März 1867 den Auftrag, sich von Querétaro nach der Hauptstadt durchzuschlagen, um dort Verstärkungen und Geld zu holen. Márquez verheimlichte in Mexiko allerdings diesen Auftrag und führte gegen den kaiserlichen Befehl die Truppen aus der Hauptstadt gegen das bedrohte, von Díaz belagerte Puebla. Maximilian blieb ohne militärische und finanzielle Hilfe, ja ohne Information. Siebentausend Kaiserlichen, die in Querétaro eingeschlossen waren, stand inzwischen die mehr als fünffache Anzahl von Belagerern gegenüber, während die dringend benötigten europäischen Truppen in einen aussichtslosen und erschöpfenden Marsch nach Puebla geschickt wurden. Daß der Kaiser sie in Querétaro dringend erwartete, wußten Khevenhüller und Hammerstein nicht. Auch Pater Fischer kam nicht nach Mexiko durch, dem Maximilians Leibarzt Dr. Basch in einem Brief vom 18. März 1867 aufgetragen hatte: »Grüßen Sie freundlichst Khevenhüller und Hammerstein und sagen Sie ihnen, daß nicht Seine Majestät die Schuld daran trägt, daß sie nicht bei uns sind, sagen Sie ihnen, daß der direkte Befehl S. M. ihretwegen abgegangen ist, daß wir sie doch vierzehn Tage sehnlichst erwartet haben und daß nach vierzehn Tagen erst ein Bericht der Minister kam, daß sie nicht abgehen könnten«.[18]

29. März 1867 Mexiko Ich sowie Hammerstein und Wikkenburg (letzterer kommandierte die Gendarmerie 150 Mann) erhielten den Befehl, uns bereit zu halten zum Abmarsch. Wohin? – wußten wir nicht, doch zweifelte niemand, daß es Querétaro galt.

Um 4 Uhr früh marschierten wir ab. Wir hatten uns an der Pueblaner Straße formiert. Doch früher muß ich sagen, daß um 5 Uhr abends am Tag vorher Márquez sämtliche Truppen auf dem Paseo vereinigt hatte und Revue abhielt. 650 Husaren, 42 Offiziere und 50 Mann Regiments-Musik stellte ich allein dazu.

Schon die Richtung, die wir bei unserem Abmarsche einnahmen, gefiel mir nicht. Schon hatte ich von einer Belagerung Pueblas durch Porfirio Díaz gehört. Am Ende gingen wir dahin. Es war richtig so.

Wir waren beiläufig viertausend Mann mit zwölf Geschützen, (darunter vier gezogene Acht-Pfunder, vier gezogene Dreipfunder-Gebirgsgeschütze, die übrigen glatte Vierpfünder), alles bis auf die Gebirgskanonen mit Mulis bespannt, daher beinahe nicht zum Weiterbringen. Dazu kamen noch vierzig Karren mit Munition, Bagagen, Proviant, etc. Jetzt erfuhren wir erst, daß wir gegen Puebla marschierten, daß Porfirio Díaz diese Stadt belagere und wir zum Entsatze heranritten und zur Versorgung derselben.

Was hieß das? War der Kaiser siegreich? Hatte er genügend Truppen in Querétaro? Das waren Fragen, die uns niemand beantwortete.

Die Kolonne bestand aus beiläufig viertausend Mann – Österreichern, Belgiern und Mexikanern. Zuletzt noch vieler Train, Weiber, Gesindel. Die Weiber beschrieb ich bereits. (S. 153) Meine Regiments-Musik ließ ich in Mexiko.

Drei Tage marschierten wir also in gräßlicher Langsamkeit,

bis wir zur Eisenbahn-Station Apisaco gelangten. Dort entwickelten wir uns in Schlachtordnung, obwohl nichts vom Feinde zu sehen war und standen so drei Stunden, bis endlich der Befehl zum Lager-Beziehen erfolgte. Vorsichtsmaßregeln vermißte ich vollkommen. Daher ließ ich auf meine Faust Vorposten aufstellen. Das Terrain war eben wie ein Tisch.

In der Früh begab ich mich zu Márquez. Wir hatten bis auf ein paar magere Ochsen nichts zu essen. Daher trug ich dem General an, er möge mir mit einigen Husaren eine Rekognoszierung erlauben. Ich konnte dieses Gebaren nicht mehr ansehen. Er bewilligte mein Ansinnen, und ich nahm eine Eskadron mit 120 Mann mit. Wir ritten vier Leguas gegen Puebla, sahen nichts als einige zerlumpte Reiter, die sich bei unserer Annäherung eiligst aus dem Staube machten. Ich erstattete die Meldung, daß von dieser Seite nichts zu fürchten wäre, hatte mehreres Vieh erbeutet und mehrere Säcke Mehl.

Den andern Tag also marschierten wir getrost weiter bis zur Hacienda Guadalupe. Dort hielt die Kolonne Rast, und ich ging wieder, diesmal aber mit dem ganzen Regimente, bis Huamantla vor, einem hübschen Städtchen. Dort marschierte ich auf dem Hauptplatze auf. Vom Feind sah ich nichts, die Stadt war offen. Eiligst sandte ich, nachdem ich die gehörigen Vorsichtsmaßregeln getroffen hatte, mehrere kleine Abteilungen fouragieren [eigentlich: Pferdefutter herbeischaffen] und erhaschte auch mehrere Muli-Ladungen mit Mais, Gerste, Brot etc., das wir alles bezahlten.

Plötzlich hörten wir von der Lagerseite Kanonendonner, und es kam ein Adjutant herangesprengt mit der Meldung, Puebla sei gefallen, Porfirio Díaz greife eben die Kolonne an. Also zu spät! Warum marschierten wir so furchtbar langsam? Warum hatte Márquez so schlechte Erkundigun-

gen eingezogen? Hatte ich ihn doch in der zweiten Nacht gebeten, er möge mich mit den Husaren und Lameros de la Frontera [der ein Kavallerieregiment mit vierhundert Mann führte] und den Gebirgskanonen voraus lassen! Ich kannte ja das Terrain so gut! Wir wären im geeigneten Momente dem Feinde in den Rücken gefallen. Dies hätten die Mexikaner nicht vertragen. Der Sieg wäre unser gewesen, Puebla entsetzt. Wer weiß, ob sich nicht vieles geändert hätte?
Ich ließ eiligst aufsitzen, und wir ritten im Trabe zurück. Das Gefecht war schon zu unserem Vorteile entschieden. Die Kanonen, bedient von unsern braven Österreichern, hatten das Wort gesprochen. Díaz mit dreitausend Mann Kavallerie verschwand mit Rücklassung mehrerer Toter und Verwundeter. Die Gendarmen und Cazadores machten ebenfalls eine kleine Attacke, die ihnen gelang. [Die Regimenter »Gendarmeria Ymperial« unter Graf Edmund Wickenburg und »Cazadores à caballo« (Jäger zu Pferd) bestanden aus je 150 Mann Österreichern, Belgiern und Mexikanern.]
Es wurde augenblicklich der Rückmarsch nach Mexiko anbefohlen. Ich erhielt den Befehl, mit dem ganzen Regimente die linke Flanke der Kolonne zu decken. Ich stieß auf eine Reiter-Kolonne von 450–500 Mann, die sich aber bei unserem Anblick in respektvoller Entfernung hielt. Doch unterhielten wir durch unsere plänkelnden Seitenpatrouillen stets Fühlung mit ihnen. Endlich gelang es mir, durch eine rasche Seitenbewegung sie zu umgehen, was sie zum eiligsten Rückzug bestimmte.
Es wurde sechs Uhr abends, doch noch ganz licht, und die Avantgarde unserer Kolonne langte in der Hacienda Atchaque an. Letztere liegt in einer großen Ebene, die von Barrancas vielfach durchschnitten ist. Nur nördlich erhebt sich auf einige tausend Schritt eine kleine niedrige Hügelkette.

Unmittelbar hinter der Hacienda ist auch ein kleiner vulkanischer Kegel, von dem man eine gewisse Fernsicht haben kann.
Kaum war die Spitze der Kolonne eben an der Hacienda angelangt, als sich schon eine starke feindliche Reiter-Abteilung auf der Hügelkette zeigte und vorsprengende Schützen ein lebhaftes Feuer gegen uns eröffneten. Da ich die letzte halbe Stunde die Nachhut formierte, war ich bei der unverantwortlichen Länge unserer Kolonne nicht im Stande, gleich beim ersten Rufe die Tête zu erreichen. Bote auf Bote kam, bis mir das Durchwinden durch die vielen Wägen, Kanonen, und Infanterie endlich gelang.
Ich ließ links von der Hacienda das Regiment aufmarschieren, bestimmte die 5. Eskadron (Rittmeister von Variassy) zur Reserve und ging langsam im Frontmarsch vor. Den rechten Flügel unserer ganzen Aufstellung bildete die Gendarmerie und die Cazadores, das Zentrum die Kavallerie-Regimenter Quiroga, Rifleros de la Frontera und das 5. Regiment. Rückwärts stand die Infanterie. Die Artillerie hatte vor sich im Zentrum einen freien Raum, stand an die Hacienda angelehnt, wobei sie ein wohlgezieltes Feuer auf die sich vor uns entwickelnden feindlichen Infanterie- und Kavallerie-Massen eröffnete.
Márquez hielt mit seinem Stabe zu Pferde auf dem erwähnten kleinen Hügel. Da kamen Kodolitsch und Oberst Baron Bertrand herangesprengt mit dem Befehl von Márquez, gleich zur Attacke zu schreiten. Vor mir beobachtete ich drei bis viertausend Reiter, die in Regimentskolonne langsam gegen mich heranzogen. Ich kommandierte zur Attacke, griff die Front dieser feindlichen Kolonne vorne an. Sie war noch im langsamen Trabe. Baron Kulmer schwenkte links mit der 1. Eskadron, Rittmeister von Kalmucky rechts mit der 6. Eskadron ein. Da stürzte Kodolitsch mit dem Haltbefehl,

ich schrie ihm zu: »Zu spät!« Und wild stürzten die Husaren mit »Eljen« auf den Feind.
In einem Augenblick war der Feind in seiner ersten Front auf die aufmarschierenden anderen Abteilungen geworfen. Beide Seiten-Eskadronen schwenkten zu, und das Gemetzel begann. In wilder Flucht warfen sich die feindlichen Reiter in die bei ihrer Aufstellung leichtsinniger Weise nicht berücksichtigte tiefe Barranca, so daß Menschen und Tiere übereinander herabkollerten. Unten war es grausig anzusehen. Die wenigen Übergänge hatten sie in dieser furchtbaren Unordnung nicht mehr gefunden.
Jetzt sandte ich die zurückgebliebene 5. Eskadron auch nach. Gefangene machten wir keine. Wohl an dreihundert Tote und Verwundete bedeckten das Schlachtfeld. Unendliche Waffen, Fahnen, etc. fielen in unsere Hände. Jubelnd zogen wir an Márquez vorüber. Das 5. mexikanische Regiment schrie uns entgegen: »Lassen Sie uns vor!« Doch kalt stand Márquez auf seiner Höhe und – man sandte nichts nach. Meine 5. Eskadron traf auf die fliehende Infanterie, hieb sie in Masse nieder und erbeutete Waffen und Vorräte aller Art. Der Sieg war vollständig. Doch ausgenützt wurde er nicht. Wir hatten das Schicksal Mexikos in unserer Hand. Doch wir hielten sie nicht zu. Wenn Márquez die zweitausend frischen und kampfeslustigen Reiter nachjagt, so wird Puebla entsetzt. Denn der Feind floh unaufhaltsam bis Tulancingo. So meldeten den andern Tag die Überläufer. Ich verlor 16 Tote und hatte neun Verwundete, darunter Leutnant Rosenthal.
Wir verblieben die Nacht in Atochaque. Früh wurde wieder marschiert. Wir passierten die Hacienda S. Nicolás-Grande und stießen um 2 Uhr nachmittags auf den feindlichen Obersten Lalannis, der mit achthundert Infanteristen und sechshundert Reitern uns den Weg sperren wollte. Nach einem

kurzen Kanonenfeuer sprengten wir sie auseinander. Die Gendarmen und Cazadores, welche die Vorhut hatten, machten eine gelungene Attacke, und Lalannis floh unter Zurücklassung von zweihundert Gefangenen eiligst nach Osten. Seine Aufgabe war, zugleich mit Porfirio Díaz anzugreifen. Doch kam er zu spät. Porfirio befand sich in vollster Flucht. Dies wußte Lalannis nicht. Daher stellte er sich uns entgegen in der Hoffnung, Díaz werde uns zugleich im Rücken angreifen, daher seine Niederlage.

Abends gelangten wir in die Hacienda S. Lorenzo, wo wir uns unbegreiflicher Weise zu verschanzen begannen, warum wußte niemand. Schon abends bevor unsere Nachhut eingerückt war, meldete man uns, daß Reiterscharen sich näherten. Ich nahm zweihundert Husaren, und wir zogen ihnen entgegen. Sie wagten sich nicht an uns heran, obwohl ihrer wohl zweihundert waren.

Um 7 Uhr abends fingen unsere Kanonen zu spielen an. Ich ritt mit meinem Adjutanten Grafen Wodzicki voraus, um die Ursache zu ergründen. Feindliche Kavallerie war vor uns und einige Kavallerie-Batterien, die Entfernung mindestens tausend Schritte. Warum also dieser Aufenthalt? Die ganze Nacht dauerte dieses unnütze Hin- und Herschießen. Den andern Tag war wieder dieses Geplänkel, nur regnete es stark – und der Mangel an Lebensmitteln wurde äußerst fühlbar.

Um elf Uhr nachts ließ Márquez mich rufen und teilte mir und Graf Wickenburg folgendes mit: Wir marschieren gleich mit unsern Regimentern ab, und mit dem Rufe und Feldgeschrei der Liberalen nehmen wir im Stillen die Brücke von Otumba, halten sie so lange besetzt, bis er angerückt kommt. Es war Mitternacht, als wir abmarschierten und die Nacht pechfinster. Den mexikanischen Oberleutnant Dufont, der in meinem Regimente diente, ließ ich vorausreiten. Doch kaum waren wir eine Legua weit gekommen, als auch schon Raketen unsern Abmarsch signalisierten. Eine feindliche Patrouille sprengte heran, uns zurufend. Dufont antwortete: »Libertad« [Ruf der Republikaner]. Frage: »Welches Regiment?«. Antwort: »Reiter aus Puebla«.

Doch dies nützte alles nichts. Kugeln pfiffen uns an den Ohren vorbei. Wir waren verraten. Auf allen Seiten stiegen färbige Raketen auf. Wir kamen an die Brücke – dasselbe Manöver. Die Husaren zogen die Säbel, doch im selben Augenblick empfingen wir auf zehn Schritte eine furchtbare Salve. Das Gekrach ließ uns nicht lange müßig: Ich kommandierte zur Attacke. Doch wenige Schritte darauf parierte mein Pferd, sich hoch aufbäumend. Es war an einen tiefen Abgrund geraten, den ich in der Finsternis nicht gesehen hatte. Der treue Hengst hatte mir das Leben gerettet. Ich schrie Halt aus allen Kräften, und das Regiment sammelte sich um mich herum. Es war umsonst. Wir konnten nicht hinüber. Die Brücke war abgetragen. Wir kehrten zurück.

Im Lager angekommen, marschierte mein Regiment auf. Ich ging zu Márquez, um ihm unseren Mißerfolg zu melden, kehrte darauf zum Regiment zurück, da ich die Verluste konstatieren wollte. Zu meinem Entsetzen gewahrte ich, daß die ganze I. Eskadron nur mehr aus fünf Mann bestand. Kulmer, Dufont, Szentmariay, Hompesch, alles weg, Wikkenburg verschwunden! Tränen standen mir in den Augen. Sie mußten in die Barranca gestürzt sein. Das ganze Regiment stand wie versteinert da. In der großen Finsternis hatte ich den unersetzlichen Verlust nicht erkannt. Auch Major Maschek war nicht mehr.

Um 3 Uhr früh bekamen wir den Aufbruchsbefehl. Die Munitionskarren wurden teilweise stehen gelassen, ebenso vier Kanonen. Der Weg war anfangs ganz praktikabel. Um 4 Uhr früh gelangten wir an ein ziemlich enges, von kahlen Felsen begrenztes Thal, das in der Mitte eine tiefe Barranca hatte.

Über letztere führte eine von den Dissidenten halb abgebrochene steinerne Brücke, über die mußten wir. Ich stand am Rande und sah zu, wie die Truppen die schwindelnde Tiefe passierten.
Da gab Márquez den Befehl, die noch übrigen Pulverkästen, gefüllten Projektile und noch drei Kanonen in die Tiefe zu werfen. Die Protzkästen stellte man an den Rand des Abgrundes und wollte sie auf einmal hinunterwerfen. Ein furchtbarer Knall entstand, und mit donnerähnlichem Gekrach flogen die durch den jähen Sturz entzündeten Projektile sausend in die Luft, die sich momentan gänzlich verfinsterte.
In einem Augenblick hatten sich sämtliche Pferde des Regimentes losgerissen und rannten, viele ihre Reiter abwerfend, wie rasend gegen die Höhen. Ich war durch den furchtbaren Luftdruck wie ein Ball auf den Rücken geworfen worden. Hätte uns da der Feind in diesem Augenblick überrascht, nicht ein Mann wäre von uns am Leben geblieben. Entsetzt rannten die Husaren ihren Pferden nach. Doch verrann wohl gut eine halbe Stunde, bis wir wieder aufsitzen konnten.
Das war von Márquez wohl ein großer Fehler, denn seit dieser Katastrophe merkte man den mexikanischen Soldaten an, daß sie zu wanken anfingen. Der schöne Erfolg von vorgestern war komplett verwischt. Nur dank der großen Anhänglichkeit, die mir das Regiment entgegenbrachte, hatte ich noch fernere Erfolge zu verzeichnen. Auf die Mexikaner war kein Verlaß mehr.
Wir marschierten weiter. –
Das 15. Bataillon besetzte die Brücke. Kaum eine halbe Stunde nachher hörten wir starkes Gewehrfeuer hinter uns, und einige Offiziere des 15. stürmten an uns heran und beschworen mich, den Feind aufzuhalten, der sie bereits auf fünfzig Schritte verfolgte. Richtig, sie waren da. Ich ordnete

eiligst das Regiment und warf den einstweilen ganz nahe herangekommenen Feind, der nach seiner Art stets die Karabiner abschoß, mit zwei Eskadronen in die Flucht und dies mit großem Verluste. Auch ich hatte drei Tote und sieben Verwundete. Rittmeister Thom hatte einen schweren Säbelhieb von einem französischen Deserteur, von denen es Massen in den Reihen des Feindes gab, erhalten. Auch Leutnant Malachowsky hatte einen Schuß in den Unterleib.

Das Entsetzen war in die mexikanische Infanterie gefahren. Das 15. Bataillon bei der Brücke gefangen, ihr Oberst Laranza tot, kleine Haufen Guerillas umschwärmten und beschossen uns ununterbrochen von den Höhen. Das Bataillon Hammerstein deckte den Rückzug während eineinhalb Stunden. Ich hatte die Vorhut. Hammerstein verlor ein Drittel seiner Mannschaft. Hauptmann Rumpelmayer, ein junger Tiroler, fiel wie ein Held.

Mein Regiment war von dem ewigen Vor- und Rückwärtsmarschieren fertig. Die Pferde konnten kaum mehr weiter. Oberst Baron Bertrand, der Chef unserer ausländischen Sektion im Kriegsministerium, hatte den Zug aus Freundschaft zu mir mitgemacht. Er sah, wie die wilden Quirogas in vollster Flucht an uns heranstürmten. Der Oberst à la tête Bertrand sprengte dem Oberst Quiroga mit gespanntem Revolver entgegen mit dem Rufe: »Gehen Sie in Deckung oder ich töte Sie«. Der Oberst stutzte, hielt an, und seine Leute auch.

Da kam der Feind heran. Ich ließ attackieren, und jauchzend sprengten wir zusammen den Feind in die Flucht. Die Husaren benahmen sich wie Engel, ich hätte jeden Einzelnen umarmen mögen. Márquez hatte mit den Lanceros de la Frontera und dem 5. Regiment Kavallerie bereits das Weite gesucht.

Bei einer Hacienda ließ mir der Oberst Campos, der jetzt die mexikanische Infanterie kommandierte, sagen, daß die »Fijos de Mexico« sich pronunzieren werden, wenn ich nicht den Rückzug decke. Also nochmals ans Ende der Kolonne! Dort sah ich, daß es höchste Zeit war. Unsere letzten zwei Gebirgsgeschütze standen auf Mulis gepackt, und rund um sie die Fijos, die ihre Gewehre niederlegen wollten. [Das Bataillon »Fijos de Mexico« bestand aus fünfhundert Österreichern und Mexikanern, hauptsächlich aber Mexikanern.] Mit einer Eskadron warf ich den Feind, der sie umschwärmte, und forderte sie energisch auf, ihre Gewehre wieder aufzunehmen, sonst lasse ich sie attackieren. Sie folgten. Ich ließ jetzt, da größere Massen des Feindes herannahten, beide Kanonen abladen, laden, richtete sie selber, und wir schmetterten ganze Kartätschen-Ladungen in sie hinein. Meine Husaren gingen wild vor und wir gewannen endlich für einige Zeit Ruhe.

Um 3 Uhr nachmittags den andern Tag kamen wir in Tezcoco an. Doch auch dort konnten wir uns nicht aufhalten. Kodolitsch überbrachte den sofortigen Abmarschbefehl des General Andrade, der in Abwesenheit Márquez' kommandieren sollte. Wir sahen ihn nicht, als es heiß zuging. Er war auch ein erbärmlicher Wicht.

Wir setzten unseren unglücklichen Marsch weiter fort, beständig angeschossen und umschwärmt vom Feinde, der seit Tezcoco uns wieder auf dem Rücken und in den Flanken saß. Noch vor Abend mußten wir eine scharfe Attacke des Feindes zurückweisen, und Rittmeister von Almassy machte eine glänzende und letzte Attacke um 11 Uhr nachts. Ich ritt mit Rittmeister-Adjutanten Grafen Wodzicki voraus, um den Damm, der vor uns lag und nach Mexiko führt, zu untersuchen. Ich hatte ein Relais-Pferd und konnte mir das erlauben. Am Beginne des Dammes steht eine jüngst verlassene Hacienda, in der ich früher öfters einkehrte. Wir wollten die

Husaren ankommen lassen, ja vielleicht ihnen etwas Eßbares verschaffen. Als wir eben mit einem Burschen, dem scheinbar einzigen Bewohner dieser Räume, verhandelten, hörten wir Stimmen in einem Nebenzimmer laut werden, forderten den Burschen mit vorgehaltenem Säbel auf, zu sagen, was da sei. Dieser ließ nun im Schrecken fallen, daß eine feindliche kleine Truppe hier ihr Standquartier habe.

Dies genügte uns. Wir traten an die Türe und riefen den Kerlen hinein, sie sollen sich ergeben. Keine Antwort erfolgte. Ein kräftiger Fußtritt öffnete uns den Eingang, aber vier Bajonette glänzten uns entgegen. Lange überlegten wir beide nicht, sprangen mit einem Satze unter die starrenden Spitzen und hieben die Kerle nach kurzem Widerstande nieder.

Der Damm ist seit einem Jahre nicht benützt worden. Er ist mehrmals durch die Fluten des Tezcoco-Sees durchbrochen. Deshalb dachten die uns verfolgenden Dissidenten, daß wir mit Pferd und Mann nicht durchkönnten. Sie irrten sich, wir armen Gehetzten kannten kein Hindernis mehr.

Also wir gingen, doch noch immer sollten wir nicht in den Hafen der Ruhe gelangen. Beim Tore angelangt, kam ein Befehl von Márquez: Niemand, ja nicht einmal die Kommandanten dürfen in die Stadt hinein. Erst wenn der ausdrückliche Befehl komme. Wenig kehrte ich mich daran, denn es war klar: Márquez wollte zeigen, daß wir noch nicht so am Ende seien. Er wünschte seinen Einzug mit klingendem Spiele zu bewerkstelligen. Die Musiker waren auch schon bestellt, daher sollten alle Nachzügler sich erst sammeln. Erst um vier Uhr nachmittags erlaubte Márquez den Gesunden, den Einmarsch zu machen. Meine Kranken hatte ich längst hineinspediert.

Zweitausend Mann waren wir noch, die in einem desolaten Zustande ankamen. 52 Stunden hatten weder Mann noch

Pferd etwas zu sich genommen, 14 mal hatten wir attakkiert, jedesmal mit Erfolg. Kein Tropfen Wasser war über unsere Lippen gekommen. 117 Mann und drei Offiziere hatte ich verloren. Alles bei einer glühenden Hitze. Und doch – als wir Husaren beim Palaste des Kaisers vorüberdefilierten, donnerten wir ein Eljen à fureur für den abwesenden kaiserlichen Kriegsherren. Die blutbefleckten Säbel erhoben nackte, bis an die Schulter entblößte Arme. Denn die Husaren streiften beim Gefechte jedesmal auf, um desto sicherer hauen zu können. Bei Márquez kamen wir schweigend vorüber. Er hatte unsere tiefste Verachtung sich errungen.

Dr. Ernst Schmit Ritter von Tavera, Sekretär der österreichischen Gesandtschaft in Mexiko, beschrieb den Einzug der Truppen in Mexiko: »Ich eilte zur garita de San Lazaro, um das mir vollkommen neue, betrübende Schauspiel einer bis zur vollständigen Auflösung geschlagenen Armee anzusehen. Von den 5000 Mann, die noch vor wenigen Tagen unter lustigem Trompetengeschmetter an mir vorbeigezogen waren, erblickte ich nun ein Häuflein ausgehungerter, abgehetzter Gestalten, denen man es wohl ansah, daß sie den letzten Rest ihrer Kräfte daran gesetzt hatten, um noch die Stadt zu erreichen. Die Ärmsten hatten einen 16stündigen Marsch zurücklegen müssen, ohne auch nur einen Bissen genießen und eine kurze Rast sich vergönnen zu können. Am grellsten machten sich die Nachwirkungen der erlittenen Niederlage bei den Österreichern geltend, die auch in den letzten Stunden fast allein die Last des Kampfes gegen den sie von allen Seiten umschwärmenden Feind zu bestehen gehabt hatten... Ein bejammernswerter Anblick, dieser Schwarm von Menschen und Tieren, die vom Hunger gepeinigt wurden, ohne daß General Márquez, der schon längst in Mexiko eingetroffen war, irgendwelche Anstalten zu ihrer Verproviantierung getroffen hätte!« [19]

Wir waren noch nicht abgesessen, als wir ein Hurrah in der zum Palaste mündenden Straße vernahmen. Wir trauten unseren Augen nicht; Kulmer mit der ersten Eskadron war es. Kulmer rückte bei der Garita Guadalupe ein, bis zu den Toren vom Feinde verfolgt. Er war mit seiner Eskadron rechts von der Barranca abgeschwenkt, verlor dabei 17 Mann und erreichte nach vielen Gefechten und Drangsalen, nachdem er einen Teil des seichten Tezcoco-Sees durchschwommen, noch mit 82 Mann die Tore Mexikos.
Nun arbeiteten wir ununterbrochen an der Restaurierung des Regimentes. Der Feind hatte bald nachher die Stadt vollkommen umzingelt, alle Boten, Briefe aufgefangen. An Verbindung mit dem Kaiser war nicht zu denken.
In Mexiko hatte sich eine Gesellschaft von deutschen Kaufleuten gebildet, die mit dem feindlichen Kommandanten ein Abkommen getroffen hatte, ihre Briefe gegen Entgelt durchzulassen. Diesen Weg betrat ich auch, und meine Briefe erreichten Europa, obwohl stets nach Monaten.
Die Verproviantierung der Stadt war entsetzlich. Täglich machten wir Ausfälle, die jedoch keinen anderen Zweck hatten, als ein wenig Pferdefutter oder einige Ochsen zu erbeuten. Mehrere Male durchbrach ich mit den Husaren die feindlichen Linien. Wir ritten alle, die uns aufhalten wollten, nieder. Doch vom Kaiser nichts.

Am 15. Mai 1867 fiel Querétaro. Der Kaiser wurde gefangen. Maximilian sandte gleich nach seiner Gefangennahme an Márquez den Befehl, die Stadt Mexiko zu übergeben und die Waffen niederzulegen, um weiteres Blutvergießen zu verhindern. Er hatte dem General sogar eine eigenhändig verfaßte

Thronentsagung mitgegeben für den Fall seiner Gefangennahme. All dies unterschlug Márquez, da ihm als dem Stadthalter des Kaisers (»Lugarteniente«) viel an einem möglichst langen Bestand des Kaiserreiches gelegen war, auch ohne die Person des Kaisers.

Die in der Hauptstadt eingeschlossenen kaiserlichen Truppen wußten also von Maximilians Schicksal und dem Ende des Kaiserreiches nichts.

Es kamen keine Nachrichten, das heißt, keine offiziellen Nachrichten vom Kaiser oder einem seiner Generäle.

Gerüchte gab es eine Menge, doch wußte man in der Hauptstadt, daß diese Gerüchte vom Feind ausgingen und schenkte ihnen deshalb keinen Glauben. Die ersten Nachrichten von der Gefangennahme Maximilians wurden zum Beispiel mit Granaten in die eingeschlossene Hauptstadt geschossen. Die Granaten waren mit Papierstreifen – das abgedruckte Telegramm über die Einnahme Querétaros enthaltend – statt mit Pulver gefüllt. Diese Informationen hielten die Kaiserlichen allerdings für eine List der Republikaner, die sich damit die schnellere Kapitulation der Hauptstadt erschleichen wollten.[20] *So kämpften die kaiserlichen Truppen trotz der großen Hungersnot noch fast einen Monat nach der Gefangenschaft des Kaisers und dem Ende des Kaiserreiches weiter.*

28. Mai 1867 Mexiko Gestern hatten wir wieder einen Ausfall. Er wurde von Márquez so ungeschickt geführt, daß wir große Verluste erlitten. Ein Rittmeister von mir, Schädler, fiel. Es kam so: In der Nacht saß das Regiment auf, und wir marschierten zur Garita San Antonio Abad. Es war noch ganz finster, und ich ließ ganz nahe den Stadtmauern auf einem großen, von verlassenen ebenerdigen Häusern umgebenen Platz halten und absitzen.

Dort erhob sich eine Kirche, halb zerfallen und ausgeräumt.

Ich war müde, und wir Offiziere traten ein, um uns etwas auszuruhen. Ich legte mich auf den Altarstufen in meinen Mantel gewickelt nieder. Neben mir lag Schädler. Da träumte ich, daß Schädler mit blutigem Haupte vor mir lag. Ich wachte auf, und im selben Augenblicke blies es zum Aufsitzen! Eine Stunde später ließ ich das Regiment in Kolonne aufmarschieren. Schädler, der die 5. Eskadron interim kommandierte, ritt vor. Da traf ihn die Kugel im Kopfe. Entseelt fiel er vom Pferde.

Die wenigen Hammersteiner wurden dezimiert. Major Kurzbauer erhielt einen Schuß in den Unterleib (er genas davon).

Der Verrat steht auf allen mexikanischen Generals-Gesichtern groß geschrieben. Wohl weiß ich jetzt, warum Márquez uns nach Puebla führen wollte: Er hatte es dem Erzbischof Sebastian versprochen, sein Wort dem Kaiser gebrochen. Denn so sagte mir der junge tapfere Oberst Rodriguez, daß er vom Kaiser den Auftrag hatte, uns nach Querétaro zu bringen.

Ich erfahre durch meine Spione, daß General O'Horan seine ihm übergebene Verteidigungslinie dem Feind verkaufen will. Ich sende ihm als Adjutanten den Rittmeister v. Variassy mit dem strikten Auftrag, falls O'Horan etwas Zweideutiges unternehmen will, dem Kerl eine Revolverkugel durch den Kopf zu jagen. Variassy ist ganz der Mann dazu.

Der Kugelregen ist jetzt mit diesen 16-schüssigen Gewehren des Feindes, die er von den Amerikanern bekam, so furchtbar, daß man es kaum beschreiben kann. Trotzdem war ich schon zweimal durch sämtliche feindliche Linien. Endlich was mache ich, wenn ich auch mit wenigen dort in Querétaro ankomme? Gewiß ist, daß die ganze feindliche Kavallerie mir nachjagt, und was nütze ich dann dem Kaiser?

Es war zu spät. Früher war Zeit, da wäre es gegangen, aber

da lag ich in den Banden dieser Sirene, und lieber hätte ich den Kopf mir abschneiden lassen, als Mexiko zu verlassen. Zu meiner einzigen Entschuldigung kann ich nur vorgeben, daß Márquez mich nur mit Gewalt durchgelassen hätte.

Ich muß noch erwähnen, daß den Abend vor unserem Abmarsch gegen Puebla, als Márquez uns am Paseo alle versammelt hatte, ich vor der Finsternis über die Paseo-Allee mein Regiment an mir vorüber defilieren ließ, mir plötzlich jemand auf die Schulter klopfte. Ich sah mich um! Wer war's? Leonore, die zu Pferde mit ihrem Manne hinter mir stand. Als die Husaren mit Eljen an mir vorüberzogen, ihre Säbel schwangen, da sah ich, wie ihr die Tränen in die Augen traten, und sie flüsterte mir zu: »Kommen Sie diese Nacht gegen zehn«. Ich verstand.

Es war ein trauriger Abschied. Denn sie wußte von meinem Abmarsch und sogar wohin, so erfuhr ich später. Aber nichts erfuhr ich aus ihrem Munde. O wenn sie mir nur ein Sterbenswörtlein davon mitgeteilt hätte! Da wär's nicht nach Puebla gegangen! Meine Landsleute hätte ich augenblicklich versammelt, und wir wären, Wickenburg, Hammerstein, die österreichischen Artilleristen sogleich zu Márquez gegangen und hätten von ihm kategorisch den Abmarsch nach Querétaro verlangt. Ja wären wir nur gleich von der ersten Station zu diesem Elenden hin!

Der Feind beschießt uns jetzt Tag und Nacht. Ununterbrochen fliegen jetzt die Projektile in die Stadt. Sogar vor meinen Fenstern, ich wohne in der Calle San José-Real, explodierte eine Granate. Der Feind baute Laufgräben und Erdwerke, doch waren diese, da jetzt die Regenzeit herrscht, bald voll Wasser und unbenützbar. Mexiko liegt zu niedrig.

Meine Regiments-Musik spielt täglich um vier Uhr auf der Alameda. Dazu begleiten die feindlichen Kanonen. Das stört aber die Mexikaner gar nicht. Sie fürchten sich schändlich vor der blanken Waffe. Aber die Kugeln sind ihnen gleichgültig. Ja, sogar Damen sieht man dabei.

25. Mai 1867 Mexiko Meine größte Unterhaltung besteht darin, auf den Verschanzungen zu liegen und die feindlichen Manöver zu beobachten. Unsere Ausfälle mehren sich täglich. Es ist, als ob Márquez uns ganz aufreiben wollte. Wir essen nur mehr die verwundeten Pferde. Brot gibt es längst keines mehr. Am meisten geht uns das Salz ab. Die Pferde sind wegen Mangel an Futter schwach wie die Fliegen. Die Menschen auf der Gasse fallen vor Hunger um und sterben. Wenn ich ausgehe, so sammelt sich stets der Mob um mich, mir zurufend mit heiserer Stimme, »Brot, Brot«. Es ist entsetzlich. Trotzdem ist mit der Mannschaft stets alles in Ordnung.
Der arme Hammerstein ist erschossen worden. Er hat dies nur seiner ungemeinen Länge sowie seiner Glatze zu verdanken. Er hatte stets die Gewohnheit, sich ohne Hut zu den Stadtmauern zu stellen, und da er über die Brustwehre stark hinüberragte, machte ihn der österreichische Artillerieoffizier aufmerksam, daß drüben ein französischer Überläufer sei, der sehr genau schieße. Hammerstein erwiderte: »Für mich ist hier keine Kugel gegossen«. Kaum hatte er dies ausgesprochen, als er auch schon dalag. Eine Kugel hatte ihm die Hirnschale verletzt. Besinnungslos lebte er bis zum nächsten Tage. Dann starb er. Bei seinem Begräbnisse auf dem protestantischen deutschen Friedhof platzten die Bomben von rund herum – auch dies war dem Feinde verraten. Kurzbauer übernahm die verwaisten Hammersteiner.
Meine Offiziere sind schwer zu halten. Die Exzesse nehmen in schauderhafter Weise überhand, und ich muß eiserne Strenge obwalten lassen. Andererseits kann ich die

souveraine Verachtung, die meine Leute für diese elenden Mischlinge haben, nur teilen.
Mit Rittmeister Heinrich Graf Hompesch gab es fortwährend Geschichten. Einmal ritten er und Oberleutnant Sandner ruhig beim Tore Tambaya heraus, sprengten mit »Eviva el Emperador« mitten in den Ort Tambaya hinein, hieben ein paar Liberale nieder und rasten, die ganze wilde Meute hinter sich, wieder zurück. Kaum konnten die Tore mehr hinter ihnen geschlossen werden und mit Kartätschen die Nachsprengenden zurückgetrieben werden. Ein anderes Mal begaben er und sein Freund sich in eine Monte-Spiel-Hölle. Dort befahlen sie zuerst, daß alle Anwesenden »es lebe der Kaiser« rufen sollten, und wie die Spieler sich weigerten, zogen sie die Säbel, warfen die Tische um, so daß alles Geld herumkollerte. Ich mußte Hompesch eine Wache vor die Türe setzen mit dem Befehl, den Herrn Rittmeister niederzuschießen, falls er heraus wolle. Nach 48 Stunden ließ ich ihn doch wieder heraus.
Oberleutnant Baron Stillfried wollte zu den Ausfällen nicht mehr ausrücken. Ich sperrte ihn ein, er ging doch aus. Da ich nicht zu den strengsten Mitteln mehr greifen wollte, entließ ich ihn aus dem Regimente. Kodolitsch nahm ihn als Adjutanten zu sich. Überhaupt wo dieser militärische Schwindler konnte, tat er mir was an. Ich vergalt es auch dem Kodolitsch immer. Ich halte den Kodolitsch trotz allen seinen Geschichten doch für einen Feigling. Bei dem Nachtgefechte, wo Almassy so glänzend attackierte, riß er aus, als wenn der Teufel ihn schon beim Kragen hielte, bis ich ihm lachend zurief: »Hoho Kodolitsch, der Feind rennt ja auf der anderen Seite!«
Um die großen Verluste der letzten Zeit zu ersetzen, nahm ich in mein Regiment gegen 150 sich freiwillig meldende Mexikaner auf. Diese Menschen benahmen sich ganz außer-

ordentlich tapfer, treu und ordentlich, auch gehorsam bis auf das Kleinste. Kadetten kamen mehrere zu mir, auch ein direkter Neffe des Erzbischofs von Mexiko, Labastida, ein hübscher junger Mensch. Kaum hörte dies sein Onkel, als er eiligst zu mir einen Geistlichen schickte, ich möge seinen Neffen allsogleich entlassen. Ich antwortete dem Abgesandten, daß wer einmal den Fahneneid geschworen, nicht mehr entlassen werden kann, was den Herrn auf das Äußerste verdroß. Strafe kommt doch immer nach, dem Verräter geschah recht.

Einst saßen wir eben bei unserer mageren Mahlzeit, als die Türe aufging und hereintrat der Indianer Ribeira. Dieser war früher Gefangener in meiner Kaserne zu Puebla, kehrte die Gänge. Ich bekam die von ihm begehrte Erlaubnis, ihn in meine Eskadron damals einzureihen, und dieser dunkelbraune Mensch war ein äußerst tapferer Mensch, rettete mir bei Ajalpan das Leben. Er wurde mit allen Medaillen dekoriert und kam mit mir nach Mexiko. Dort gefiel er dem Kaiser derart, daß er zu Hof als Lakai aufgenommen wurde. Als die Kaiserin nach Europa reiste, schickte man ihn mit. Doch es gefiel ihm dort nicht, denn seine erste Frage, »gibt es hier auch Guerillas?« mußte man natürlich verneinen. Er wurde nach Mexiko zurückgesandt, dies mit einigen Offizieren, die hier Dienste genommen hatten. In Veracruz gelandet, hörte er von der Belagerung Mexikos, ich sei Kommandant eines Husaren-Regimentes. Das war für ihn genug und ein Leichtes hereinzukommen, was sonst niemand mehr gewagt hätte. Weinend stürzte er mir zu Füßen mit der Bitte, ich solle ihn wieder ins Regiment aufnehmen, was ich ihm natürlich mit Freuden gewährte. Seine Medaillen hatte er als Talisman um den Hals gehängt.

Einst hörte ich im Hofe einen Schuß. Als ich herunterkam, um die Ursache zu ergründen, fand ich zu meinem Schrecken

meinen Regiments-Trompeter Naghy in seinem Blute liegen. Er lebte noch und rief mir zu: »Es wird Ihnen auch so in diesem verwünschten Lande ergehen, wenn es noch so fortdauert. Leben Sie wohl, Herr Oberst, Ihnen messe ich keine Schuld bei«. Der Arme hatte sich gut geschossen. In einer Stunde war er tot. Einer der bravsten Husaren. Ich hatte ihn schon als Eskadrons-Trompeter. Er war mit der goldenen Medaille dekoriert.
Veracruz ist ebenfalls gefallen. Die Geldverhältnisse werden immer elender. Bereits hatte ich für meine eigene Rechnung 5000 Pesos für das Regiment beim Bankier Davison (Verwandten des Hauses Rothschild) aufgenommen, an deren Rückzahlung ich jetzt nicht denken kann. Alle Professionisten zahle ich aus meiner eigenen Tasche, ebenso die Adjustierung.
Im Palais sah es gar traurig aus. Oberst Schaffer, Pater Fischer lebten zurückgezogen. Die ehemalige Dalmatiner Riesengarde hatte längst ihr Vaterland erreicht, und nur wenige Getreue hielten dort noch aus. In der Stadt war es leer und unheimlich, die Läden und Gasthöfe geschlossen. Wagen gab es keine mehr. Nur hungrige Proletarier durchzogen die Gassen. Es schnürte mir oft das Herz im Leibe zusammen, diese armen Unschuldigen leiden zu sehen.

30. Mai 1867. Gestern abends waren Riva Palacio und sein Vetter, ersterer ehemals Minister, bei mir, um mich von der Niederlage und Gefangennahme des Kaisers zu unterrichten. Sie wollen mich überreden, bei der nächsten Attacke des Porfirio Díaz die Neutralität der Ausländer zu erklären, überhaupt an den Kämpfen um Mexiko keinen Anteil mehr zu nehmen. Ich erklärte den beiden Herren, daß bevor ich nicht von meinem Kaiser einen direkten Befehl hätte, die Waffen niederzulegen, ich mich bis zum letzten Mann weh-

ren müsse, worauf beide weggingen und mir sehr enttäuscht schienen. Was ist das! Ist der Kaiser gefangen? Das wäre entsetzlich, und ich habe gar nichts von ihm!
Ich eilte zu meinem Freunde, dem Millionär Barron, einem Engländer. Er war immer aufrichtig gegen mich gewesen. Als ich bei ihm eintrat, ging er mir mit offenen Armen entgegen und rief: »Alles ist vorbei. Der Kaiser ist ein Gefangener in Querétaro!«
Niedergeschmettert stand ich da. Er wußte von allem, dem Verrat des López, dem Verrat des Márquez, und wiederholte, der Kaiser ist verloren!
Ich wankte nach Hause, und niemand, dem ich mein Herz ausschütten, der mir in dieser gräßlichen Situation einen Rat erteilen konnte! Oberst Bertrand sah mir meinen innern Kampf an. An den konnte ich mich wenden, er war hier mein einziger wahrer Freund. Ich sagte ihm alles. Es wurde zwischen uns ausgemacht, nicht ein Wort darüber mitzuteilen. Die Ausländer durften unter keiner Bedingung etwas erfahren. Wir hätten sie nicht mehr in der Hand halten können. Mord und Totschlag, Plünderung wären die Folge gewesen. Früher, als die beiden obigen Herrn bei mir waren, hielt ich ihr Anerbieten für einen Fallstrick, wobei ich Ehre und Reputation hätte verlieren können. Der Kaiser oder die Gesandten hätten mir doch ein einziges Wort schicken können!
Lago, der österreichische Geschäftsträger, Magnus der preußische Gesandte, ebenso Curtopassi, der italienische Geschäftsträger, waren da. Magnus, der sich heldenmütig während der ganzen Belagerung hielt, sorgte für uns, was er konnte. Er war ein braver Mann. Ihm bin ich zu ewigem Danke verpflichtet. Auch über Curtopassi und Lago kann ich mich nur lobend äußern. Magnus erhielt einen Brief von Dr. Basch, dem Leibarzt des Kaisers, worin er ihm schrieb, der

Kaiser sitze im Konvent la Cruz gefangen, werde vor ein Kriegsgericht gestellt. Da ist er wohl verloren.

3. Juni 1867 Mexiko Gestern erhielt ich einen Brief von einem mir unbekannten Advokaten, der mir und General Tabera zugleich ein Rendez-Vous in Chapultepec mit dem spanischen Konsul anträgt. Ich kann dies nicht annehmen, kann nur mit seinem Chef Rücksprache halten, muß aber zuerst etwas Schriftliches vom Kaiser in Händen haben. Wie soll ich sonst unterhandeln können! Der Feind hat 35 000 Mann vor der Stadt, unter Kommando des Porfirio Díaz. Auch Corona soll mit 10 000 Mann heranrücken. – Und noch immer nichts vom Kaiser!

5. Juni 1867 Mexiko Vor einigen Tagen sind Lago, Magnus und Curtopassi nach Querétaro. Ich begleitete sie bis zu den Vorposten des Feindes. Als er jedoch trotz der weißen Fahne auf dem Wagen einen roten Husar sah, schossen seine Vedetten [Sicherheitsdienst] auf mich, doch ohne mich oder mein Pferd zu treffen.
Mit Lago machte ich ab, daß er mir allsogleich schreiben werde. Das Zeichen ist ein kleines Kreuz in dem Briefe.
Schon wieder will Márquez einen Ausfall machen. Ich antwortete, daß meine Pferde gänzlich kaputt, aber schicke doch hundert Mann an die Garita S. Antonio mit dem Befehl, nicht aus der Stadt zu gehen. Die Truppen hatten sich dort zu sammeln.

16. Juni 1867 Mexiko Keine Nacht ist mehr Ruhe. Jedesmal während der letzten zwei Monate Bereitschaft, alle Augenblicke sprengten mexikanische Adjutanten zu mir ins Haus, ich solle entweder dorthin oder dorther zu einem General kommen. Alle Nacht pochte es an meinem Tor, ich solle

Abteilungen an jenes Tor oder an diese Garita senden. Es war schon zum verrückt werden. Dazu diese Nervosität, in der ich mich befand, die kolossale Verantwortung. Es war unerträglich.

Endlich kam ein Brief von Lago, den ein Indianer mir in einer Zigarette brachte. (Ein Zettel natürlich). Er lautete: »Der Kaiser ist gefangen, befiehlt Ihnen, alle Feindseligkeiten einzustellen, macht Sie für jedes künftige Blutvergießen verantwortlich. An Sie hat er bereits längst geschrieben, der Brief ist von Márquez gewiß unterschlagen worden.«

Denselben Abend beschied ich Kodolitsch, Kurzbauer und Bertrand zu mir und erklärte diesen, daß nachdem der Kaiser gefangen und uns Neutralität befohlen, wir den mexikanischen Generälen, die den armen Kaiser ohnehin verraten, keinen Gehorsam mehr schuldig sind, daß ich den mexikanischen Generälen dies mitzuteilen selbst übernehme, die nötigen Einleitungen mit P. Díaz wegen der Kapitulation auch dann führen werde.

Dieselbe Nacht ging ich zu General Tabera. Der arme Greis war so erschreckt, daß er nur herausbrachte: »Es ist gut! Es ist gut!« Doch mit diesen Worten gab ich mich nicht zufrieden. Er unterschrieb mir auf mein Drängen einen Befehl an alle Linien-Kommandanten, den Ausländern die Erlaubnis zu geben, sich nach dem Palaste zu verfügen.

Mit diesem ritt ich in die Löwengrube zu Márquez. Dieser fühlte sich schon seit Wochen in der Stadt nicht mehr sicher und übersiedelte in ein an den Linien befindliches Kloster, wo er von seinen Getreuen umgeben hauste. Meinen Personal-Adjutanten Graf Wodzicki ließ ich zu Pferde an der Türe. Das Regiment hatte Bereitschaft und saß im Palast zu Pferde. Posten von Offizieren standen Wache.

Ich ließ mich bei Márquez anmelden. Eine Weile dauerte es, bis mir Einlaß wurde. Doch ich verhielt mich ruhig, um seine

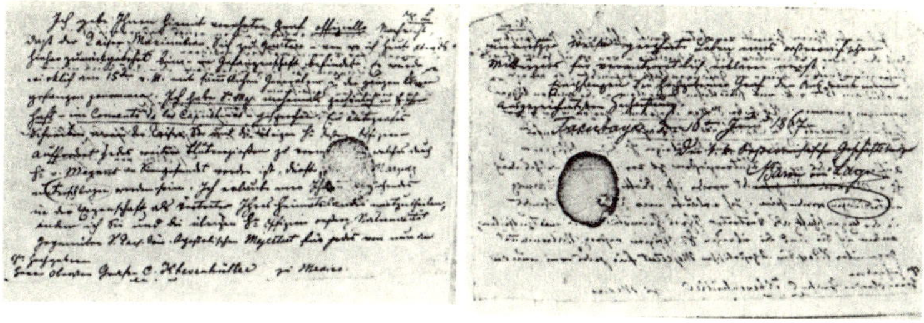

Dieser hauchdünne Zettel an Khevenhüller war in einer Zigarette verborgen, die ein Indianer nach Mexiko einschmuggelte: »Ich gebe Ihnen hiermit verehrter Graf offizielle Nachricht, daß der Kaiser Maximilian Sich zu Queretaro – von wo ich heute abends hierher zurückgekehrt bin – in Gefangenschaft befindet. Er wurde wirklich am 15ten v. M. mit sämtlichen Generälen u. der ganzen Armee gefangen genommen. Ich habe Se. Maj. mehrmals persönlich in H. Ihrer Haft – im Convento de las Capucinas – gesprochen. Ein autografes Schreiben, worin der Kaiser Sie und die übrigen H. österr. Offiziere auffordert, jedes weitere Blutvergießen zu vermeiden, welches durch Herrn von Magnus an Sie gesendet worden ist, dürfte von General Marquez unterschlagen worden sein. Ich erlaube mir Ihnen vorgehendes in der Eigenschaft als Vertreter Ihres Heimatlandes mitzutheilen, indem ich Sie und die übrigen Hn. Offiziere österr. Nationalität gegenüber Sr. Kais. Kön. Apostolischen Majestät für jedes von nun an unnützer Weise geopferte Leben eines österreichischen Mitbürgers für verantwortlich erklären muß.
Empfangen Sie hochgeborner Graf den Ausdruck meiner ausgezeichneten Hochachtung.
Tacubaya, den 16ten Juni 1867
Der k.k. österreichische Geschäftsträger Baron von Lago.

Offiziere keinen Verdacht schöpfen zu lassen. Márquez stand am Rande eines Balkons und sah mich unvertraut an. Ich schritt auf ihn zu und sagte ihm mit fester Stimme: »Excellenz, Sie haben uns die Gefangennahme des Kaisers verheimlicht. Wir wissen sie aber jetzt und erklären Ihnen hiermit auch, daß der Kaiser uns befahl, das Schwert von nun an in der Scheide zu lassen. Sie sind nicht mehr unser Kommandant.«

In diesem Augenblicke sah ich dieses Menschen ganze Erbärmlichkeit. Seine Knie schlotterten, und mühsam brachte er nur heraus: »Ich bin verloren«. Also nur seine eigene elende Person lag ihm nahe. Für die hatte er des Kaisers Land und Ehre geopfert! Mit den Worten: »Sie haben uns verraten, jetzt sorgen Sie für sich selber!«, wendete ich mich hinaus.

Den andern Tag erhielt ich von P. Díaz einen Zettel, ich solle mich durch die Wasserleitung nach Gainbaya begeben, um mit ihm die Verhandlung zu führen. Er traue dem Márquez zu, mir unterwegs ein Leid anzutun, daher soll ich diesen merkwürdigen Weg einschlagen. Um 11 Uhr ging ich in Zivil zum Ende des Paseo, wo die Wasserleitung, die hoch und schön einst von den Spaniern gebaut wurde (ähnlich den römischen) anfängt. Dort fand ich eine Leiter angelehnt und ein Loch in dem Hohlgange. In dieses stieg ich hinein. Durch wenigstens eine Stunde mußte ich gebückt, bis zur Brust im kalten Wasser gehen, bis ich endlich eine Öffnung sah, durch die ich herauskroch.

Hier erwarteten mich Adjutanten des P. Díaz. Mit ihm selber konnte ich nicht reden, denn er war abberufen worden. Doch Oberst Echeverria sprach mit mir. Er sagte: »Ihnen und allen Österreichern, Ausländern ist freies Geleit bis Veracruz gegeben. Die Waffen und Pferde der Mannschaft sind abzugeben. Die Offiziere behalten alles. Ersteres ist für ihre eigene Sicherheit geboten. Die liberale Regierung zahlt die Truppen und ihre Verpflegung bis zum Hafen, wo österreichische Schiffe Sie alle übernehmen«.

Mehr konnte ich nicht verlangen. Ich trat den nassen Rückweg an. Lago ließ uns dieselben Bedingungen sagen. Ich unterschrieb die Kapitulation und sandte sie ihm wieder zurück. Den Vorwurf wird mir auch niemand machen können, daß ich nicht alles versucht habe, den ausländischen

Truppen die besten Bedingungen zu erhalten, ihnen die militärische Ehre zu wahren. Ja, ich muß die harten Worte sagen: Wenn das ganze österreichische Korps in die mexikanische Armee eingetreten wäre, hätten wir solche Momente nicht erlebt und nicht nur dem Kaiser das Leben erhalten, sondern auch vielleicht das Kaiserreich. Erstens wäre der Kaiser mit 4500 Mann Kerntruppen bewährter Soldaten in Mexiko geblieben, dazu vielleicht noch 15 000 Mann Mexikaner, die leider zerstreut im Lande waren, aber doch zusammengezogen hätten werden können. Da hätten wir dem Corona, Porfirio Díaz und Escobedo mit ihren 45 000 Mann wohl die Spitze bieten können. In Mexiko überhaupt macht ein größerer Erfolg alles. Die Armee des Siegers schwillt immer lawinenmäßig an, und die Massen der kleinen selbständigen Kommandanten pronunzieren sich augenblicklich hinterher. Die Linie Veracruz – Puebla – Mexiko war unter jeder Bedingung zu halten. Aber die Reise nach Querétaro war ein Unglück.
Wir Österreicher hatten in die mexikanischen Generäle kein Vertrauen. Ehrenwerte Menschen unter ihnen konnte man mit der Laterne suchen. Neid, Egoismus, gepaart mit Indisziplin und Feigheit charakterisierte die meisten von ihnen. Durch die lange Zeit, in der die Regierung wie der Mond wechselte, lernte die Bevölkerung systematisch das Auflehnen gegen jedwede Obrigkeit. Dazu die Menge der Unzufriedenen, Leute, die gewohnt waren, im Trüben zu fischen, von den jeweiligen Umstürzen zu leben. Wie sollten sich diese Menschen an Ordnung gewöhnen? Nur mit eiserner Hand konnte man ihrer Herr werden. Und tausendmal lieber hätte der Kaiser Herr eines geringen Teiles des Landes bleiben sollen, als mit so wenig Kräften das ganze ungeheure Land beherrschen zu wollen. Hatte ich doch so oft meine Mißachtung der mexikanischen Generäle dem Kaiser gezeigt! Sogar

im letzten Augenblick verhehlte ich ihm meine Angst um ihn keineswegs. Aber mit solchen Bestien wie Márquez und López konnte es nicht gelingen.

20. Juni 1867 Mexiko Gestern Abend um 4 Uhr nachmittag hißte ich die weiße Fahne auf. Gleich darauf begab ich mich zu Pferde, gefolgt von meinen beiden Adjutanten und den Ordonnanzen, von meinem Quartier in der Calle San José-Real durch die Calle Plateros langsam zum Palais. Tausende Menschen bedeckten die Straße. Als ich zur Plaza de las Armas, wo der Palast steht, anlangte, brach die unabsehbare Menge der Menschen in ein tausendstimmiges Eviva aus. Hüte und Tücher wurden geschwenkt, und ich drang mit Mühe durch die Menge. Ich ließ alle Waffen der Mannschaft sammeln und in ein Zimmer sperren. Offiziere hielten Wache.

Da meldete mir einer, daß die vorige Nacht Márquez kleine Fässer, die sehr schwer zu sein schienen, auf einen Wagen laden und wegführen ließ. Ich zweifelte nicht einen Augenblick, daß diese Kanaille seine Schätze bei uns als dem sichersten Orte aufbewahrte, und zuletzt weggeführt und versteckt hatte. Also bis zuletzt handelte er wie ein Gauner. Hätte ich das früher erfahren! Ich warf dem Offizier dies auch vor. Die vielen rückständigen Löhne und Gagen hätte ich damit bezahlen können. Das Geld hätte den Palast nicht verlassen.

Mehrere Tage vor der Kapitulation stürzte plötzlich die Fürstin Salm, geborene Kunstreiterin und Tochter eines amerikanischen Pseudo-Generals, zu mir ins Zimmer. Sie war, wer weiß wie, durch die Linien (man sagt, sie habe sich durchgevögelt) und kam, mich zu beschwören, ich soll die Stadt übergeben. Mit Bedauern erwiderte ich, gar keinen Befehl vom Kaiser dazu erhalten zu haben, es daher nicht tun könne. Die Salm kehrte augenblicklich wieder um und reiste allsogleich nach Querétaro zurück.

Jetzt muß ich zur Beschreibung der furchtbarsten Nacht meines Lebens schreiten, die mir jetzt noch nach 21 Jahren in allen ihren Details schmerzlich vor das Gedächtnis tritt – Augenblicke, in denen man zwischen wahnsinniger Liebe und seiner Ehre zu wählen hat! – im rasendsten Zustande der Seelenschmerzen steht und mit dem Bewußtsein, daß das Scheiden für die Ewigkeit ist! – die Trennung eine fürs Leben wird.

Kaum Abend geworden, begannen einzelne Schüsse in den entfernteren Stadtteilen hörbar zu werden. Es kam so wie immer näher, und man konnte einzelne arme halbangezogene mexikanische Soldaten rennen sehen, die noch im letzten Augenblick ein sicheres Versteck suchten.

Ich stand an einem der Eckfenster des Palastes und sah gegen die Richtung, wo Calle S. José lag, dort wo sie, Leonore, war und wohnte, als plötzlich ein Feuerschein in dieser Gegend emporhellte. Was ist das? Brennt es dort? Furchtbare Gedanken durchkreuzten mein Gehirn. – Die Rivas waren als Kaiserliche verrufen! Es geschieht dort ein Unglück! Vielleicht stürmen die liberalen Hunde das Haus! Ich muß hin, war mein erster Gedanke. Augenblicklich warf ich einen dunklen Sarape um, griff zu einem langen Dolchmesser und sprang hinunter zu einer mir bekannten kleinen Türe, deren Schlüssel glücklich nach innen steckte. Aber ich war ja in Uniform – als roter Husar! Der Sarape deckte mich ja nicht! Was liegt daran und wenn auch! Ich will und muß sehen.

Bald darauf stand ich unter dem bekannten Fenster. Es hatte mich der Schein getäuscht, die Vorstadt stand in lichten Flammen. Als ich hinaufblickte, sah ich Leonore am Balkon stehen. Sie hatte mich unten erkannt. Entsetzt schlug sie die Hände zusammen und beschwor mich, nach dem Palast zu eilen. Denn fortwährend strichen die Liberalen jetzt in den Gassen herum, und wenn sie einen Husaren fänden, der wäre verloren. Ich erwiderte, daß der Feuerschein mich hierher getrieben. Ich wüßte nicht, was da vorgehe, und daß ich ja Abschied nehmen wolle. Denn wer weiß, ob Díaz sein Wort auch einlösen könne.

Kaum hatte ich ausgesprochen, als ich am Ende der Gasse Gestalten herannahen sah – es war heller Mondschein – die ich augenblicklich als Dissidenten erkannte. Es war hohe Zeit, denn die Kerle schienen mich erkannt zu haben und liefen mit vorgehaltenem Bajonett gegen mich heran. Ich sprang um die Ecke und warf mich in eine Seitengasse, um der wilden Meute zu entgehen. Sie fanden mich nicht gleich, und ich wollte durch die Calle Plateros, in die auch die Calle San José mündete, einbiegen. Wieder stieß ich mit einer Bande dieser wüsten Gesellen zusammen, die eben, wie ich durch das Geknall hörte, einige arme Kaiserliche niedergeschossen hatten, und die wilde Jagd nach mir begann von Neuem. Kugeln pfiffen mir um die Ohren.

Wie sollte ich mich retten? Der Platz war gewiß besetzt, und überall die wildesten Banden entfesselt – Mord und Totschlag in allen Gassen, das Geknatter der Gewehre, das Schreien der Verfolgenden und Verfolgten auf allen Seiten!

Wie unbewußt geriet ich wieder in die Calle San José. Da hörte ich einen jähen Aufschrei! »Carlos! aquí!« Und eine Strickleiter – eine mir wohl bekannte – fiel mir zu Füßen. Es war höchste Zeit – schon drangen die Räuber von allen Seiten heran. Ich war ungesehen, unbemerkt, errettet durch sie!

Als ich vom Balkon ins Zimmer trat, ihr Schlafzimmer, fand ich sie starr im Nachtkleide an eine Ecke des Fensters gelehnt. Sie brachte nur heraus: »Was machen wir jetzt! Ich

kann Dich nicht verstecken – mein Mann, meine Brüder – Liberale sind hier – und Du in meinem Schlafzimmer!«
Ich wollte wieder hinaus. Sie hielt mich an meiner Kleidung zurück, klammerte sich an mich wie verzweifelt an und beschwor mich, mich nicht ins Verderben zu stürzen. Ja, aber ich konnte nicht länger verweilen! Meine Husaren ohne Führer lassen! Wenn der Tag erscheint, und ich bin nicht da! Auf mir lag ja die ganze Verantwortung! Das wäre ja entsetzlich, wenn die braven Husaren geglaubt, daß ich sie im Stiche in der schwersten Stunde gelassen hätte. Nein, ich muß weg. Es war furchtbar. Die Arme lag händeringend am Boden. Da krachte es wieder – Schüsse fielen – und die Flammen der brennenden Vorstädte erleuchteten das einst mir so liebe Gemach! Das war zu viel. Mit einem Schrei fiel Leonore nieder, und ich sprang wie ein Wahnsinniger hinaus, warf die Strickleiter weg, und mit einem Satze stand ich unten.
Doch kaum wenige Schritte weiter stürzten sich Kerle auf mich und wollten mir den Weg mit ihren Bajonetten versperren. Wie ein reißendes Tier sprang ich, das Dolchmesser in der Faust, gegen die mich Hauenden. Den ersten stach ich nieder, und den nächsten warf mein Gewicht zu Boden. Fort stürmte ich bis zur Kathedrale, meine Verfolger weit hinter mir lassend. Endlich erreichte ich den rettenden Eingang. Ich war gerettet.
Leonore sah ich niemals mehr wieder. Von ihr hörte ich wohl. Das Bild des Sohnes besitze ich. Die Familie Rivas reiste gleich aufs Land zu sich.
Um 10 Uhr früh marschierten die Dissidenten ein und tausend Mann kamen ins Palais. Sie übernahmen die Pferde und Waffen, und ich ging nach Hause. Nachmittags ließ mich Porfirio Díaz rufen. Er sah mich lange forschend an – trat auf mich zu, reichte mir die Hand und sagte spanisch: »Das

Glück ist wandelbar. Erinnern Sie sich noch an Puebla? Bei San Lorenzo (Márquez unglücklichem Zuge gegen Puebla) waren Sie mir nahe, ich erkannte Sie gleich. Drei Tage brauchte ich, um meine Kavallerie zu sammeln. Hätte Márquez den Sieg verfolgt, so stünde ich nicht hier.«

»Das wußte ich wohl«, erwiderte ich.

Darauf sagte er mir mit leiser Stimme: »Ihr Kaiser ist erschossen«. Ich sah ihn an. Die furchtbare Nachricht hatte ich unmittelbar vorher erhalten, wollte es aber nicht glauben. Also die Wahrheit! Tot! – Er sah mir meinen Zustand an, und begütigend versetzte er: »Es war gegen meinen Willen. Ich wollte es nicht. Hätte ich vor Querétaro kommandiert, so würde Er noch leben.« Er entließ mich. Ich konnte nicht mehr und wankte nach Hause, um den ersten Brief seit so langer Zeit mit all den jüngsten Schrecknissen nach Hause zu senden.

Früh hatten wir uns alle im Palais versammelt. Ich sprach den Offizieren zu, sie mögen sich in das Unvermeidliche fügen. Ich erwarte von ihnen, daß sie bis zu ihrer Ankunft zum österreichischen Kriegsschiffe in Veracruz sich den jetzigen mexikanischen Behörden unterordnen, die für ihr Weiterkommen zu sorgen haben.

Mit den Kommandanten hielt ich Kriegsrat, wer die Truppen nach Veracruz bringen solle. Die Herren wollten mich damit betrauen. Doch ich lehnte, auf meine zerrüttete Gesundheit hinweisend, das Anerbieten ab, ebenso Bertrand, der mit mir bleiben wollte. Wir übergaben also die Heimführung der Truppen dem Kodolitsch. Ich versprach ferner den Herrn, so lange hier in der Stadt verbleiben zu wollen, bis die Ausländer in Veracruz angekommen seien, da bei vorkommenden Mißhelligkeiten ich hier von größerem Vorteile wäre.

Wenige Tage nachher ging ich in Geschäften wieder zu Díaz. Zugleich bat ich ihn, mich nach Querétaro zu lassen.

Hinrichtung Kaiser Maximilians und der beiden Generäle Mejía und Miramón in Querétaro am 19. Juni 1867 in phantasievoller Darstellung

Ich wollte meinem armen vielgeliebten Kaiser die letzte Ehre erweisen. Porfirio wollte aber unter keiner Bedingung davon hören. Er warf mir ein, daß der Weg dahin von Räubern und Wegelagerern wimmle, dazu dort Corona und Escobedo die Herrn wären. Also könne er für mich nicht einstehen, folglich erlaube er mir es nicht. Es war nichts zu machen.

25. Juni 1867 Mexiko Ich höre, daß General O'Horan von den Dissidenten in seinem Verstecke aufgefunden und erschossen wurde. Ich weine ihm keine Träne. Das letzte Mal sah ich ihn bei meinem Ritte durch die Stadt, als ich die weiße Fahne aufziehen ließ. Er schrie mir aus seinem Wagen zu: »Verstecken Sie sich! Alles ist verloren«. Der Unglückliche wußte nicht einmal, daß ich es war, der dies alles gemacht. Also seine Hundsfottereien hatten ihm doch nicht das Leben erwirkt. Porfirio war eben kein Escobedo, der seinen López bezahlte, um seinen Herrn zu verraten. [Der Fall der Stadt Querétaro und die Gefangennahme des Kaisers erfolgte durch Verrat: der besondere Günstling Maximilians, Kommandeur des Regimentes der Kaiserin, Oberst Miguel López, ließ für einen Preis von 7000 Pesos die Feinde in die belagerte Stadt.]

1. Juli 1867 Mexiko Jedermann begegnet mir hier mit großer Achtung, ob Liberaler oder Konservativer. Sie wissen, daß ich alles tat, was in meinen Kräften lag. Aber bin ich ein Titane, der den Himmel stürmt! Ich war ja allein unter so vielen Räubern und Kujonen [Schuften].
Die ausländischen Truppen, im Ganzen neunhundert Mann, sind abmarschiert. Der feindliche General konnte es sich in Puebla nicht versagen, die armen Teufel, durch seine tausend Mann Kavallerie vorn und hinten flanquiert, dreimal am Hauptplatze im Kreise zu führen. Kodolitsch, der an der Spitze marschierte, war wütend. Ihm geschieht es Recht – die andern taten mir leid. Was konnte er dagegen machen.
Porfirio Díaz schrieb an Juárez, er möge baldigst kommen, um Ordnung zu machen, da er, Porfirio, sehr schlecht bei seinem Einmarsch empfangen worden sei. Das wird eine schöne Ordnung sein, die dieser Bluthund machen wird! Schon jetzt sind viele Güter konfisziert und eine Unzahl angesehener Menschen erschossen worden. All dieses und des Kaisers Blut fällt auf Napoleon, Bazaine und seine Franzosen zurück. Es schreit um Rache gegen den Himmel, und Rache wird noch werden, sonst gäbe es keine Gerechtigkeit dort.

7. Juli 1867 Mexiko Noch immer bin ich in diesem unglücklichen Lande, obwohl jede Stunde mehr mich wie Feuer brennt. Alles versuche ich, um endlich weg zu können. Doch Díaz ließ mir sagen, ich soll die Ankunft des Bluthundes Juárez und seines Mephistopheles Lerdo de Tejada abwarten. Was sollen diese Kerle mit mir? Ich fürchte mich aber nicht. Mir ist schon alles gleichgültig. Mehr wie das Leben können sie mir nicht nehmen. Und wenn sie auch letzteres tun, so habe ich einen Vorgänger, dessen Schicksal zu teilen ich stolz wäre.

Díaz hat sich uns gegenüber ritterlich benommen. Er ist eben Soldat, und keiner dieser verfluchten gescheiterten Advokaten wie Lerdo, dieser böse Dämon des Intrigeurs Juárez. Porfirio gewann die Achtung der Bewohner Mexikos wie die seiner Armee, die ihn auch vergöttert. Gnade uns, wenn Escobedo an die Stelle tritt.

Übrigens hat Díaz eine kolossale Ambition: Er will Präsident werden, das sieht man ihm an. Ich kann dem Lande zu so einem Präsidenten nur Glück wünschen. Mit Juárez steht er sehr schlecht.

Unser Husaren-Renommé ist doch ein großartiges. Los colorados (die Roten) waren derart gefürchtet, daß mancher feindliche General oder Oberst mir gegenüber versicherte, daß wenn ihre Leute uns von Weitem nur sahen, wären sie nicht mehr zu halten gewesen, nicht mehr vorzubringen. Mir wurden von mehreren Dissidenten-Generälen die merkwürdigsten Anträge gemacht. Unter der Hand erfahre ich, daß Díaz mich für sich engagieren will, ich muß wirklich darüber lachen. Bin ich denn aus politischen Gründen hergekommen? Blieb ich nicht wegen dem armen Kaiser? Will ich mich in die schmutzige mexikanische Wirtschaft mengen? Nein, das ist nicht mein Zweck. Darum will Díaz mich nicht fortlassen! Er ist ein ehrlicher, tapferer Soldat, aber mein Vaterland steht

mir näher als die ehrgeizigen Zwecke eines mexikanischen Generals, wäre er auch Porfirio Díaz genannt.
Über 1200 sind hier eingesperrt worden, meist anständige Leute, darunter 180 Notabels (das sind Deputierte, Mitglieder der Ayuntamientos), lauter angesehene und reiche alte Herrn, die meist dem Kaiser treu ergeben waren und persönlich zugetan, in seinen Fähigkeiten die Rettung des Landes sahen. Ich hörte, daß manche erschossen werden sollen. Aus allem sehe ich, daß diese Menschen, die jetzt am Ruder stehen, die 92er Revolution nachahmen wollen. Juárez, Lerdo de Tejada und José Paz sind ganz die Menschen dazu. Lange warteten sie auf den Augenblick. Nun ist der verhaltene Grimm losgebrochen. Da haben noch diese Kanaillen die Frechheit, sich über den schlechten Empfang in Mexiko zu beklagen!
Als der Kaiser, Miramón und Mejía zum Tode verurteilt waren, reiste die junge Frau Miramóns, die eben entbunden hatte, nach San Luis, um von Juárez das Leben der drei zu erflehen. Auf den Knien rutschte die Unglückliche vor dem Ungeheuer herum und beschwor ihn um Gnade und Erbarmen. Dieser antwortete stets kalt: »Kommen Sie morgen!«
Dieses entsetzliche Spiel dauerte die längste Zeit, bis um 7 Uhr abends die Stunde schlug. Da drehte sich Juárez langsam um und sagte: »Es ist zu spät, trösten Sie sich«. Die Arme fiel zusammen, und noch immer ist ihr Verstand umdüstert. Sie hat drei kleine Kinder und gar kein Vermögen.
In Puebla wurden bei der Einnahme 34 mexikanische Offiziere erschossen, hier auch schon einige. Ich bin recht froh, daß die Meinigen entkamen (Die mexikanischen Offiziere waren ja von der Kapitulation ausgeschlossen)! Den Abend vor der Übergabe öffnete ich eigenhändig das rückwärtige Tor des Palastes, rief alle in meinem Regimente dienenden

mexikanischen Offiziere, drei an der Zahl, sowie 110 Mann und entließ sie, nachdem sie ihre Uniformen zurückgelassen hatten. Die Waffen nahmen sie mit.
Zwei Wochen später klopfte es nachts an meinem Haustore. Mein Diener, ein Mexikaner, ließ den betreffenden ein, und es erschien mein ehemaliger Oberleutnant Dafo. Dieser arme Mensch hatte eine so große Freude über das Wiedersehen, daß er laut aufheulte. Nachdem er sich etwas gesammelt hatte, teilte er mir mit, daß er 120 Mann in der Sierra von Tehuantepec habe, die nur auf mich warteten, um loszubrechen. Mein Name würde Tausende erheben lassen, und wir würden siegen.
Ich erwiderte ihm, daß mein Wirkungskreis nach dem Tode des Kaisers ein Ende erreicht habe. Ich führe das Schwert für keine Idee mehr. Also ich rate ihm lieber, zu seinem Vater, einem reichen Hacienda-Besitzer, zu ziehen. Jetzt vor der Hand sei gar keine Aussicht auf ein glückliches Unternehmen. Er verschwand. Nie mehr hörte ich etwas von dem armen jungen Manne.
Unter den Gefangenen sind auch hohe Geistliche, Militärs und ehemalige Beamte des Kaiserreiches. Ebenso sind Pater Fischer, Eloin und Oberst Schaffer in Arrest. Man spricht, daß letztere nach der »Isla de Caballos«, einer kleinen Insel im Pazifischen Ozean, interniert werden. Diese Insel hat aber gar keinen Baum oder Strauch, und nur Seevögel nisten in dem sumpfigen Boden, der meist alljährlich von den Wellen für eine gewisse Zeit teilweise bedeckt wird.
Márquez, der an so vielem schuld ist, der den armen Kaiser auf das schmählichste verraten hat! Dabei erfüllte er nicht nur nicht seine Aufgabe, dem Kaiser frische Truppen zu werben und mit diesen und Geld nach Querétaro zu gehen, von wo ihn der Kaiser nach Mexiko sandte, sondern er schickte

dem Kaiser, der ihm seine letzte Kavallerie mitgegeben, nicht einen Peso, nicht einen Mann, nicht eine Zeile, unterschlug dazu alle Befehle, die an mich und an andere gerichtet waren. Es waren die letzten Notschreie des verratenen Kaisers.

Ein General der Liberalen versicherte mich, daß Bazaine ihnen vor seinem Abgehen 24 vollkommen ausgerüstete Acht- und Zwölf-Pfünder, wahrscheinlich mexikanische, sowie Gewehre, Säbel, Patronen und Kriegsbedürfnisse verkauft habe. Die Mitnahme der Waffen des österreichischen Korps hat sich auch bitter gerächt. Oberstleutnant Polak übergab in Veracruz alles, Pferde, Waffen etc. einem mexikanischen Obersten. Dieser hatte natürlich nichts eiligeres zu tun, als mit seinen Schätzen zum Feinde zu rennen. Wir erkannten bei Gefallenen viele unserer Säbel, die »Uhl.Esc. X.« oder »Y.« bezeichnet waren. Sogar abgenommen haben wir den Dissidenten manches, was ohne Zweifel aus dieser Quelle stammte. Die nach Europa abziehenden österreichischen Offiziere hatten mir meistens rundweg die Waffen ihrer Mannschaft abgeschlagen. Das damalige Korpskommando (Zach) unterstützte dieselben aus allen Kräften, durchkreuzte meine Bestrebungen auf jede mögliche Art. Gott lohne es ihnen.

Lago, der seit kurzem wieder hier ist, sagte mir, daß der Kaiser im letzten Augenblick vor seiner Erschießung ihm sagte, daß er hörte, ich sei bei einem Ausfalle gefallen. Armer, was wird seine Mutter dazu sagen. Ich mache mir wirklich Vorwürfe, ihn zurückgehalten zu haben. Diese Kunde war dadurch entstanden, daß bei dem letzten Ausfalle mein verwundetes Pferd stürzte, und ich unter die über mich dahinstürmenden Husaren geriet. Trompeter Naghy war es, der mich herauszog. Da ich einen weißen Federbusch trug, so merkte der Feind meinen Sturz sogleich. Und so kam diese

Nachricht dem Kaiser zu. Dann war auch eine Verwechslung mit Hammerstein.

11. Juli 1867 Mexiko Heute früh begab ich mich in die Cordada, das Staatsgefängnis, wo 234 Gefangene, die Anständigsten, sitzen. Von heute an dürfen sie von 9–15 Uhr besucht werden. Es ist dort alles voll Damen, die wegen dem Kaiser in Trauerkleidern ihre Verwandten besuchen. Die meisten weinten. Manche fragten mich, da sie wußten, daß ich öfters zu Díaz komme, ob ich denn gar nichts über das künftige Schicksal ihrer Verwandten wisse. Ich tröstete sie damit, daß ich ihnen sagte, Porfirio hätte mir mitgeteilt, Juárez wolle diese Leute nur mit starken Geldstrafen belegen, was auch so war. Dies beruhigte auch einigermaßen diese armen Frauen.
Eloin soll über sämtliche vom Kaiser für den Hofhaushalt empfangene Gelder Rechenschaft abgeben. Dem Oberst Schaffer wieder wird vorgeworfen, daß er des Kaisers Privatbesitz in Mexiko, wie Möbel, Silberzeug etc. verkauft oder nach Hause gesandt hätte. Nun ich weiß, daß er auf direkten Befehl des Kaisers handelte, sagte auch dies dem Porfirio. Jeder Mexikaner glaubt vom Nächsten immer das Schlechteste. Schaffers Frau, die eine Bringas, eine Mexikanerin ist, macht ihr möglichstes, um ihren Mann zu befreien.
Den Tag vor der Kapitulation machte mir eine junge Dame, nicht Leonore, den Antrag, mich zu verstecken. Sie wisse, daß man mit mir Böses vorhabe. Ich dankte ihr, denn wenn meine Truppen ohne Führer bleiben, wäre ich doch zu steinigen.
Pater Fischer ist inkommunikabel. Er hat aber unter der Geistlichkeit viele Freunde. (Im Jahre 1878 fand ich ihn in Paris. Er war Hofmeister bei einem jungen Mexikaner. Er soll jetzt 1888 in Mexiko als Pfarrer in einem kleinen Orte – ich glaube bei Zacatecas – gestorben sein).

Ich höre, daß der Verräter Márquez sich durch die Linien in einer Kuhhaut hinausschleifen ließ. Er soll bereits in Amerika sein. (Mehrere Jahre später schrieb er von Havanna aus eine Art Rechtfertigungsschrift, die er mir auch zusandte, die ich aber nicht wahr finden kann. Spitzbuben haben immer Glück.)
Die beiden Brüder Cervantes, reiche anständige Hacendados, sagten mir, daß sie im Ayuntamiento für das Hierbleiben des Kaisers gestimmt. Sie haben die Courage gehabt, es den Liberalen ins Gesicht zu sagen. Sie sind auch eingesperrt.
Juárez ist bereits in Tacubaya angelangt. Samstag soll er seinen Einzug hier in Mexiko mit möglichst viel Truppen halten. Man kann sich keinen Begriff von den Aufschneidereien in den Zeitungen machen. Im »Monitor republicana« stand: »Nachdem wir ganz Europa besiegten, wollen wir jetzt auch den Vereinigten Staaten zeigen, daß wir die besten Soldaten der Welt sind, uns vor niemandem fürchten.« Diese elenden Kerls vergessen, daß sie durch die Niederträchtigkeit Bazaines und die Gnade der Amerikaner zu ihren Erfolgen gelangten.
Den Gesandschaften gegenüber benimmt sich die jetzige Regierung ganz unglaublich. Schon in Querétaro ließ Escobedo sie binnen zwei Stunden hinausjagen. Hier verweigert man ihnen die Pässe. Wahrscheinlich glauben diese liberalen Wichte, die europäischen Mächte damit zur Anerkennung ihrer erbärmlichen Regierung zu zwingen. Übrigens wer weiß, was dieser sächsische Schwindler Beust noch vorhat [Ferdinand Beust, 1809–1886, sächsischer Politiker, wurde nach der Katastrophe von Königgrätz als Minister des Äußeren nach Wien berufen und war maßgeblich an der Neuordnung des Staates im »Ausgleich« beteiligt, ab 1867 Reichskanzler]. Ich habe gar kein Vertrauen in ihn.

Alle Tage findet man auf den Gesandtschafts-Hôtels Plakate und Pamphlete, um die Herren in Angst zu versetzen. Heute versprach mir Porfirio einen Paß für den 14. Man erzählt, daß Juárez und Lerdo bei ihrem Einzuge eine allgemeine Amnestie proklamieren wollen. Ich zweifle daran, es wird nur in die Welt gestreut, damit der Empfang besser ausfalle.
Die ganze Nacht hört man Pistolenschüsse auf den Gassen, ganz wie in den Vereinigten Staaten. Es sind die Offiziere des Corona und Escobedo, wilde rohe Kerle, die aufeinander gleich, sei es auf der Gasse oder in Caféhäusern, mit Revolvern schießen.
Nächster Tage findet die Präsidentenwahl statt. Da wird es hübsch zugehen. Viele anständige Mexikaner versicherten mich, daß sie dazu Fenster und Türen schließen werden.

12. Juli 1867 Mexiko. Heute versprach mir Porfirio abermals, er werde mir den 14. die Pässe zustellen. Dieses Herumziehen ist entsetzlich. Gestern abend hatte ich mit einem liberalen Oberst einen unangenehmen Auftritt im Caféhaus. Ich gehe ohnehin selten aus, aber man muß doch leben. Heute früh wurde der Ehrenhandel zu seinem Nachteil ausgefochten, ich habe einen Stich in die linke Schulter. Er ist tot.

16. Juli 1867 Mexiko Wir haben gestern, nämlich Bertrand und ich, unsere Pässe erhalten. Die gestrige Geschichte verhalf uns dazu. Sie fürchten sich, daß ich hier noch Skandale habe.
Juárez ist gestern eingezogen. Er fuhr in einem Wagen und mit Lerdo. Juárez ist ein alter brauner Indianer, klein und untersetzt, Lerdo eine magere Gestalt mit Brillen, beide glatt rasiert. Man sieht dem letzteren seinen bösen Charakter an.

Der Empfang war miserabel. Ich sah aus einem Mezzanin-Fenster mit Bertrand hinaus. Es war überall Spalier. Bevor noch Juárez erschien, trat ein liberaler Offizier in unser Zimmer mit gezogenem Säbel. Wir frugen ihn, was er wolle, höchst verwundert über diesen Kerl. Er antwortete, er sei da, um uns zu beaufsichtigen. Ich sagte ihm ruhig: »Wenn Sie hier bleiben wollen, können Sie es, ich gehe hinaus.« Darauf erwiderte er: »Sie sind arretiert«.

Wir gingen zusammen hinunter, und der Oberst, der das Spalier kommandierte, rief mich zu sich, worauf ich mich neben ihn hinstellen mußte.

Juárez kam vorüber. Ich behielt den Hut am Kopfe. Doch hörte ich hinter mir die Hähne der Soldaten spannen. Als Juárez vorüber war, sagte mir der Oberst: »Sie können sich zurückziehen«. Ich antwortete ihm: »Bin zwar schon lange in Mexiko, doch lernte ich trotzdem nicht, ein Mörder zu sein. Gelegenheit ward mir genug geboten. Adios. Sie haben sich in mir geirrt«.

Abends sollte Illumination sein. Doch gerechterweise verhinderte dies ein starker Gußregen vollständig. Sämtliche Lampions schmiß der Hagel herunter. Aber Juárez warf dem Stadtrate den schlechten Empfang vor.

Heute früh sind fünf Generale, darunter Vidaurri und Casanera, erschossen worden. Es werden beinahe täglich ehemalige Anhänger des Kaisers in die andere Welt spediert.

Miramóns Bruder, Mejías Sohn und General Carillo haben sich pronunziert, um ihre erschossenen Verwandten zu rächen.

Heute ist Escobedo hier angekommen. Ich begegnete ihm in einem Laden. Er fixierte mich scharf, nachdem er von einem andern auf mich aufmerksam gemacht wurde. Er ist ein scheußlicher Kerl mit wegstehenden Ohren.

25. Juli 1867 Veracruz Gestern kam ich mit Bertrand hier an zu Pferde. Es begleitete uns ein Engländer, Ingenieur der Bahn namens Lionel. Den 21. nahmen wir die Bahn samt unsern Pferden bis Apisaco. Dort bestiegen wir die Pferde. Wir waren alle im mexikanischen Kostüm und schlugen denselben Weg ein, den einst die unglückliche Expedition des Márquez machte. Ich ritt meinen Fuchshengst, der mich in so schweren Stunden so tapfer getragen hatte, den kleinen Falbhengsten Kakas mein mexikanischer Diener. Den schönen großen amerikanischen Fuchshengst, den ich von General Thun einst gekauft, schenkte ich Leonore drei Tage vor der Kapitulation. Auch einen schönen Diamantenring, den ich dort fand.
Betrübt erkannten wir alle die Stellen, wo wir für unsern Kaiser gekämpft und gelitten, und jetzt!
Die Hitze war kolossal. Den 24. waren wir in Veracruz, machten also mit denselben Pferden 32 deutsche Meilen [etwa 240 km] in vier Tagen. Dreihundert Österreicher sind bereits auf der österreichischen Korvette »Elisabeth« eingeschifft. Kommandant von Gröller hatte eben einen großen Kampf mit Kodolitsch, der gegen seinen [Gröllers] Willen nicht mit den österreichischen Truppen reisen wollte, sondern den mexikanisch-amerikanischen Postdampfer, der daneben lag, bestieg, um in Österreich als erster anzukommen. Kodolitsch blieb doch bis zum letzten Augenblick ein Schwindler. Wir hatten ihm doch in Mexiko den Truppentransport übergeben!
Noch einige Tage verblieb ich in Veracruz. Zuletzt wohnte ich auf der »Elisabeth«. Denn für mich war die Stadt nicht mehr sicher. Gröller hatte alle Abend einen kapitalen Rausch. Er wollte einst in diesem Zustand mit seinem Holzschiff und seinen acht Kanonen die Stadt Veracruz bombardieren! Mit vieler Mühe hielt ich ihn von solchen Schritten ab. Auf dem Schiffe befanden sich noch unter den Schiffsoffizieren

Schiffs-Leutnant Joly, der später zum Kronprinzen Rudolf kam, und der berühmte Nordpolfahrer Weyprecht.
Noch immer hoffte ich, daß es dem preußischen Gesandten Baron Magnus gelingen würde, den bis jetzt verweigerten Leichnam des unglücklichen Kaisers von den Liberalen zu erhalten. Doch leider waren bis jetzt seine Bemühungen ohne Erfolg. Auf Tegetthoff, der sich noch in Neu-Orleans befindet, kann ich nicht warten.
Lago war bereits von Mexiko über Tampico abgereist. Er hatte den längern Weg gewählt, weil er in Puebla durchaus nicht mit Kodolitsch, seinem Erzfeind, zusammentreffen wollte.
Ich dampfte mit der »Elisabeth« nach Neu-Orleans ab. Das Land verließ ich, wo so viel in den letzten Jahren an mir vorüber gegangen! Es war ein düsterer Traum!
Einen schönen Moment sollte ich noch erleben. In Southhampton landete ich mit einem deutschen Schiffe. An Bord des nächst liegenden Dampfers war alles rot. Plötzlich ertönte ein Hurrah. Es waren die braven Husaren, die mir ihr letztes Lebewohl zuriefen.
Aflavit Deus et dissipati sunt. [»Gott blies und sie wurden zerstreut«: So triumphal lautete der Spruch auf der Gedenkmünze zur Vernichtung der Armada 1588. Der Sieg der Engländer über die Spanier war nicht der besseren Strategie zu verdanken, sondern dem Wind, der die schweren spanischen Schiffe zerstörte, die leichteren englischen aber schonte.]
ENDE DES TAGEBUCHES

Carl Khevenhüller kehrte im September 1867 in seine Heimat zurück. Er reiste nicht mit einem der Sammeltransporte, sondern privat mit seinem Freund Bertrand. Für die Reisekosten hatte er einen Kredit aufgenommen.

Sie gelangten nach fünftägiger Seereise nach New Orleans. Khevenhüller konnte die Nordamerikaner nach wie vor nicht leiden, zeigte immer noch seine Sympathien für die im Sezessionskrieg unterlegenen Südstaaten und schrieb über New Orleans: »Die Bevölkerung besteht meistens aus Negern und Mischlingen, und man sieht, daß die weiße Bevölkerung durch den jüngsten furchtbaren Krieg wohl entsetzlich gelitten und herabgekommen ist. Man spricht hier zumeist französisch. Den Yankee sieht man aber gleich heraus, denn dieses unausstehliche faule arrogante Pack macht sich immer gleich auf die unangenehmste Art bemerkbar«. In einem Gasthaus geriet er in eine Schießerei und notierte erbost: »Bertrand und ich empfahlen uns aus dieser unheimlichen Gesellschaft. Denn aus Mexiko mit heiler Haut herauszukommen, um dann im Frieden von einem besoffenen Yankee erschossen zu werden, ist doch zu dumm«.
Auf dem Mississippi-Dampfer, der »wie ein hohes Haus auf einer langen Schüssel« aussah, fuhren sie fünf Tage lang nach St. Louis, an Kaffee- und Baumwollplantagen vorüber. »Die Nächte waren schrecklich. Stunden lag ich auf dem Rücken, und alle die furchtbaren Erlebnisse der letzten Zeit schwebten an mir vorüber – Und doch – war das Heimweh dahin? oder sie? Krampfhaft zog es mir das Herz zusammen, und nur in einem Tränenstrom fand ich Erleichterung, mich selber wieder. Die Tage flossen dahin. Wir kamen an den Schlachtfeldern des letzten Krieges vorbei, und immer wieder war es mir leid, daß der Süden nicht gesiegt. Wie stünde er da mit Mexiko! Was Sklavenfrage! Für diese begab sich der Norden nicht in den Krieg. Es war Spekulation, Trade, sonst nichts. Diese Menschlichkeits-Duselei ist zu dumm, um auch nur einen Pudel hinterm Ofen herauszulocken.«
Von St. Louis fuhren sie mit der Eisenbahn nach Chicago. Hier kauften sie neue Garderobe: »Ich kaufte eine Hose in

einem Kleiderladen. Auch sie hatte, wie alle amerikanischen Hosen eine Revolvertasche hinten. Es scheint, daß die Pistole in Amerika wirklich nötig ist«. Von Chicago ging es in zwei Tagen und Nächten mit der Eisenbahn nach New York: »Wir begannen schon, Amerika-müde zu werden«.
Der österreichische Generalkonsul lud Khevenhüller und Bertrand in seine Villa bei Brooklyn ein: »Dort fanden wir nun Muße, einige Tage bei größtem Luxus und Komfort unsere armen Ichs wieder zusammenzuflicken«.
Nach einer Besichtigungsfahrt zu den Niagarafällen lösten sie die Karten für die Überfahrt nach Southhampton, das sie nach neuntätiger Seereise erreichten: »aber schon hier drückte der englische Nebel auf unsere tropischen Gemüter«.
In London ärgerte sich Khevenhüller wieder einmal über die österreichischen Diplomaten, vor allem über den Gesandten Graf Apponyi: »Er ist ein alter steifer Herr. Sie eine affektierte Gans, die seit Jahren nur auf der Chaiselongue liegt... Ja unsere Repräsentanten im Auslande sind ein trauriges Pack, unfähig, aufgeblasen, sind sie miserabel gezahlt und wollen außerdem noch von ihrer Gage Ersparungen machen, also ist die Repräsentanz eine schäbige und für Österreich unwürdige.«
In Paris sah Khevenhüller nach langem wieder ein Familienmitglied: seine ältere Schwester Leontine, die mit dem Fürsten Fürstenberg verheiratet war und sich anläßlich der Weltausstellung in Paris aufhielt: »Es war Ausstellung. Nun eine ist wie die andere. Mich langweilen sie gründlich. Sie sehen sich wirklich alle gleich. Den Nutzen konnte ich nie entdekken, endigen alle mit Defizit, und nur Wirte und Theater profitieren«.
Hier in Paris traf Khevenhüller auch einige frühere Kameraden aus Mexiko, so den ehemaligen Generaladjutanten des Generals Thun, Baron Malortie: »Dieser Malortie führt eine

problematische Existenz. Er scheint teils in einem Pferde-Geschäft betätigt zu sein, teils ist er Strizzi, teils preußischer Spion. Solche Abarten findet man überall, verkommene Kerle wie Franz Fünfkirchen, der in New York Kellner ist, oder Baron Wardener, der es wenigstens zum Zoll-Aufseher in New York gebracht. Lauter ehemalige österreichische Offiziere«.

In Prag traf Khevenhüller seine Mutter und seinen jüngeren Bruder Siegmund (»Das Wiedersehen war mehr ein schmerzliches zu nennen«) und fuhr am selben Abend nach Kammerburg, dem böhmischen Schloß der Familie: »Wie öde und traurig kam mir hier alles vor, nüchtern und einförmig. Ich konnte mich über die gräulichen Zustände in Österreich nicht fassen. Es waren die Zustände Mexikos«.

Dann ging es weiter von Böhmen nach Niederösterreich, nach Schloß Ladendorf bei Mistelbach, wo er geboren war und wo sein Vater, Fürst Richard Khevenhüller lebte: »Mit Tränen in den Augen empfing er den reuigen, vielgeprüften Sohn. Er hatte zum Andenken ein altes Bild aus Ladendorf, den ›verlorenen Sohn‹ neu restaurieren lassen und freute sich, mir es zu zeigen.« Über Wien ging es schließlich zur Riegersburg, wo Carl Khevenhüller endlich für einige Monate seßhaft blieb, bis er vor der »tartarischen Kälte« des Waldviertels nach Venedig in »lustige Gesellschaft« zog und sein Leben als Aristokrat wieder aufnahm.

Die berühmte Fregatte »Novara« unter Admiral Tegetthoff brachte am 13. Januar 1868 Maximilians Leiche von Mexiko nach Europa. Es war dasselbe Schiff, auf dem der junge Erzherzog einst seinen ersten Seedienst absolviert, das er 1857 bis 1859 auf die große Weltreise geschickt, das 1864 das hoffnungsvolle Kaiserpaar nach Mexiko gebracht hatte.

In der Gruft seiner Ahnen, der Kapuzinergruft in Wien,

wurde Maximilian am 18. Januar 1868 mit allem Pomp beigesetzt. Seine Gemahlin Charlotte lebte in geistiger Umnachtung in Belgien bis 1927 und träumte, Maximilian sei der Herrscher der Welt.

Anmerkungen

1. Kapitel

[1] Zur Orientierung und Übersicht diente mir bei diesem Kapitel das ungedruckte Vortragsmanuskript von Günter Kahle über die Geschichte Mexikos, für das ich herzlich danke.
[2] Dr. Ernst Schmit Ritter von Tavera, Geschichte der Regierung des Kaisers Maximilians I. und die französische Intervention in Mexiko, Bd. 1, Wien und Leipzig 1903, 3
[3] ebda. 38
[4] zitiert bei Joachim Kühn (Hg.), Das Ende des maximilianischen Kaiserreichs in Mexiko. Berichte des königlich preußischen Ministerresidenten Anton von Magnus an Bismarck, 1866–1867. Göttingen 1965, 18
[5] ebda. 307
[6] Maurice Paléologue, Vertrauliche Gespräche mit der Kaiserin Eugénie, Dresden 1928, 104
[7] Egon Caesar Conte Corti, Maximilian und Charlotte von Mexiko. Wien 1924, 2. Bd., 148
[8] ebda. 264
[9] Paléologue, 107
[10] Der g'rade Michel 15.8.1863
[11] Ferdinand Anders, Maximilian und Mexiko. In: Katalog der Ausstellung auf Burg Hardegg 1974, 101
[12] Ernst II. Herzog von Sachsen-Coburg-Gotha, Aus meinem Leben und aus meiner Zeit, 3. Bd., Berlin 1889, 418
[13] Corti II, 121
[14] Briefwechsel von John Lothrop Motley, 1. Bd. Berlin 1890, 178f. (Wien, 17.3.1864

2. Kapitel

[1] (Erzherzog Ferdinand Max), Aus meinem Leben, Bd. 7, Leipzig 1867, 228
[2] Corti II., 130
[3] HHStA. N. Max. Kt. 98. Tagebuch 6.3..1863
[4] Friedrich Ferdinand Graf von Beust, Aus drei Viertel-Jahrhunderten, Stuttgart 1887, II, 130
[5] Aus meinem Leben, Bd. 2, 164
[6] ebda.
[7] ebda., Bd. 5, 216
[8] Walter Krause, Maximilians Reisen und Reiseberichte. in: Katalog der Ausstellung auf Burg Hardegg 1974. Maximilian von Mexiko, 42
[9] Carl Maria Kertbeny (Karl Benkert), Spiegelbilder der Erinnerungen, Leipzig 1868, II, 202f.
[10] Aus meinem Leben, Aufzeichnungen des Prinzen Kraft zu Hohenlohe-Ingelfingen, Berlin 1905, II, 38
[11] Corti I, 87

[12] ebda. I, 90
[13] HHStA. Tgb. Max. 4.3.1863
[14] Corti I, 114
[15] ebda. I, 139
[16] Kertbeny II, 202
[17] HHStA. Tgb. Max 20.8.1863
[18] Corti I, 122
[19] HHStA. Crenneville-Archiv, Tagebuch 24.9.1863
[20] HHStA. N. Erzherzog Albrecht, Mikrofilmrolle 33. Weilburg 28.7.1862
[21] HHStA. Tgb. Max 15.2.1863
[22] ebda. 13.2.1863
[23] Kühn, 281
[24] Franz Schnürer (Hg.), Briefe Kaiser Franz Josephs I. an seine Mutter 1838–1872, München 1930, 324. Frankfurt, 2.9.1863
[25] HHStA. Tgb. Max 28.8.1863
[26] ebda. 23.8.1863
[27] ebda. 26.9.1863
[28] Corti I, 243
[29] ebda. II, 145
[30] ebda. I, 258
[31] Schnürer, 328. Schönbrunn, 20.10.1863
[32] HHStA. N. Erzherzogin Sophie. Tagebuch 20.10.1863
[33] Corti I, 225
[34] Sophie-Tagebuch 31.12.1863
[35] Karl B. Heller, Die äußeren und inneren politischen Zustände der Republik Mexiko, Berlin 1859
[36] Kertbeny, II, 196
[37] Ernst II., III., 417f.
[38] Corti I, 235
[39] ebda. I, 311
[40] ebda. I, 314
[41] ebda. I, 315
[42] HHStA. N. Kronprinz Rudolf. Kt. 22. Dieses Schriftstück erhielt sich im Nachlaß des Grafen Bombelles, der Maximilians Begleiter in Mexiko war und später Obersthofmeister des Kronprinzen Rudolf wurde.
[43] Julius Fröbel, Ein Lebenslauf. Stuttgart 1891. II, 634f.
[44] Kühn, 77. Über die umfangreichen Neuerungen unterrichtet die ungedruckte, auf den Akten des Maximilian-Archivs fußende Dissertation von Johann Lubienski, Der Maximilianeische Staat Mexiko 1861–1867. Voraussetzungen, Phasen, Programme, Ideen (Verfassungs- Verwaltungs- und Ideengeschichte) Graz 1983.
[44] Kühn, 77
[45] Corti II, 180
[46] Kühn, 93
[47] HHStA. Depot Khevenhüller, Kt. 42 Mexico, 30.12.1864
[48] Wilhelm von Montlong, Authentische Enthüllungen über die letzten Ereignisse in Mexico, Stuttgart 1868, 11

[49] Corti II, 235f
[50] ebda. II, 35
[51] Corti II, 65f.
[52] Corti II, 47
[53] Kühn, 85
[54] Corti II, 200
[55] Corti, II, 232ff.
[56] ebda. II, 289
[57] ebda. II, 291
[58] Khevenhüller-Briefe. Mexico 11.6.1866
[59] ebda. Orizaba, 21.11.1866
[60] Kühn, 190
[61] ebda. 241.
[62] abgedruckt bei: Ferdinand Anders, Erzherzog Ferdinand Maximilian und das Segundo Imperio Mexicano, Hardegger Beiträge zur Maximilian-Forschung I. Hardegg 1974, 41
[63] zitiert in »Der g'rade Michel« 27.7.1867

3. Kapitel

[1] Wiener Zeitung 14.4.1865. Siehe auch Abbildung
[2] Andreas Cornaro, Österreich und das mexikanische Freikorps. In: Mitteilungen des Österreichischen Staatsarchivs XIV/ 1961, S. 69
[3] Die ausführlichen Mexiko-Briefe Philipp Draskovichs haben sich im Draskovich-Archiv in Güssing/Burgenland erhalten. Für freundliche Informationen aus diesem Bestand danke ich Freiherrn Falk von Gagern herzlich.
[4] Szechényi-Bibliothek Budapest, Handschriftensammlung, Tagebuch der Gräfin Marie Festetics. 16.9.1882
[5] Corti 118
[6] zitiert bei Gerlinde Stichler, Der Anteil Österreichs an der Unternehmung Erzherzog Maximilians in Mexiko, Diss. Wien 1963, 14
[7] Otto Ernst (Hg.), Franz Joseph I. in seinen Briefen, Wien 1924, 131. Ischl, 9.10.1864
[8] Wiener Abendpost 28.11.1864
[9] Schmit-Tavera I, 405
[10] Khevenhüller. Mexiko, 30.12.1864
[11] Graf Carl Kurtzrock-Wellingsbüttel, Ein Jugendbild, 2. Aufl. Wien 1868, 128f. (Auf diese Quelle hat mich freundlicherweise Prof. Dr. Erich Woldan aufmerksam gemacht)
[12] ebda. 135
[13] Leipziger Illustrirte Zeitung 11.5.1867
[14] Khevenhüller 16.6.1866
[15] Kühn 77
[16] Der Kamerad 26.3.1865
[17] Kühn, 188
[18] ebda.

[19] Kurtzrock, 152
[20] Stichler, 79
[21] Felix Gamillscheg, Kaiseradler über Mexiko, Wien 1964, 212
[22] Die Presse, 18.4.1867
[23] Felix Prinz zu Salm-Salm, Queretaro, Blätter aus meinem Tagebuch in Mexico, 2. Bd. Stuttgart 1868, 209f.
[24] Elisabeth Springer, Kaiser Maximilian von Mexiko. Zur Problematik seiner Testamente. Hardegger Beiträge zur Maximilian-Forschung, Hardegg 1982, 36 und 42.

4. Kapitel

[1] Alle Unterlagen befinden sich im HHStA. Depot Khevenhüller, Kt. 142
[2] ebda. Wien, 5.11.1864
[3] ebda. Briefe aus Mexiko 27.11.1864
[4] ebda. 16.5.1865
[5] Maximilian, Emperor of Mexico. Memoirs of his private secretary José Luis Blasio, New Haven 1934, 73f.
[6] Wilhelm von Montlong, Authentische Enthüllungen über die letzten Ereignisse in Mexico, Stuttgart 1868, 69
[7] Felix Prinz zu Salm-Salm, Queretaro. Blätter aus meinem Tagebuch in Mexico, Stuttgart 1868, Bd, 1, 15
[8] Fremden-Blatt 26.9.1905
[9] Das folgende bei Richard Blaas, Die Gedächtniskapelle in Queretaro und die Wiederaufnahme der diplomatischen Beziehungen zwischen Österreich-Ungarn und Mexiko. In: Mitteilungen des Österreichischen Staatsarchivs, 8. Bd., 1955, S. 191–222
[10] zitiert bei Blaas, 204
[11] Fremden-Blatt 16.9.1905
[12] Auszüge aus dem Mexiko-Tagebuch Carl Khevenhüllers bereits bei Franz Müllner, Johann Carl Fürst Khevenhüller-Metsch, ein Kampfgefährte Kaiser Maximilians von Mexiko, Selbstverlag Retz. o.J.

Drei Jahre in Mexiko

[1] Emile Kératry, La Contreguerilla française au Mexique, Paris 1867. Kératry war wohl ebenso österreichfeindlich gesinnt, wie Khevenhüller frankreichfeindlich war.
[2] Corti II, 90f.
[3] HHStA. N. Kronprinz Rudolf, Kt. 21. Konzept 18.11.1865
[4] Eduard Sueß, Erinnerungen, Wien 1918, 262f.
[5] Gamillscheg, 176
[6] Carl Baron von Malortie, Mexikanische Skizzen. Erinnerungen an Kaiser Maximilian, Leipzig 1882, 38ff.
[7] Gamillscheg 49

[8] abgedruckt in der Wochenschrift »Die Reform«, Wien 1865, 1. Quartal, 339
[9] Corti II, 177
[10] Montlong, 24
[11] Corti II, 316
[12] Montlong, 39
[13] Sophie-Tagebuch, benützt mit freundlicher Genehmigung Dr. Otto von Habsburgs.
[14] Emile Ollivier, L'Empire Libéral, Paris 1895–1918, Bd. IX, 89 ff.
[15] Salm-Salm, I, 37 f.
[16] Montlong 57. an Minister Aguirre 2.3.1867
[17] Schmit-Tavera I, 125
[18] Kühn, 222
[19] Dr. Ernst Schmit, Ritter von Tavera, Die mexikanische Kaisertragödie Wien 1903, 30 f.
[20] Montlong, 78

Worterklärungen

Ayuntamiento	Gemeindevertretung
Barranca	Wasserschluchten, tiefe Einrisse im Gelände
Cazadores	Jäger
Chasseurs d'Afrique	französische Truppen, »afrikanische Jäger«
Cumbres	Höhenzüge, Berggipfel
Diligeance	von Mulis gezogene Postkutsche
Garita	Befestigungen in der Hauptstadt mit Schildwachen
Guardia Rural	ländliche Polizeitruppen
1 Legua, mexikan.	4,11 km
1 Meile, deutsche	7,5 km
Peones	Landarbeiter auf den Haciendas
Pronunciamiento	Überwechseln von einer feindlichen Partei zur anderen
Puros	reinrassige Indianer
Rancheros	kleinere Bauern im Gegensatz zu Hacendados
Tierra caliente	heiße Zone entlang den flachen Küsten
Tierra fría	kalte Zone in mittleren Lagen über 2300 m Meereshöhe
Tierra templada	gemäßigte Zone im Inneren zwischen 1400 und 2000 m Meereshöhe
Zuaven	franz. Elitetruppen aus Algerien

Zeittafel

Dezember 1861	spanische Truppen landen in Mexiko (6200 Mann)
Jänner 1862	englische und französische Truppen folgen (800 bzw. 2610 Mann)
April 1862	englische und französische Truppen ziehen ab, französische werden verstärkt
Mai 1862	Sieg der Republikaner bei Puebla
August 1862	kirchenfeindliche Reformgesetze unter Juárez
Mai 1863	Einnahme der Stadt Puebla durch 22000 Franzosen. Juárez flüchtet aus der Hauptstadt nach Norden
Juni 1863	Einzug der Franzosen unter Bazaine in der Hauptstadt
	Manifest der Franzosen hebt Reformgesetze auf
	Franzosen setzen 35köpfige Junta ein zur Bildung einer Regentschaft und einer 215köpfigen Notabelnversammlung
10. Juli 1863	Notabelnversammlung gibt Votum für die Monarchie ab und nennt Erzherzog Ferdinand Maximilian als ersten Kandidaten
Oktober 1863	Bazaine wird Oberbefehlshaber der französischen Truppen in Mexiko
3. Oktober 1863	mexikanische Notabelndelegation bietet in Miramare Erzherzog Ferdinand Max die Krone an

März 1864	Empfang Max' und Charlottes bei Napoleon III. in Paris – französische Anleihe
9. April 1864	Vertrag von Miramare: Max verzichtet auf seine Rechte in Österreich
10. April 1864	Eidesleistung als Kaiser von Mexiko in Miramare
14. April 1864	Abreise von Miramare
18. April 1864	bei Papst Pius IX. in Rom
28. Mai 1864	Landung in Veracruz
Februar 1865	Max bestätigt die kirchlichen Reformgesetze des Juárez, Dekret zur freien Religionsausübung. Opposition der Kirche
April 1865	Amerikanischer Bürgerkrieg endet mit dem Sieg der Nordstaaten
3. Oktober 1865	kaiserliches Dekret: Jeder bewaffnete Feind der Monarchie kann binnen 24 Stunden ohne gerichtliches Urteil erschossen werden
Dezember 1865	Überfall auf belgische Delegation
Januar 1866	Napoleon III. besteht auf Abzug der französischen Truppen bis spätestens Februar 1867
Juni 1866	Verhinderung weiterer Truppensendungen aus Österreich durch den Einspruch der USA
Juli 1866	Charlotte reist nach Europa, um Hilfe zu suchen. Ausbruch des Wahnsinns im September
Oktober 1866	Abdankungskrise Maximilians
Dezember 1866	das österreichische und belgische Freiwilligenkorps wird aufgelöst, nachdem sich die meisten Soldaten zur Rückkehr nach Europa entschlossen haben

5. Februar 1866	Bazaine verläßt mit den letzten französischen Truppen Mexiko
Februar 1867	Max stellt sich an die Spitze einer neuen »Nationalarmee« und begibt sich mit mexikanischen Generälen und Truppen nach Querétaro
12. März 1867	Querétaro wird eingeschlossen
15. Mai 1867	Querétaro fällt, Max wird gefangengenommen
19. Juni 1867	Max wird mit seinen Generälen Mejía und Miramón in Querétaro hingerichtet
20. Juni 1867	die Hauptstadt Mexiko kapituliert, freier Abzug der Ausländer

Register

(Die Schreibweise derjenigen Namen, die keine weiteren Angaben haben, stützt sich rein auf das Khevenhüller-Tagebuch und ist daher nicht verläßlich.)

Abbildungsverzeichnis

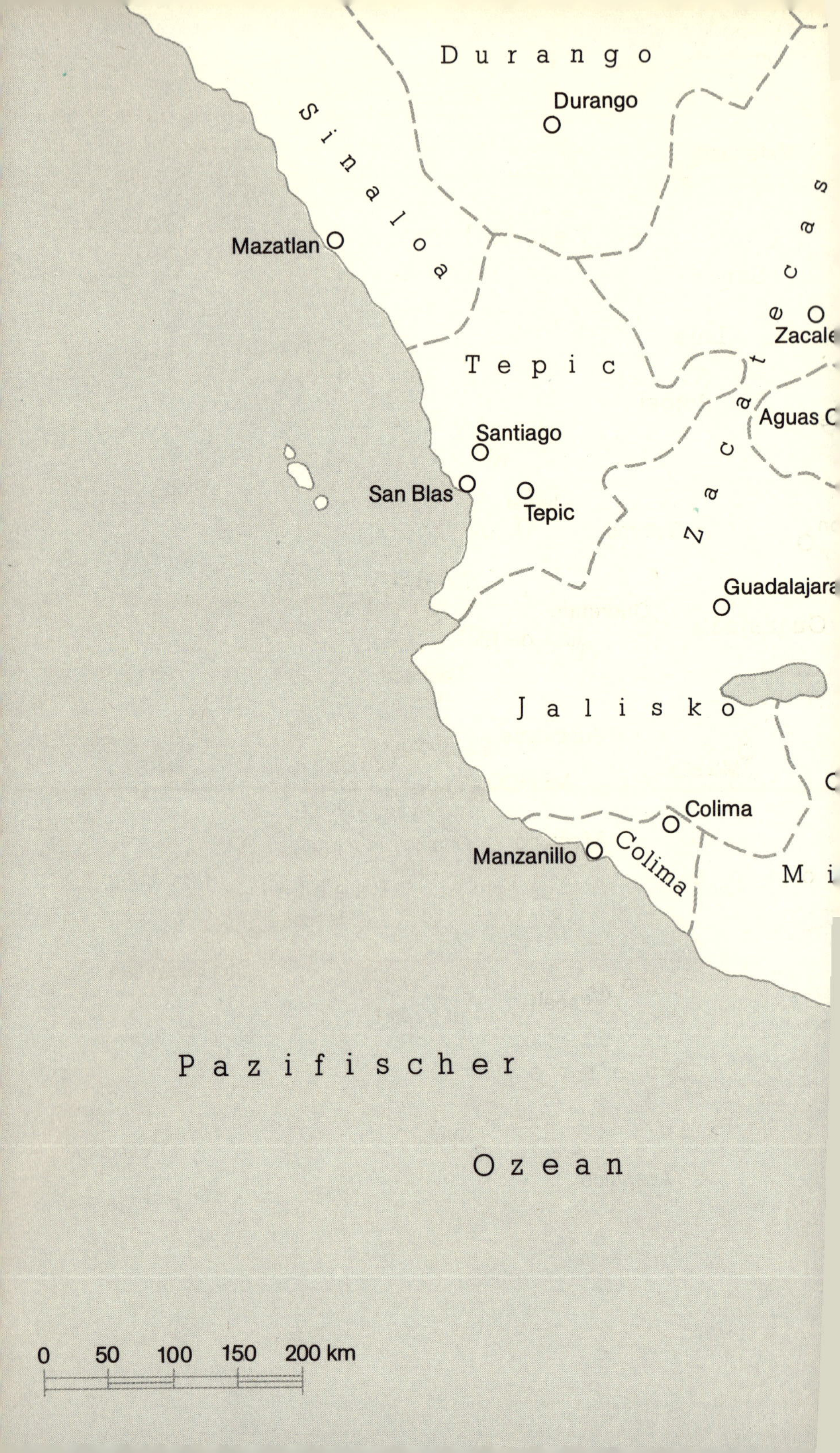
Durango
Durango
Sinaloa
Mazatlan
Zacatecas
Zacate
Tepic
Santiago
San Blas
Tepic
Aguas C
Guadalajar
Jalisko
Colima
Colima
Manzanillo
Mi
Pazifischer Ozean
0 50 100 150 200 km